次世代活動ポテンシャル指標算定例

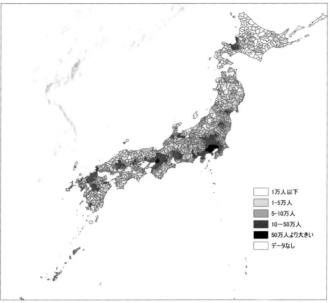

地図①　**次世代活動人日**

　1年間に活動可能な次世代（未就業の若い世代）の延べ人数・日数です。この地図はSDGsの17の目標ごとに算定したものを統合したものです。

　幼稚園・保育園・こども園、小学校、中学校の生徒数と、高校の生徒数に、地域創生活動を行える日数を乗じて求めました。高校生は10km圏内の市区町村、大学生は20km圏内または同一都道府県内の市区町村まで活動できるとして算定しています。

1万人以下
1-5万人
5-10万人
10-50万人
50万人より大きい
データなし

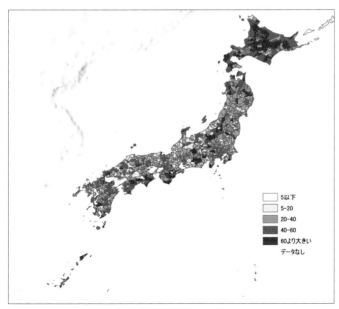

地図②　**需要高ランク比率**

　地域創生活動の需要を求め、大人だけでは供給が足りない地域創生活動の比率を求めたものです。この地図はSDGsの17の目標ごとに算定したものを統合したものです。

　27のデータから需要量あたりの労働力人口を算定し、この値が小さければ大人だけでは需要を支えきれず、次世代へのニーズが高いと仮定しました。

5以下
5-20
20-40
40-60
60より大きい
データなし

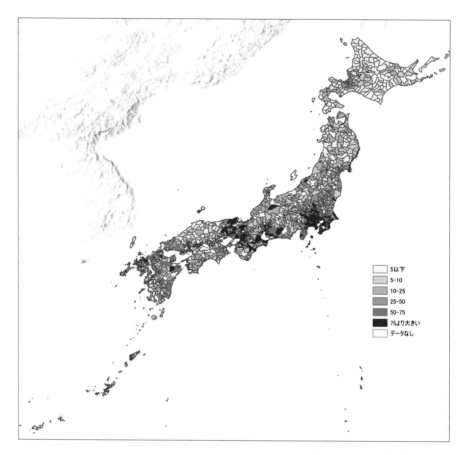

凡例:
- 5以下
- 5-10
- 10-25
- 25-50
- 50-75
- 75より大きい
- データなし

地図③　次世代活動ポテンシャル指標総合指標値

　　最終指標値です。この地図はSDGsの17の目標ごとに算定した値の平均値です。単に次世代の供給量の大きさに比例するのではなく、需要量が大きいほど指標値が大きくなるように算定しています。

　　すなわち、活動可能人日（地図①の値から計算）に需要係数（地図②の値から計算）乗じて算定しています。需要係数はA:0、B:0.75、C:0.5、D:0.75、E:1.0としています。

SDGs自治体白書2021

次世代が切り拓く"SDGs自治体"への道

編著：中口毅博・小澤はる奈
編集協力：環境自治体会議環境政策研究所

はじめに
―次世代の背中をそっと支える時代の到来―

「アマデウス」という映画をご存じであろうか？　モーツァルトと、彼を毒殺したという俗説のあるウィーンの宮廷作曲家サリエリを主人公にした不朽の名作である。この映画でのモーツァルトは、金遣いが荒く、女性と戯れ、ケラケラと笑い、自分の才能を鼻にかけている下品な若者として描かれている。モーツァルトは1756年生まれ、サリエリは1750年生まれであるので、実際の年齢差は6つしかないが、映画ではサリエリはもっと年配者であるよう見える。彼は、宮廷に仕えるお役人たち同様、モーツァルトの傍若無人の振る舞いが許せない。彼の才能に嫉妬したサリエリは、宮廷作曲家としての自分の地位が脅かされるのを恐れ、数々の嫌がらせをしてモーツァルトを仕事から干し、挙げ句の果てには死に神のような格好でモーツァルト宅を訪れ、大金を払って葬式の音楽である「レクイエム」を作曲させ、それを自分の作品として発表しようとたくらむのである。

この映画が上映された1980年代半ば、私は大学を出て2～3年の新米社員であった。あの頃の私は"会社の常識"が何たるかも知らず、奇声を発したり仕事と関係ないものを机に置いたりしながらも、意見だけは一人前に言うといった、上司や先輩社員にとっては鼻持ちならない生意気な若造であったと思う。

1990年代になると環境基本法が制定され、自治体も環境基本条例や環境基本計画を策定するようになる。NPO法もでき、多くの自治体で環境団体や環境パートナーシップ組織が誕生した。あれから20年あまり経ち、当時中心的に動いていた方々の多くが今や"おじいちゃん"、"おばあちゃん"である。しかしほとんどの団体では、メンバーの固定化や活動の縮小・マンネリ化が進行している。その原因の1つは、組織の体質にあると私は感じている。年配者の多くは、自分たちのやり方や関心領域を変えることができないでいる。「若い人が入ってこない」とぼやく以前に、「若い世代＝次世代が入れるような組織に変われない」ことが問題なのである。

1980年代に新米社員だった頃の上司たちの年齢を超えた私も、今や「今の若い連中は…」とお決まりのフレーズをつぶやくサイドにいる。いつの時代も、古い価値観と新しい価値観がぶつかりあいながら、社会は進化を遂げてきたと言えるだろう。しかし、世界は今、SDGsという人類共通の目標を掲げ、コロナ禍の中でも2030年をターゲットにした取り組みが進められている。国内でも2030年の温室効果ガス目標2013年度比46％削減を達成するための動きが加速している。このような時代においては、「放っておいても次世代は現役世代を乗り越えていくだろう」と悠長に構えていることはできないのである。

ネタバレになるが、「アマデウス」のラストシーンについてもう少し話そう。モーツァルトは病床に伏してレクイエムの作曲が進まない。見かねたサリエリは楽譜を写すことを申し出るが、モーツァルトが次々と発するメロディーの速さについていけない。しかし徐々に、あふれ出る音の泉を受け止め、全てを漏らすことなく音符として書き留めら

れるようになっていく。私には、<u>次世代の主体的な行動を現役世代が支援する形で、素晴らしい成果を生み出している</u>シーンのように見える。

　さて、本書の話である。本書では、次世代主体のSDGs達成活動について第1章で特集を組んだ。7つの節のうち4つは、岡山大学、立命館大学、仁愛大学などの<u>学生たちが執筆したもの</u>であり、多くの読者は彼らの活動の質の高さや、彼らの熱意と行動力に驚くに違いない。また後半の2つの記事からは、次世代を支える組織の存在意義が十二分に伝わってくる。

　第2章における、自治体主体のSDGs達成活動の5つの事例では、<u>子どもや若い移住者など、次世代対象の事業の実施によってその発想や行動力を引き出そうと努力している様子が窺え、SDGs関連政策を実施・調整する立場にある自治体関係者にとって大いなるヒントとなる</u>ことは間違いない。第3章は民間におけるSDGs達成の最前線の取り組みを知ることができるであろうし、ここでも次世代支援の実践例が含まれている。

　第4章は2020年6月に発足した「持続可能な地域創造ネットワーク」のプロジェクトの進捗状況報告であるが、まさにこの組織の特徴の1つが"次世代との協働"である。最終章は次世代による地域創生活動の可能性を市区町村別に数値化したものであり、<u>自治体関係者が次世代関連事業の必要性や効果を予測する根拠</u>としてお使いいただけるものと思う。

　本書はどこからでも読むことができるが、一部でも読んでいただいた読者は、次世代の力が"SDGs自治体"づくりに不可欠であることに気づいていただけると確信している。そして、わがまちを"SDGs自治体"にしたいと思っていただけることと期待したい。

　ライオンの親が子どもを崖から突き落とすという子育て方法は有名であるが、現在の人間社会は、むしろ一緒に崖から飛び降りる過保護の親が多い時代であろう。しかし令和の時代は、子どもの手を引いて崖を登るのではなく、自分のやり方で崖を登るのを見守り、気づかれないようにそっと背中を支えてあげる時代ではないだろうか。私は、サリエリがモーツァルトの才能を見抜いて写譜を手伝ったように、次世代が主体的に活動できる場や機会を創り出すことに全力を尽くし、残された時間の大半を費やす覚悟で臨むことを、ここで改めて誓いたい。

2021年7月18日
芝浦工業大学教授、環境自治体会議環境政策研究所長　中口毅博

目次

※ご希望の方には　各指標の市区町村別算定結果を有償でご提供します。
お問い合わせは環境自治体会議環境政策研究所（info.colgei@gmail.com）までお願いいたします。

第1章　次世代主体のSDGs実践プロジェクト

【総論】次世代主体のSDGs達成活動の方向性

芝浦工業大学・環境自治体会議環境政策研究所　**中口 毅博**

1　はじめに

　国土交通省国土審議会の「国土の長期展望」中間とりまとめによれば[1]、2015年時点に対し、2050年には全市区町村の約3割に当たる558市町村において人口が半数未満となり、特に居住地域の約2割は無居住化する見通しという（図1）。少子高齢化の進行により、経済活動やコミュニティ活動の担い手が不足していることがその一因と考えられる。

　一方で地球規模での異常気象や自然災害の頻発やコロナ禍に見られる感染症の拡大、社会的弱者・格差の悪化や拡大により、これらを解決するために必要な要員はさらに増えている。

　にもかかわらず、地方公務員数は1980年代をピークに減少している。図2に最近30年間の推移を示した。総数で見ると、1990年の281万人から2020年には240万人へと40万人あまりも減少している。警察・消防関係職員は約2割増加しているが、一般行政と教育関係職員はそれぞれ2割ずつ減少しており（図3）、山積する課題に対応するには厳しい状況となっている。このような状況下で、自治体は、多かれ少なかれ「外の力」に頼らざるを得ない状況になっている。

　そこで本稿では、「関係人口」「外の力」という観点から次世代主体の持続可能な地域づくりの必要性について論じた上で、SDGs達成のための活動の方向性を示し、本書における次世代主体のSDGs達成活動の関係について整

---

1)　国土交通省国土審議会（2020）「国土の長期展望」中間とりまとめ.30pp, https://www.mlit.go.jp/policy/shingikai/content/001369118.pdf,2021年5月17日閲覧

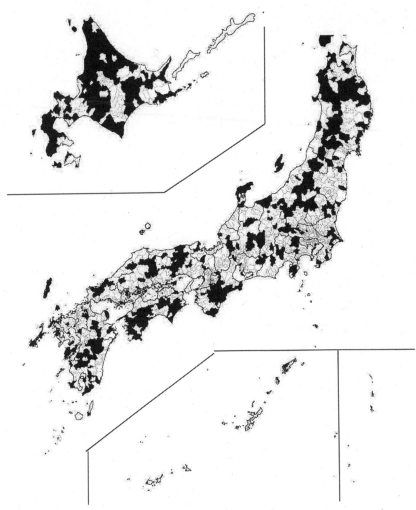

出典：国土交通省[2]

図1　2050年までに人口半数未満となる市区町村の分布

2)　国土交通省（2020）「国土の長期展望」中間とりまとめ 参考資料．P16, https://www.mlit.go.jp/policy/shingikai/content/001377610.pdf,2021年5月17日閲覧。

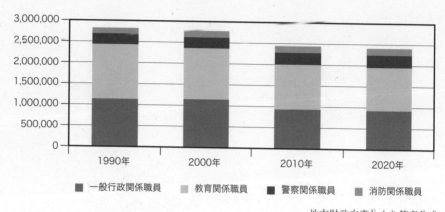

地方財政白書[3] より筆者作成

図2 地方公務員数の推移

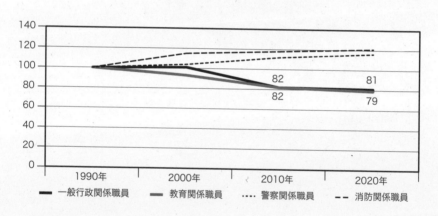

地方財政白書より筆者作成

図3 1990年を100とした地方公務員数の推移

理し、学校における探求活動や次世代の活動を支える仕組みの一例を紹介する。

3) 地方財政白書 バックナンバー https://www.soumu.go.jp/menu_seisaku/hakusyo/chihou/backnamber.html 2021年5月17日閲覧

2　次世代の担い手の必要性

(1)「活動人口」の確保の必要性

　政府は2014年、地方創生法を制定し、全ての都道府県、市町村が「まち・ひと・しごと創生総合戦略」（以下「地方創生総合戦略」という）を策定した。同時に人口ビジョンを策定し、将来人口を推計しその前提に基づく地域活性化策を計画したが、全ての都道府県、市町村の将来人口や重要業績評価指標（以下、KPIと称する）を合計すると、全国の将来人口を大きく上回ってしまう。市川は、都道府県版地方創生総合戦略の分析を通じ、KPIで掲げられた女性の就業率、医師数を積み上げていくと、全国同時に達成される時は訪れないとしている[1]。現に、高齢者福祉や子育てサービスなどの拡大合戦、キャラクタを活用したシティーセールス、ふるさと納税の返礼品合戦などにより、自治体間で激しい消耗戦が巻き起こっている。このように、人・モノ・カネの限られたパイを奪い合っている現状では、長期的に見て地域の持続可能性を高める方向に働いているとは言い難い。

　そこで筆者は、持続可能な地域づくりを全国の全ての自治体で同時成立させるためには、物的・人的資源の分かち合いが必要であり、そのためには移住一辺倒ではなく社会活動に参加する人、すなわち「活動人口」を維持するべきであると主張した[2]。これは総務省の言う「関係人口」とは若干定義が異なる。関係人口というと、単に観光目的で村を訪れた人（＝交流人口）も入ってしまうが、「活動人口」は当該地域の持続可能な地域づくりに貢献する社会活動を行った人を指している[3]。

---

1)　市川拓也（2016）地方版総合戦略は地方の持続可能性を高めるのか〜都道府県における総合戦略の中身や位置付け等を通じて考える〜．大和総研環境・社会・ガバナンス,14pp.
2)　中口毅博（2018）群馬県内市町村における持続可能な地域づくりの課題と解決策−奪い合いから分かち合いによる地方創生−．群馬自治357,p3-5.
3)　東海大河井教授の言う「社会参画容量」と同義である。河井孝仁（2015）シティプロモーションとは何か．地域活性化センター.97pp.

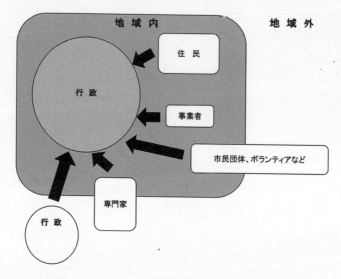

図4　「外の力」による持続可能な地域づくりの関係図

　自治体は、地方創生総合戦略や総合計画などにおいて、政策目標として「常住人口」でも「交流人口」でも「関係人口」でもなく、「活動人口」の数値を掲げることが期待されていると言える。

(2)「外の力」の利用

　筆者は『環境自治体白書2016-2017年版』において、「外の力」を分類し、その活用方法について整理した[4]。図4に「外の力」による持続可能な地域づくりの構図を再整理して示した。行政を地域内の住民や事業者、市民団体、専門家等が助ける場合と、地域外の住民や事業者、市民団体、専門家等が助ける場合がある。図では単純化しているが、地域外からの応援は行政に限らず、実際は特定の組織や住民を直接支援する活動も多く存在する。
　行政が地域内に居住または勤務する市民や企業の力を借りる構図の場合を

4)　中口毅博（2017）外の力の利用形態と利用における留意点『環境自治体白書2016-2017年版』所収,p8-19.

例に取ろう。例えば、ある自治体が「ごみ有料化」に取り組むことになったが、住民への丁寧な説明の人員が足りないとする。そこで「外」の組織として市民からなる「ごみ減量連絡会」が「それなら私たちが住民の皆さんに説明してあげるよ」と政策の実施主体として参画することが考えられる。

　地域外からの応援の場合は、森林の維持管理のボランティアなど、当該地域の活動に現地に赴いて参加する場合と、「〇〇大使」など、東京など他の地域で当該地域をPRする場合がある。また、人だけではなく例えば災害時に支援物資を送るといったことや、ナショナルトラスト運動や市民共同発電所などにふるさと納税やクラウドファンディングなどを通じて寄付や出資で応援することもありうる。

(3)　次世代の担い手の必要性

　これまで述べてきたように、持続可能な地域づくりのためには「外の力」、すなわち「関係人口」の確保が必要であるが、前述のように地域外からの支援は限られたパイの奪い合いとなり、全ての自治体が"勝ち組"になることはありえない。となると、地域の中でこれまで社会活動に関わっていない層が参画することしか道はない。リタイアした高齢者や子育て層、会社組織に縛られ仕事一辺倒のサラリーマンなども社会変革によって担い手となり得るが、本稿では次世代に注目する。

　次世代は、20年後、30年後の担い手として期待できることが、他の主体と比較した場合の最大のメリットである。現在も学校での「ふるさと教育」などを通じて担い手育成は多かれ少なかれ実施されているが、それには時間がかかり、即効性がない。したがって、次世代がリアルタイムで持続可能な地域づくりの主役となって活動することが必要である。

　では、次世代はどのようなニーズを持っているだろうか？　学研教育総合研究所の調査によると[5]、高校生の将来就きたい職業の1位は公務員であ

5)　学研教育総合研究所（2018）高校生白書Web版. 2018年9月調査, https://www.gakken.co.jp/kyouikusouken/whitepaper/h201809/chapter6/01.html,2021年5月17日閲覧

り、安定志向が見られるとはいえ何らかの社会貢献をしたいという意識が根底にあると解釈できる。また、将来何になりたいかは明確ではないが、将来に備えて専門知識を習得するとともに、社会人基礎力（コミュニケーション力、表現力等）を磨いたり、自己PRのための"強み"や"アピールポイント"を作りたいというニーズは高い。

3　SDGs達成のための活動の方向性

(1)　SDGs自治体と各主体への期待

　筆者はかねてより、筆者は「SDGs未来都市」＝「SDGs自治体」の定義として、以下のようなことを提唱してきた[6]。すなわち、

> S: 市民主体の取り組み
> D: 同時解決の取り組み
> G: ゴールが明確な取り組み（世代を超えた取り組み）
> s: 世界とつながった取り組み

という条件を兼ね備えた自治体としている。

　行政への期待として、筆者は、行政主導から市民主体による持続可能な地域づくりへの転換や、施策効果の客観的評価、PCDAサイクルの確立を強く期待しており、そのような視点・手段を盛り込んだ総合計画や、「SDGs未来都市」行動計画、地方創生総合戦略等の推進を期待しているところである。

　行政のみならず、市民社会（市民団体）や企業においてもSDGsを達成しようという意欲が増しているが、どのようなことをどのように実践すれば良

6)　中口毅博・熊崎実佳（2019）SDGs先進都市フライブルク－市民主体の持続可能なまちづくり.
　　学芸出版社, 220pp.
　　中口毅博（2020）新型コロナとの共存社会にむけた"SDGs自治体"の取り組みの方向性.
　　SDGs自治体白書2020,p8-21.

いのかは、暗中模索の状態である。市民社会への期待として、複数課題の同時解決など、SDGs視点を取り入れた取り組みへの転換を、また企業への期待としては、Society 5.0 for SDGs経営戦略に沿った製品・サービスの開発、SDGsの取り組みを活かした新規顧客や取引先の獲得、さらにはSDGsマインドを持った人材獲得を期待している。

(2) 次世代の参画によるSDGs達成のイメージ

　以上を踏まえると、SDGs達成による持続可能な社会の実現には、あらゆる世代の参画・協働が必要である。そこで、次世代のニーズに着目したSDGs達成のイメージを図5に示した。すなわち社会活動を実践したい、社会人基礎力（コミュニケーション力、表現力等）を磨きたいといった次世代のニーズを満たし、市民や企業、行政への期待を充足するような協働活動（＝

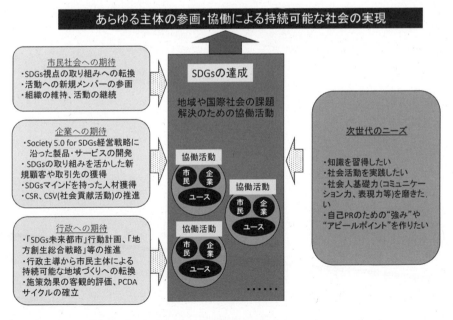

図5　次世代のニーズに着目したSDGs達成のイメージ

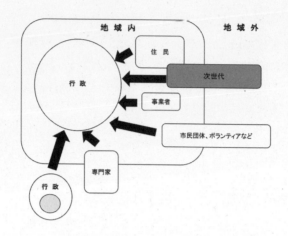

図6　次世代が参画した「外の力」との関係図

プロジェクト）を起こしていくことで、地域や国際社会の課題を解決してい
き、SDGsの17の目標を達成していくイメージである。

　図6は図4に次世代が「外の力」として参画した場合の関係図である。従
来の体制に比して、強力な布陣がひかれることは間違いない。

(3) 次世代活動ポテンシャル指標算定の必要性

　次世代の参画を政策目標とするためには、まず次世代がどれくらい地域創
生活動に実践しているかを数値化し、行政計画等の目標設定やローカライズ
したSDGsの達成状況評価に活用し、課題解決の実態を把握することが必要
である。これについて、筆者は『SDGs自治体白書2020』で地域創生活動指
標として提案・試算済みである[7]。しかしそれだけではなく、次世代の地域
創生活動の実施可能性を表す尺度が必要である。

　そこで本書では第5章にて、「次世代活動ポテンシャル指標」の算定方法

---

7)　中口毅博（2020）地域創生指標の算定. SDGs自治体白書2020. ,p190-220
　　中口毅博、阿部治（2020）ESDが地域創生に及ぼす効果の定量化に関する研究−ESD地域創
　　生指標の開発.日本環境教育学会関東支部年報14. p9-14.

と結果を示し、その一部を口絵にも示した。概略を述べると、まず、1日に活動可能な次世代の最大人数を幼稚園児から大学生までの人数で把握するとともに、SDGsの17の目標別に需要を5段階評価で示し、活動可能人日に需要係数を乗じて市区町村別に指標値を求めたものである。

　全国の各市区町村はこの指標を参考に、どのようなテーマでどれくらいの次世代が活動に参画できるかを数値的に把握し、SDGs達成活動を促進することが可能になる。

4　次世代主体のSDGs達成活動の内容

(1) 次世代とSDGs達成活動の関係

　筆者は、<u>次世代は「学ぶ」「つなげる」「提案する」「自ら動く」の4つのフェーズでSDGs達成に貢献できると考える。</u>

　この中で、直接的にSDGs達成＝持続可能な地域づくりに貢献するのは「自ら動く」だけである。他の3つは社会貢献活動を直接実践するものではないが、他の主体に対して刺激を与え、間接的な効果を生じるものと考えられる。

　「学ぶ」は、職業体験や住民インタビューなどを通じて、次世代が地域社会と何らかの接点を持つことである。これは一見何も貢献していないように見えるが、子どもたちからインタビューを受けたお年寄りの目の輝きを見れば、そこに暮らす人々の生きがい醸成に一役買っていると言うことができる。

　「つながる」は仲介者としての役割であり、次世代をブリッジにして、これまで繋がっていなかった主体同士が関係を持つことで活性化に繋がるということである。例えば我が子の商店街での職業体験を見に行った親が、その商店の存在を初めて知り、そこで買い物をするようになるといったことがありうる。また、在留外国人の課題について子どもたちの発表を聞いた市民が多文化共生への理解を深め、外国人支援活動を始めるといった効果が期待される。

　「提案する」は、解決策などの提案内容を関係者に伝達することで、提案された側が動くきっかけとなることである。例えば、街灯の照度測定をした

グループが行政の道路担当職員の前でプレゼンテーションを行ったことで、街灯の取り替えが進んだという立命館大学の例がある。

(2) 本書における次世代主体のSDGs達成活動の関係

　本書の第1部で執筆いただいた次世代主体のSDGs達成活動と、4つのフェーズの関係の一例を示すと、例えば岡山大学SDGsアンバサダーが行った「学生発案型講義！岡大SDGsコラボレーション〜企業のSDGs活動を知ろう〜」は、学生がSDGsに関する企業の取り組みについて学べるという効果だけでなく、企業のSDGsに関する取り組みが活性化するといったことに効果がある取り組みである。また、立命館大学のSustainable Weekが行った「エキスポーツ2019」はスポーツを通じての交流により「つながる」だけでなく、SDGsについて体験的に学ぶと効果もある取り組みである。

　このように、大学生や高校生の活動は「学ぶ」「つなげる」「提案する」「自ら動く」の4つのフェーズに重層的に関係しており、多様な形でSDGs達成に貢献していると言える。

(3) 学校における探求活動

　このように、先進的な次世代のSDGs達成活動が出現しているものの、こうしたな事例はまだ少数であり、あまたある課題に対応するためには、自主的には活動しない"非行動層"や"無関心層"をいかに表舞台に引っ張り出すかである。

　その最も有力な方策は、学校における探求活動を通じての参画であろう。新しい学習指導要領では、総合的な探究の時間がカリキュラム・マネジメントの中核を構成するものと明示されているが、教科教育の中でも探求活動に多くの時間が割かれるようになっている。

　高校で言えば、新たに「古典探究」「地理探究」「日本史探究」「世界史探究」「理数探究」「理数探究基礎」という各科目的な新科目が創設されている。このように探究が高等学校新学習指導要領の最も重視すべきキーワードになっ

ている[8]。

　新聞報道によると、例えば、「現代社会」から衣替えした新科目「公共」では、ほとんどの教科書がSDGsをテーマに、課題設定から表現までの探究学習の手順を1つの章を使って紹介しているという。例えば数学ではアイスクリーム店の売り上げデータの分析、英語では世界のリーダーを取り上げ討論する学習を促す事例がある。また家庭科ではSDGsが明示され、プラスチックごみの問題やフェアトレード（公正な貿易）などを紹介しているという[9]。

　また東京書籍は「学校行事を持続可能にしよう」というテーマで、文化祭などの行事をごみや資源、ジェンダーなどの視点での見直しを促しており、東京都文京区の高校における国産の間伐材による割り箸づくりや、児童労働を題材にしたお化け屋敷の活動を例示し、自分たちの学校でできることを考えようと呼びかけている[10]。

　このように学校の授業を通じてSDGs達成活動が行われ、活動人口が増加することは大いに期待できるのである。

（4）次世代の活動を支える仕組み

　学校教育だけでなく、社会教育や行政（首長部局）、民間団体が、次世代が活動しやすい仕組みを整備することも重要である。例えば、「高校生マイプロジェクト」[11] をはじめ、「○○甲子園」といったコンテストが支援の仕組みとして考えられるが、ここでは筆者が関わった「マイSDGs宣言」「SDGsアクター資格」を紹介したい。

　「マイSDGs宣言」は、自分の職場や家庭もしくは地域においてSDGsの17の目標達成に貢献できる日常行動や社会活動を考え、宣言するものである。持続可能な地域創造ネットワークのプロジェクトとして学生ベンチャーであ

8）　文部科学省（2018）高校学習指導要領解説　総合的な探求の時間編．161pp.
9）　朝日新聞　新・高校教科書は「探究」重視　領土関連に厳格チェック．2021年3月31日
10）　朝日新聞　（どうなる？教科書）イマドキ教科書、多彩な工夫　SDGsが多数登場、題材に学校行事も．2021年5月4日
11）　高校生マイプロジェクト．https://myprojects.jp/,2021年5月17日閲覧．

る（社）SDGsインパクトラボが運営した[17]。学生と自治体職員が宣言し、宣言内容をWEB上で公開している。キャンペーン活動は終了したが、870件の学生・生徒の宣言、279件の自治体職員の宣言がWEB上で公開されている。将来的には若い世代とのパートナーシップの取り組みを推進したい自治体と、社会貢献活動に参加したい大学生のマッチングが図れるというメリットもある。

　「SDGsアクター資格」制度は、SDGs達成のための活動を実践している者に与えられる資格である。SDGsアクター資格の基本構成を図8に示した。

　2019年度から認定を開始し、2019年度は2大学で55名、2020年度は5大学で111名の学生が合格した。資格取得のメリットとして、希望する進学先や就職先などに対し、SDGsに関する知識を習得し活動を実践していることをアピールできることが挙げられる。資格を取るためには、SDGsに関する基礎的講座を受講するとともに、SDGs達成に貢献する活動を実践することが必要であるため、有資格者は必ずSDGs達成活動の実績を有することになる。

5　むすび

　本稿では、「関係人口」「外の力」という観点から次世代主体の持続可能な地域づくりの必要性について論じた上で、SDGs達成のための活動の方向性を示し、本書における次世代主体のSDGs達成活動の関係について整理し、学校における探求活動や次世代の活動を支える仕組みの一例を紹介した。

　自治体や大人が次世代の主体的活動を引き出すチャンスは、学校が介在しなくても様々な場面が想定される。しかし、やみくもに次世代にアプローチするのではなく、今の若者が何を考え、何を望んでいるかを踏まえたアプローチでなければならない。

　また、次世代の潜在能力を引き出す秘訣として、2つのキーワードすなわ

---

17)　（社）SDGsインパクトラボ（2021）「マイSDGs宣言」公開サイト https://impactlab.jp/project/mySDGs-2/declaration,2021年5月17日閲覧.

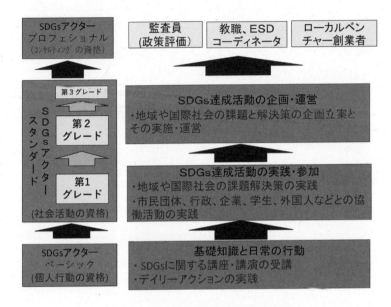

図8　SDGsアクター資格の基本構成

ち「伴走」と「放牧」を挙げたい。どちらのキーワードも、行政は黒子とし
て、次世代が主体的に取り組めるように陰で支えることを明示している。敷
かれたレールの上を次世代が走るだけでは「SDGs自治体」たりえない。

　今後、多くの自治体において、S:市民主体の取り組み、D:同時解決の取り
組み、G:ゴールが明確な取り組み（世代を超えた取り組み）、s:世界とつながっ
た取り組みが促進され、持続可能な地域づくりが進むことを願ってやまない。

岡山大学SDGsアンバサダーの取り組み

岡山大学 SDGs アンバサダー　理学部4回生 **大野 さくら**
理学部4回生 **宮本 あゆは**
※学年は2021年6月現在

1　SDGsアンバサダーとは

　岡山大学SDGsアンバサダー（以下、アンバサダー）とは、岡山大学が推進するSDGs活動に賛同し、協働してSDGsを推進していく個人または団体に対して付与される名称である。2021年3月末時点で学生・教職員・県内の高校生を含め約180名が登録している。

　岡山大学は全国の国立大学の中でも先進的にSDGsの活動に取り組んでおり、国のSDGs推進本部（本部長：内閣総理大臣）による第1回「ジャパンSDGsアワード」にて特別賞「SDGsパートナーシップ賞」を受賞。この「ジャパンSDGsアワード」はSDGs達成に向け優れた取り組みを行っている企業・団体等を選定・表彰するものであり、国立大学としては唯一の受賞であった。

　このように先進的にSDGsを推進した岡山大学では、「もっと学生にも主体的にSDGsの取り組みを行ってほしい」との槇野博史学長の想いから2019年7月、アンバサダー制度が発足した。制度発足に伴い、同年7月31日、キックオフミーティングが開催された。この会にはアンバサダーに志願する学生をはじめ、SDGsに強い関心を持ち日ごろから積極的に取り組む地元の高校生などおよそ140名が参加した。会では槇野学長

キックオフミーティングでの参加者集合写真

によるSDGsの取り組みの必要性、岡山大学におけるSDGsの取り組みの経緯・実績の講演や、参加者との意見交換が行われ、これを皮切りに、本格的にアンバサダー活動が始動した。

2　有志学生によるアンバサダー運営部発足

アンバサダーを組織しまとめること、そして「既に個々でアクティブに活動を行っているアンバサダー」と「SDGsに興味を持つ一方で、具体的な取り組みが未だ見つかっていないアンバサダー」をマッチングする場を提供し、より効果的に岡山大学のSDGs普及・推進活動を促進させることを目的に、筆者らを含む有志学生10名程度で「アンバサダー運営部（以下、運営部）」を発足させた。この有志学生たちは学年も学部もばらばらであり、全員が集まるのは困難であったが、時間を見つけては夜遅くまで運営部の発足に当たり組織としての在り方等の話し合いを行った。およそ1ヵ月に渡る話し合いの末、2019年12月に運営部の発足に至った。

3　アンバサダーの活動

ここでは、アンバサダーが行った活動について紹介する。アンバサダーの活動は、所属者それぞれが個人で行っている活動と、大学公認で行っている活動の2つに大別される。アンバサダーは、他のアンバサダーが企画した活動の中から興味のあるものに参加したり、自分で企画を立ち上げメンバーを募集したりすることもできる。以下、2020年に行われた活動についていくつか紹介したい。

(1) SDGsアンバサダーワークショップ

2020年1月20日、運営部主催でSDGsアンバサダーワークショップを行った。このワークショップは、運営部が主催した初のイベントであり、それまであ

ワークショップの様子

まり交流の機会がなかったアンバサダー同士の交流を兼ねたイベントであった。

このワークショップでは、SDGsのゴールをGoal1〜6、Goal7〜11、Goal12〜15の3つのグループに分け、それぞれが興味のあるグループに参加してもらい、今やっている活動がある人はそれを発信し、さらにやってみたいことを共有して新しいアイデアを生み出し、全体で発表するという形をとった。

その結果、実際にそのグループのメンバーでNPOが主催しているごみ拾い活動にまずは活動のきっかけとして参加する、などの新たなアクションが生まれた。このワークショップの直後に新型コロナウイルスが流行し始めたことから、実際にグループとして企画を実行するということはできなかったが、後述するHult Prizeはこの場で運営メンバー募集がなされ、このワークショップの参加者の中でも数名が出場者として参加しているなどアンバサダー同士のコネクションづくりや活動のリクルートの場所としての機能も果たした。

(2) SDGs 啓発ポスター作成

この活動は筆者大野が岡山大学内の学生にもっとSDGsについて知ってもらいたいと、SDGs啓発ステッカーの作成を提案したことに始まる。大学からステッカー作成の検討を依頼された運営部で検討が進められ、2020年度の新規アンバサダーの募集の企画の中でこの活動を行うことが決定した。

2020年度はオンラインによるアンバサダー説明会を3日間、計6回実施し、参加者が興味のあるSDGsのゴールや伝えたいことを盛り込んだステッカーのデザイン案を提案した。

これらのステッカーのデザイン案を踏まえ、新規に加入したアンバサダー

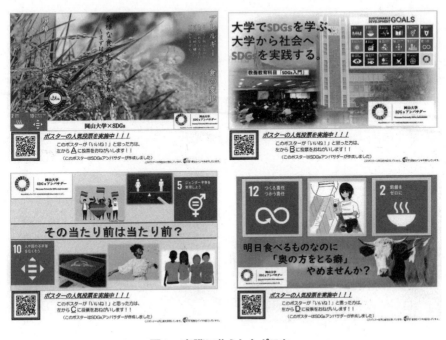

図1　実際に作られたポスター

とすでに在籍していたアンバサダーが協働してブラッシュアップを行った。議論の過程で、より目を引くポスターとして掲載したほうが良いのではないかという結論に至り、SDGs啓発ポスターとして学内施設に掲示することとなった。

　完成した4つのポスターを11月中旬ごろから岡山大学津島キャンパス・鹿田キャンパスの主要箇所の担当者にポスターを制作したアンバサダーが直接交渉に行き、掲示を依頼した。またアンバサダーのSNSにも掲載し、反応を見るため、2021年1月末までをめどにポスター上の二次元コードから気に入ったポスターに投票できるようにした。

　この活動から、学内におけるSDGs、アンバサダーの知名度向上、さらには作成したアンバサダーの発信力が鍛えられた。投票ではSDGsやアンバサ

ダーについて知っているかなどの質問を加えたことにより、アンバサダーという名前は知られていても、活動が知られていないという現状を把握することができた。ポスター作成の過程において、見る人をより引き付けるキャッチコピーやグラフィックの選び方などを考えながら作成したことで、これから各自が活動等を発信していくにおいて必要な素養も養われた。

(3) 学生発案型講義

「学生発案型講義！岡大SDGsコラボレーション〜企業のSDGs活動を知ろう〜」は、2020年度4学期に開講された講義である。企業の方々をオンライン上で招き、その企業で行われているSDGsに関連づけられた活動やその課題について話を聞く。それらの話を参考にして、学生たち自身が関心のある課題を解決するためのアイデアをグループに分かれて検討し、講義最終回の全体発表会において各グループのアイデアを発表し、企業の方々や学生からフィードバックをもらうというアクティブラーニング型の授業である。この講義は、アンバサダーが企画から運営にも携わって実施されたものである。

5月末から6月上旬にかけメンバーの募集が行われ、6月初めごろに最初の打ち合わせが行われた。そこで具体的な開講学期や授業形態について話し合いを行った。学生が新たなSDGs活動を行う一歩になるような授業を作りたいという考えがメンバー全体にあり、そのような授業を実現するために、SDGsの知識をインプットさせるだけに留めず、アウトプットできるような内容にしたらよいのではないかという意見が出てきた。そして、以下のような2つの案にまとまった。

1つ目は、企業のSDGs活動について知り、その課題を解決するアイデアをグループワークで構想し、プレゼンをするという内容の授業。2つ目は、小中高生に対するSDGsの教材を作成し、ワークショップをするという内容の授業である。これら2つの候補の中で、コロナ禍の情勢を鑑み、教材を作成しても実際に教育現場に赴くのが困難であること、オンラインベースでの授業開講を想定しなければならないという状況から、前者の授業内容に決定した。また、

授業の様子

　講義はアンバサダーに限らず広く履修してもらい、SDGsに関する知識が少ない人でも問題なく授業が履修できるよう、初回の授業ではSDGsに関する知識のインプットも含めたガイダンスを行うという工夫を提案した。

　8月から、授業の担当教員を含めさらに具体的な話を詰めていった。その中で浮上してきたのは、どの企業にどのように依頼をするのかということであった。全学部全学年の学生に対して広く履修してもらうために、ジャンルが偏らないように企業を選出した。また、オンラインだからこその利点を活かすべく、岡山県内の企業に限らず他の都県の企業にも依頼した。今回依頼した企業は全てがもとからコネクションのある企業というわけではなかったが、地方創生・インフラ整備・地域医療・教育関係の計4社が授業への協力を快く承諾してくださった。

　このような各方面からの協力もあり、4学期に無事開講し、全8回の講義を終えることができた。

（4）世界的ビジネスコンテストHult Prizeの岡山大学への導入・運営

　2020年12月、世界的ビジネスコンテストHult Prizeのファーストステップであり、世界各国の大学で行われるOn Campus大会が岡山大学で初めて開催

出場者集合写真

された。Hult Prizeとは、社会課題を解決するためのビジネスプランを観客の前でプレゼンする世界最大規模のビジネスコンテストである。全4ステップあるコンテストの最終ステップはニューヨークの国連本部で行われる。そこでの優勝者には100万ドル（約1億円）が賞金として与えられ、アイデアの事業化を促進していることから、「学生のノーベル賞」とも称されている。「難民問題」「食糧問題」などテーマとなる社会課題が毎年発表され、2020年度のテーマは"Food for Good"。2030年までに100万人の生活を向上させ、雇用の創出と経済発展に寄与するようなアイデアを求めるものであった。

　この大会の岡山大学への導入は1人のアンバサダーによる熱い想いから始まり、4名のアンバサダーがおよそ3ヵ月前から本格的に準備を始めた。会場の確保や審査員への打診、その他コンテスト開催に関する全ての業務を一から運営メンバー4名で行い、無事盛会のうちに終えることができた。大会開催までに、ビジネスやプレゼン方法などを学ぶワークショップを、コロナ禍という情勢の中で、オンライン・オフラインにより複数回開催し、アンバサダーに限らず多くの学生の参加を得て、学びを深める良い機会となった。

(5) 岡山大学SDGs 未来懇談会（ミライコン）

　最後に岡山大学ならでの特徴的な活動の1つとして、2020年度に発足した岡山大学SDGs未来懇談会、通称ミライコンについて紹介する。岡山大学では次世代を担う若手教職員が自由な発想で持続可能な岡山大学について考える「岡山大学未来懇談会（以下　未来懇）」を2017年度より開催している。2019年度は若手教職員に学生も加わって、「岡山大学×国連SDGsのさらなる深化に向けて」をテーマに、筆者らも参加して未来懇が行われた。この

SDGsをテーマとした未来懇を岡山大学SDGs推進本部の下に常設化したものがミライコンである。岡山大学の若手教員、若手職員、アンバサダー学生を構成員としたこの組織は、岡山大学のSDGs推進方策についての提言、SDGs推進方策等に基づくSDGs普及推進活動、アンバサダーへの指導・助言等のサポートや活動補助といった役割を担っている。

　今年度は、大学内でSDGsがどれほど進んでいるかを図る指標であるポートフォリオを成果物とすることができた。また、ポートフォリオを作成する過程では現在の大学において教員、職員、学生それぞれの目線から何が足りないのかについて率直な意見交換をすることができた。

4　今後の展望

　今後の展望としては、「アンバサダーが現状行っている活動を継続、発展させていくこと」、さらに「SDGs活動に取り組みやすい環境を作るという観点とアンバサダーの活動をさらに学外に広報していく」という主に2つの事に取り組む必要があると考えている。

　運営部発足時に目的としていた活動に人と人を繋げるマッチング機能は次の段階へと進んでおり、今後は活動の内容にも注目し、持続可能性のある活動へと発展させていきたいと考えている。まず、筆者個人としてはこれからの主権者教育や法教育など子どもたちに対する「教育」に関する活動、また、マスクなどの医療ごみの問題や感染症対策をしながら使い捨てをなるべく減らせるイノベーションを起こすことができないかなど、ウィズコロナにおけるSDGsとの関連について活動を広げていきたいと考えている。

　SDGsを自分の日々の生活と密接している「自分ごと」として捉え、何かしらのアクションを実行できている学生はごく少数である。それはSDGs推進研究大学である岡山大学であっても例外ではない。私たちは「アンバサダー」として、SDGsと岡大生を繋ぐ架け橋となれるよう、今後もSDGs活動にまい進していきたい。

学生主体のSDGs達成活動「Sustainable Week」

Sustainable Week

立命館大学食マネジメント学部3回生　**豊田 真彩**

政策科学部3回生　**北元 柊人**

立命館SDGs推進本部イノベーション・オーガナイザー　**上田 隼也**

※学年は2021年6月現在

1　立命館大学Sustainable Week実行委員会

　2015年9月に採択されたSDGsは、当初からヨーロッパ諸国の政策、ルール作りとして、さらには、ビジネスチャンスだと捉えたグローバル企業の積極的な取り組みが見られるようになってきた。その一方で、日本でのSDGsに対する認知度や理解度はかなり低い状態であった。そのような中、2017年1月、立命館大学びわこ・くさつキャンパス（BKC）の所在する滋賀県は、全国に先駆けてSDGsへの参画を表明した。当時の立命館大学生らはこのような社会の変化をいち早くくみ取り、行動に移した。そこで生まれたのが学生主体のSDGs体験型イベント「Sustainable Week」である。

Sustainable Week大看板

　「Sustainable Week」 は、メンバーが所属する立命館大学びわこ・くさつキャンパスを人口1万人の「小さな地球」と見立てて、SDGsの17個のゴールを啓発・解決する視点から取り組みを行っている。企画の背景には、過去に独自に

行った調査がある。びわこ・くさつキャンパスの学生を対象にしたアンケート調査から、「自分の専門分野と異なる専門性を持つ学生同士で連携した活動を行ってみたい」と答えた学生は90％に上った。また、地球温暖化や貧困の問題に代表される社会問題に関心のある学生は70％を占めているのに対し、それを考える機会や実践の場を実際に活用している学生は全体の20％に留まることが分かった。その理由として「機会がないから」と答えた学生が全体の30％を占めた。そこでこの結果をもとに、Sustainable Weekでは今まで出会うことのなかった学生団体が1つのゴールを達成する過程で、繋がり、活動を共にすることで、学生が望むような社会課題に真剣に取り組む自己表現の場を学生自ら提供したいと考えた。さらに、大学生にとって身近なキャンパスで、「Sustainable Week」を通してSDGsをジブンゴトにするきっかけをつくることも目的としている。

　2017年の「Sustainable Week」開催のために発足した立命館大学Sustainable Week実行委員会だが、現在までSDGsの達成に向けてプロジェクトに取り組む学生団体として活動を続けている。活動する上で、Vision・Mission・Valueの3つを理念として掲げている。（図1）この理念を掲げ、自分たちの行動が伴っているのか、定期的にメンバー全員で確認をしあっている。計画を立て

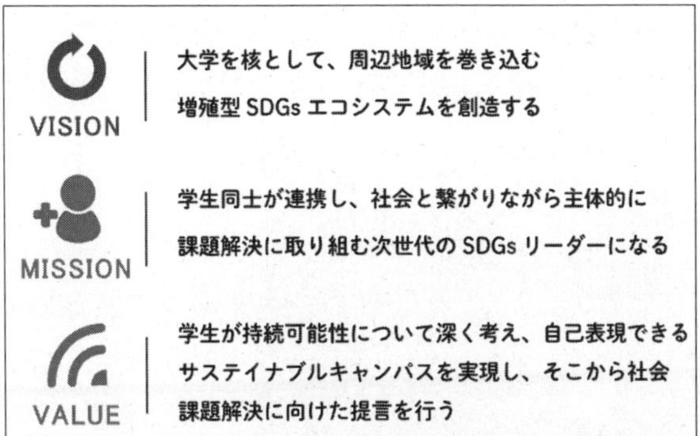

VISION　大学を核として、周辺地域を巻き込む増殖型SDGsエコシステムを創造する

MISSION　学生同士が連携し、社会と繋がりながら主体的に課題解決に取り組む次世代のSDGsリーダーになる

VALUE　学生が持続可能性について深く考え、自己表現できるサステイナブルキャンパスを実現し、そこから社会課題解決に向けた提言を行う

図1　立命館大学Sustainable Week実行委員会の理念

実行する段階でもリフレクションをしながら柔軟に変更していくことで時代や社会の変化に対応した取り組みを行うことを意識している。

2　これまでに実施した主なプロジェクト

　立命館大学Sustainable Week実行委員会はこれまでに「Sustainable Week」の開催に留まらず、イベントの主催やブース出展、活動事例紹介を含めて様々なプロジェクトに取り組んできた。ここでは、①Sustainable Week、②エキスポーツ2019、③SW LIVEの3つを取り上げて紹介する。

(1) Sustainable Week

　Sustainable Weekは、2017年にスタートし、4回実施してきた。

　初年度のSustainable Week2017では17のSDGsとそれぞれの目標を担当する学生企画団体を地球環境（BIOSPHERE）、社会（SOCIETY）、経済（ECONOMY）の3つのグループに分けた。各グループにリーダーを設けて該当するSDGs達成目標が持つ社会的意義を理解し、その包摂性を参加者に理解してもらうための企画を考案した。2018年は「We are SDGs Leaders,」をテーマに、第1回SDGs ACTION！ AWARDSでグランプリを受賞した「誰1人取り残さないSDGsカレー」の商品開発を進めながらSustainable Week2018までに「知る・考える・発信する」と段階を踏んだイベントを行った。2019年度は「共感・発信・繋がり」をコンセプトに年間を通して約50のプロジェクトを行い、その発信の場としてSustainable Week2019を開催した。「Be an Impact Producer.」という開催テーマには、2019年度の集大成というだけではなく、次年度さ

Sustainable Week2020イメージ

らに仲間を増やすためのインパクトを与えるきっかけになるようにという意味も込められている。

　そして2020年は、新型コロナウイルス感染拡大に伴い、全てをオンラインで実施することになった。ゴールデンウィークに事前に実施した「SW LIVE」の経験を活かし、完全オンラインで実施した新しいSustainable Weekとなった。新型コロナウイルスによりダイナミックに変化している社会を参加者全員でイメージすることを目的とし、YouTubeやZoomを利用し、数多くの企画を行った。「Imagine the Future －ニューノーマルな文化祭－」というテーマには、コロナ禍の不安が募る状況でも未来を描き、自分たちに「今」できることに取り組んでいこうという想いを込めた。また、どのような状況でもSustainable Weekは将来あるべき姿を実現するために挑戦をやめない文化の担い手が集まるイベントとして、サブタイトルを「ニューノーマルな文化祭」と名付けた。Sustainable Week2020では、新しい生活様式の中で、あえて挑戦することで見えてくる経験等を記録し、挑戦したいと思える環境作りをしたいという意図もあった。

(2) エキスポーツ2019

　COIアクティブ・フォー・オール拠点（立命館大学・順天堂大学）と共催で行った「エキスポーツ2019」は「スポーツ」を軸に「食」、「健康」、「研究」などを通して、SDGsへの理解を深めることを目的として開催した。参加者が大学生と交流しながら体験できるバドミントンやパラスポーツ、

エキスポーツ2019開催の様子

ロボットを利用した実証実験、セミナーなど多くの企画を実施し、子どもから年配の方まで約400名の参加者が楽しみながらスポーツを通じてSDGsの

理解を深めることができた。

「エキスポーツ」というネーミングには、多様な人々が集まるエキ、スポーツのエキスポ（万博）、大学らしいSDGsをExport（外に伝える）という3つの意味が込められている。人や知識・可能性が集うキャンパスで、立命館らしいカタチのSDGsを表現したものがエキスポーツ2019だ。企業・行政だけでなくNPOや様々な学生団体など多様なステークホルダーと連携できたことで、課題解決やSDGs達成に対する共感の輪を広げ、SDGsに取り組む仲間を増やすことができた。

(3) SW LIVE

新型コロナウイルスの拡大により外出自粛となった2020年のゴールデンウィークは、立命館大学Sustainable Week実行委員会の活動もほとんどが制限されていた。しかし、これまでチャレンジを続けて来た私たちがこのまま何もしない時間を作っていいのかと疑問を持ち始めた。その中で生まれたのがこの「Sustainable Week LIVE」だ。様々なゲストを迎えて今や未来を考えるきっかけを生み出す生配信番組をYouTube LIVEで行った。ゴールデンウィーク期間中は1日2番組以上を生配信し、その後は7月まで週1回の配信を行う「SW LIVE」として継続した。コロナ禍でも発信を続け、不安を抱えている学生などに行動する勇気やきっかけを与えることができた。

「Sustainable Week LIVE」は準備期間が1週間、完全オンラインという特異な状況で行った。運営メンバーの中にも直接顔を合わせたことのない人もいた。しかし、オンライン会議サービスを多く活用し、短期間でコロナ前以上のコミュニケーションを行ったことで、オンラインで抜け落ちてしまいがちのコミュニケーションの質を量で補うことができた。立命館大学Sustainable Week実行委員会がオンラインに活動の軸を移すことができ、2021年度に向けて新たな組織体制を創っていくきっかけになった。

増殖型SDGsエコシステムの実現

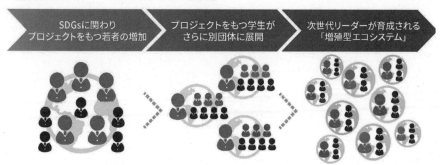

図2　増殖型SDGsエコシステムのイメージ

3　「増殖型SDGsエコシステム」の構築

　冒頭で、当団体のVision・Mission・Valueについて紹介した。そのうち、Vissionに掲げている「増殖型SDGsエコシステム」（図2）についてここで改めて説明したい。

　「増殖型SDGsエコシステム」とは、当団体の活動を通してメンバーがSDGsリーダーとして成長し、一人ひとりのSDGsへの取り組みが周りに波及していくことを指している。その実現のために、まずプロジェクトを通して自身の興味関心からSDGsをジブンゴトにする。そしてイベントの企画・運営を通して発信する機会を自らの手で創出することで、より多くの人にSDGsや身の回りの社会課題をジブンゴトにしてもらうきっかけを提供している。次世代SDGsリーダーを育成し、「増殖型SDGsエコシステム」を創出する取り組みについては①マイプロジェクトの実現、②ピアチャレンジ、③学外連携と分かれている。

（1）マイプロジェクトの実現

　SDGsが持つ課題の1つとして、ジブンゴトになりにくく取り組みにくい

ということがある。2017年度の「Sustainable Week」ではそれぞれの専門性や活動内容をSDGsに当てはめて考えることからジブンゴトにした。それ以降の活動では、メンバーそれぞれの関心のある課題からアイデアを生み出し、プロジェクトに進化させるというフェーズに分けて企画を行うことで参加者一人ひとりがSDGsに自分なりの関わりを持てるような工夫をしてきた。このようにマイプロジェクトに取り組む人が活動を発信し、仲間を増やし、プロジェクトをブラッシュアップする機会を設けることで、新たにマイプロジェクトを持つ人を増やすことを意識している。

『SDGs表現論ープロジェクト・プラグマティズム・ジブンゴト』表紙

この取り組みは2019年度秋学期から立命館大学の教養科目として開講された「SDGs表現論」に繋がっている。「SDGs表現論」の授業では、15回の講義を通してアイデアをカタチにし、マイプロジェクトに発展させることを目指しており、SDGsをジブンゴトにしてさらに自身の活動に取り入れる方法として定着しつつある。また、教養科目「SDGs表現論」については2020年よりJMOOCのgacco（無料で学べるオンライン講座「gacco」ホームページ https://gacco.org/）で受講可能となり、このプログラムを体系化した「SDGs表現論ープロジェクト・プラグマティズム・ジブンゴトー」が立命館大学の山中司教授と当団体の創設者・顧問でもある立命館SDGs推進本部のイノベーション・オーガナイザーの上田隼也が執筆し、2021年4月に発売された。この本でもSustainable Weekの特徴や設立過程を、立ち上げた本人が書いている。詳しくは書籍をご覧いただきたい。

(2) ピアチャレンジ

当団体の活動が注目されるにつれて、プロジェクトの質をどう担保するか

という問題にぶつかってきた。これは、メンバーの入れ替わりが激しく、一部のメンバーの経験知に基づき活動を行ってきたからという原因がある。そこで、スキルアップを目的としたピア・ラーニングの場として「クラウドゼミ」を実施した。ここでインプットした内容は、普段の活動を通してアウトプットすることができる工夫をした。また、2020年7月からは株式会社ベネッセi−キャリアの協力を得ながら、プロジェクトにおける最も効果的なチームビルディングの方法を定量・定性の両面から研究を行っている。具体的には、メンバー個人の成長マインドの変化やモチベーションの変化をアンケート調査から定性的に評価する。それらの結果をもとに複数のチーム分けパターンを用意し効果検証を行っていく予定である。これらの取り組みにより、当団体だけではなく、他の部活動やサークルでも活用できる汎用性のある仕組みにすることで、学生がともに成長することができる（ピアチャレンジ）組織を目指している。

(3) 学外連携

　これまでの活動を通して企業・行政・他大学・立命館附属校など多くの方と連携している（図3）。具体的には、立命館大学内、他大学、立命館の附

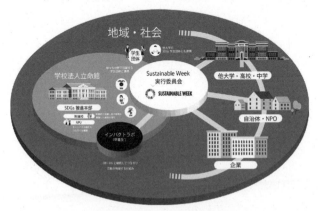

図3　立命館大学Sustainable Week実行委員会のステークホルダー

属校など50を超える学生団体と関わり、企画内容や資金面で約15の企業に
ご協力いただいた。さらに、立命館大学びわこ・くさつキャンパスがある滋
賀県やその周辺の市町村など約15もの行政機関とも連携し、SDGsなどの社
会課題にともに取り組んできた。

4 おわりに

　立命館大学Sustainable Week実行委員会は今年で5年目となる。

　特に、2020年度は新型コロナウイルスの影響を受けたことは最も大きな
変化であった。キャンパスでの活動や対面でのイベントが行えなくなり、活
動にオンラインを積極的に取り入れた。物理的距離に関係なく、より多くの
人との連携を図ることが可能となった。今後もオンラインを中心にコンテン
ツを構成しながら、必要なオフライン要素を導入することでより効果的な活
動形態を模索していく。今後、当団体で得た経験や培ったスキルをそれぞれ
が所属する団体やプロジェクトで活かし、当団体を基点としたネットワーク
を作ることにより社会に大きなインパクトを与えたい。

　SDGsを取り巻く状況は日々刻々と変化している。冒頭で示した団体の理
念を行動の軸としながらも学生や社会、大学の在り方を持続可能なかたちに
することを目指し、時代や社会の変化に柔軟に対応し変化している。発足か
ら4年間の軌跡を執筆を通して振り返ることができ、当団体にとっても有意
義なものとなった。今後は、Sustainable Week第2創設期と位置づけ、時代や
社会にあった新しい在り方を模索しながら活動に取り組んでいく予定である。

福井 SDGs AWARDS 2020 の運営

――コロナ禍をチャンスに！

仁愛大学 人間学部 コミュニケーション学科

福井 SDGs AWARDS 2020 実行委員会

事務局長　４回生 **木村 幸喜**

渉外班４回生 **長谷川 舞実**　４回生 **前田 芽里**

※学年は 2021 年 6 月現在

1　概要

　仁愛大学では 2018 年から SDGs の
ステークホルダーとしてあらゆる
課題に向き合ってきた。そんな中
私たち仁愛大学生が 2020 年度に企
画運営したのが福井 SDGs AWARDS
2020 である。これは国連サミット
にて全会一致で採択された 2030 年
SDGs 達成に向け、福井県で様々な
取り組みを行う優れた個人・団体を
表彰するものである。主催は仁愛大
学、応募対象は県内で SDGs 達成に
向けた取り組みを行っている個人・
団体（企業、NPO/NGO、教育機関、
各種団体等）である。エントリーの
受付を 2020 年 9 月 16 日に開始、12
月 19 日に締め切り、書類審査、ファ

FUKUI SDGs AWARDS 2020 チラシ

イナリスト選出を経て、2021年3月13日にオンライン最終審査会を開催した。県内から計179件の応募があり、そこから選ばれた10組が最終審査会に進んだ。最終審査会は対面での開催も考えたが、やはり新型コロナウイルスの影響により参加者の安全を第一に考え、オンラインでの開催を決定した。また今回のアワードでは自治体やNPO法人、企業から後援や協賛をいただきながら学生主体で運営を行った。

このようにたくさんの方の支援や応募により成功したアワードだったが、実は、「よくSDGsという言葉を耳にする、もっとSDGsの取り組みを広めたい」という安彦研究室の廣崎・木村の2名の学生の思いからスタートしたものだった。アワード結成当初は安彦研究室の学生のみだったが、学科のSDGsワーキンググループを通して、デザインやジェンダー、英語、ICTなどを学ぶ各研究室から参加希望学生を募ったことで、学科主体の取り組みとして企画・運営を進めることができ、最終的には大学主催として開催できることとなった。十分な時間と学べる場所がある学生だからこそ、社会問題や地域について理解を深められ、あらゆることにチャレンジできるのだと考えた。大学生自身がSDGsを考えること、その思いを自ら発信することが大切で、それがSDGsに取り組む上で大きな一歩なのだと考えた。

2　運営体制

福井SDGs AWARDS 2020実行委員会は広報班、渉外班、庶務班の3つの組織で成り立っており、学生・教員合わせて計23名で活動した。ここでそれぞれの班の活動を紹介する。

広報班ではチラシ・ポスター、ウェブサイトの作成を行った。チラシ・ポスターは作成ツールやソフトを用いて、フォントや配色、書体など内容面とビジュアル面の両方を考えながら行った。またウェブサイトはスマートフォンからもPCからも見やすくインパクトに欠けないよう心掛けた。そして教員の添削、各班からの要望や変更を交えながら、何度も何度も修正して完成に至った。

　次に渉外班では協賛・後援の依頼や広報活動、外部との連絡、協賛企業の SDGsの取り組みを紹介するインタビューを行った。このアワードは2020年 度からスタートしたものであったため、協力先もなく資金も不足していた。 そのため、県庁に連携を依頼したり、各市町へ協賛・後援依頼に伺ったりし て開催に至った。また広報活動では応募者募集という目的に加え、SDGs自 体に興味関心を持ってもらうことが大切であると考えた。高校や大学でも知 らない学生もいるため、応募はなくてもSDGsという名前や取り組みを知っ てもらい、一人ひとりのSDGsに対する熱量が増えたら嬉しいと思い広報活 動を進めた。そしてどの場面においても学生自らが働きかけたことで、若い 世代も社会問題に関心を持っており、福井県や地域に貢献したいという姿勢 や思いを感じてもらう機会になったのではないかと思う。

　そして庶務班ではエントリーシートの作成とホームページ運営を行った。 学生からの応募と社会人や企業からの応募が考えられたので、エントリー シートは見やすくかつ記入しやすいレイアウトを心がけた。ホームページ開 設では順次情報の公開やお知らせの更新作業を行った。またその他に、実行 委員長の廣崎と庶務班リーダーの田中が2020年11月12日に開催された福井 SDGsパートナーシップ会議フォーラム2020へ参加し、これまでの取り組み やアワードについて報告した。学生がSDGsに積極的に取り組んでいること をアピールでき、アワードを周知できる良い場所になった。杉本達治福井県 知事からもお褒めの言葉をいただいた。

3　書類審査について

　応募総数は当初30件ほどを予定していたが、予想を大きく覆し、なんと 計179件の応募があった。想定を大きく上回る応募総数に本アワード実行委 員一同で歓喜し、福井県のSDGsの機運の高まりに胸を躍らせた。

　提出方法はメールにてエントリーシート、任意で参考資料を添付していた だくか本学に現物を郵送していただくかである。メールの受付に関しては、

渉外班の長谷川、前田、松本が対応した。

(1) データ等整理について

　書類審査受付期間は12月19日までであり、その後のファイナリスト選出のためにデータ整理をする必要があった。エントリーシートと参考資料をナンバー付けしてフォルダにまとめる工程である。

　効率化を図るため、庶務班リーダーの田中が集計プログラムを製作した。同時期に履修していたプログラミングの授業を発展させたような内容であり、審査員に配ったエクセルシートから点数を自動で集計するもので、製作に10時間ほど要したがこのプログラムのおかげで集計作業を円滑に進めることが可能となった。実行委員会一同で手分けして作業を進め、効率的にデータの集計ができた。

(2) 審査員について

　審査員は県内外の有識者である、芝浦工業大学環境システム学科教授の中口毅博さん、福井県地域戦略部副部長（未来戦略）の藤丸伸和さん、鯖江市政策経営部めがねのまちさばえ戦略課の仲倉由紀さん、公益社団法人日本青年会議所 北陸信越地区 福井ブロック協議会の黒田克矢さん、仁愛大学人間学部コミュニケーション学科の織田暁子准教授の5名に依頼した。いずれの方々も日本国内や福井県内でSDGsの推進に大きく関わっておられる方々である。それとは別に、書類審査の学生枠を渉外班の長谷川、プレゼン審査の学生枠を実行委員長である廣崎が務めた。

4　最終審査会について

(1) 最終審査会準備

ア　作業等について

　前日に準備した内容としては、オンラインで参加する団体の接続テスト

や、会場の装飾、撮影配信機材配置、Zoomの画面操作の最終確認が主である。学生が主体となって一から機材の準備や設営を行った。前日に接続テストを行った理由は、本番当日に回線状況に不具合があった場合、最終審査に支障をきたす可能性があったからである。本番当日に本学から発表する参加者には、当日の審査前にリハーサル時間を設けた。特に通し時間とオンラインで発表する際の疑問点・不安な点を我々実行委員会と話し合う時間を多く設けるよう心掛けた。綿密な打ち合わせによってある程度の信頼を得ることができたのではないだろうか。ファイナリストにとってベストまでは言えずともベターな環境となるよう、最善を尽くした。

　本番中に問題が起きてしまっては審査時間に影響が出るため、台本やスライドの照らし合わせを入念に行った。必要なスライドの確認や、台本とスライドの細部までミスがないか隈なく探した。当日の司会についても、オンライン打ち合わせを通して綿密な進行台本も用意した。

イ　盾へのこだわり

FUKUI SDGs AWARDS 2020盾

　最優秀賞、優秀賞受賞者に贈呈する盾は、装飾以外全て杉の木が使われている盾を選んだ。当初はクリスタルのものを検討していたが、本アワードが学生主体であるためデザインも一からオーダーメイドしたもの、他と差別化したものを作りたいということになった。何にこだわり、どんなテーマを持たせるかを意識した。持たせたテーマは「木材の需要拡大を祈って」である。人工林が拡大している一方で、海外からの木材需要が高まりつつあることが日本全体の

課題であり、この課題を解決するには杉の木などの人の植えた針葉樹の需要を増やし、木を間引きしていかなければならない。適度に木材が使用されることは、調和のとれた森林を作ることに繋がる。つまり、国内の針葉樹を使っていくことはSDGsゴールの15番「陸の豊かさを守ろう」に繋がると考えた。

(2) 最終審査会当日

ア 概要

　最終審査会は、Zoomを使用したオンラインで開催された。書類審査を通過した10名の方にはPower Pointによるプレゼン方式で、2030年のSDGs達成に向けた福井に資する活動を発表していただいた。司会はFBC（福井放送）の松田佳恵アナウンサーに依頼し、進行面で多大なる協力をいただいた。なお、本稿では最優秀賞を受賞した福井県立足羽高等学校JRC部の活動詳細を紹介する。

表1　福井SDGs AWARDS 2020　最優秀賞のSDGs活動詳細

〈最優秀賞〉	
【活動タイトル】 　いつも笑顔で！「ハードよりハート！」を心に	
【発表者】 　福井県立足羽高等学校　JRC部	
【貢献するSDGsゴール】	
1.貧困をなくそう	2.飢餓をゼロに
3. すべての人に健康と福祉を	4.質の高い教育をみんなに
10.人や国の不平等をなくそう	11. 住み続けられるまちづくりを
12.つくる責任　つかう責任	14. 海の豊かさを守ろう
15.陸の豊かさも守ろう	16.平和と公正をすべての人に
17.　パートナーシップで目標を達成しよう	
【活動背景】（　）内の数字は該当するSDG	
①「視覚障がい者に情報を提供する。」(3、11)	
…2016年、福井駅西口広場改装後、実際に福島がアイマスクと白杖を使って歩い	

てみるとカーブで点字ブロックから外れることが多く、情報提供の必要性を感じた。

② 「海の生物を守り海岸をきれいにする。」(14)

　…2017年12月に坂井市三国サンセットビーチにて50メートル四方の清掃・ごみ調査を行うと、国外のごみが大変多いことがわかった。

③ 「感染症を乗り切るために新しい習慣を。」(3)

　…学校の体育や食事でマスクを外した際に保管場所に困っていたことがきっかけ。

④ 「災害時の対応」(3)

　…校内の生徒に関心を持ってもらう必要性を感じた。

⑤ 「身近な食品ロスを考える。」(12)　…購買での食べ残し調査をしたことがきっかけ。

⑥ 「校内外の緑化運動に協力する。」(15)

⑦ 「献血やヘアードネーションで人を助けたい。」(3)

⑧ 「海外支援」(1, 2, 3)

【活動内容】

① 例)　福井駅西口広場、JR福井駅ホーム(共に2016)、福井駅東口(2018)等の点字ブロック入り触る地図を作製するなど。

② 三国サンセットビーチ50メートル四方の清掃・ごみ調査を2017年より毎年12月に実施し、20年7月～8月に4回実施。また調査結果を入れたポスターを作製し、三国サンセットビーチ、越前松島水族館、えちぜん鉄道福井駅・三国駅等に掲示。

③ 例)　A4サイズのクリアファイルから3枚できるオリジナルデザインのマスクケースを作り、小学校に450枚、自衛隊、海の家に100枚、松島水族館レストランに200枚、盲学校に30枚贈呈するなど。

④ 『自衛隊防災BOOK』講演会を2018年度より年1回実施。自衛官から災害時に利用できる技術を直接学ぶ。20年度は福井商業高校と合同で実施。

⑤ 購買では「大盛り」や「メガ」などのサイズの弁当が販売されているが、食べ残しの量を測定し、まとめたものを活動展や学校祭で掲示。

⑥ 足羽山のあじさい植樹(2019年度)、年2回校内の花の植え替えに参加。月に1～5回、学校周辺のごみ拾いや清掃実施。

⑦ 献血講習会に参加。献血車の訪問先のショッピングセンター内で、看板を持ってお願いに歩く。また部員と顧問が現在ヘアドネーションに協力するため髪を伸ばす。

⑧ 2014年度より、あしなが募金・NHK海外たすけあい募金・災害時の募金活動などを実施。2014年度より、エコキャップを回収。

最終審査会当日、YouTube上で円滑なライブ配信ができるよう、本番直前まで実行委員会や松田佳恵アナウンサーで綿密なリハーサルを何度も行った。ライブ配信では、視聴者がファイナリストの発表にチャットでコメントをする場面も多く見られ、最終審査会は大盛況だった。最終審査会の様子は、後日YouTube上でアーカイブ配信を行い、2021年4月5日現在で動画再生回数は700回以上となっている。

イ　裏番組について

　ファイナリストの発表が終わった後、約1時間の審査時間があった。この時間を繋ぐため、もとより関わりのあったNPO法人 エコプラザさばえの楳原秀典さんに協力を依頼した。SDGsカードゲーム 公認ファシリテーターとして活躍されている方で、本学に何度も足を運ばれている。この審査時間でアワード開催の背景や本学の学びをどう生かしているかなど、あまり表では語られない部分をピックアップし、視聴者が開催者側に興味を持っていただけるように工夫してくださった。

5　おわりに

(1) 総評

　記念すべき第1回目である、福井 SDGs AWARDS 2020 は無事成功した。仁愛大学、実行委員会、審査員の方々、協賛後援いただいた企業・団体、応募者など、多くの方々からご協力・ご支援をいただいたおかげである。今回できた多くの方々とのご縁を忘れず、2030年のSDGs達成に向けて皆で前進していきたい。

(2) 振り返りと反省点

　活動を振り返ってみて大変だったことは、市役所や企業などに本イベントに協力いただけるように話を進めていくということだ。福井 SDGs AWARDS

2020は初めての取り組みであり、社会人と話すことはこれまでにあまりなかったため、不安と緊張でいっぱいだった。しかし、コロナ禍の中で仁愛大学生が活動して福井から元気を届けたいという熱い思い、アワードを開催するメリットなどを含めて伝えたことで、合計14団体から賛同いただき、深い結びつきができた。

　また、20名を超える規模の組織の運営のため、各班が抱えるタスクの進行状況や、これからどんなスケジュールで運営していくかをメンバーが見やすい環境を整える必要があった。このような大規模の催しを開催することができ確かに大変ではあったが、次回以降の改善点や、これから組織を運営する上で注意することが分かるようになるなど、学び成長する機会が非常に多かった。

　本アワードは学生（高校生以下）の応募が多数あったため、書類審査前に、別枠で賞を設けることを決定した。社会人と学生では行っていることの規模や文章の要約力に大きく差が出る。全ての応募者に公平な審査をするため、社会人か学生かを最初に尋ねているのだ。エントリーシートの仕組みに不備があり、例えば学生の活動ということでエントリーをしているが、エントリーシートを書いて提出したのは教員であるなど、まとめる我々実行委員にも伝わりにくいことがあった。次回以降は項目を細分化するなどして、社会人と学生のどちらの応募に当てはまるのかを精査する必要がある。

(3) 嬉しかったこと

　嬉しかったことは数えきれないほどある。その中でも特に嬉しかったことは、学生同士が協力して福井に資するSDGs活動の取り組みを社会に広めるという目標達成に向けて活動したことで、協力することや企業など外部の方と関わることの難しさや楽しさを知れたことである。また、今後のSDGs活動に活かせるヒントを得られたということだ。

(4) 今後の目標と気づき

　今後の目標は、今回のアワードを来年度以降も継続して、世界中に自信を持って発信できるアワードにしていくこと、福井県内の大学とも協力して、より大きく、更に盛り上がるアワードにしていくということである。

　今回の活動を通して気づいたことは、2030年の持続可能でより良い社会を達成するためには一人だけの力では達成できないということだ。応募者の書類を通して、自分が知らなかったSDGsの活動や考え方、応募者の思いを学べ、ジェンダーや子どもたちの未来、障害を持つ方たちへの配慮など、それぞれの熱い思いが伝わり、感動した。2030年の持続可能でより良い社会を達成するために、17の目標の中で課題を発見する、それに対する解決策や活動することで生じる社会への効果について考えるなど、一人ひとりが明確にし、行動に移すことが大切であると考える。

Fridays For Future 運動による学生主導の社会変革
——今、行動することの意味

Fridays For Future Hiroshima　**奥野 華子**

1　エコではなくシステムチェンジを

　私は気候変動を止められない。そ
して私は気候変動を止められる。矛
盾して聞こえるかもしれないが、こ
れが今の私が思っていることだ。

　これまでエコバッグを持ったり、
マイボトルを持ったり、身近にでき
ることをしよう！と呼びかけてきた
し、自分自身も気をつけている。だ

海外でのアクションの様子

が、これでは気候変動は止められないところまで来てしまった。エコで気候
変動が止められる時代は終わったのだ。

　もちろん毎日の小さなことも積み重なれば大きなものになるし、これから
も身近にできることはし続けなければならない。

　けれど、本気で私たちの命を守りたいと思うのであれば、社会そのものを
変えなければならない。私たちはシステムチェンジ（社会の大転換）を求める。

　あくまで「エコ」はシステムチェンジの一部であってゴールや目的ではな
い。システムチェンジが実現された社会では電気は再生可能エネルギーだ
し、みんなが当たり前のようにマイボトルを持っているだろう。本気で気候
変動を止めたいのであれば、「エコ」ではなく「システムチェンジ」をしよう。
システムチェンジ（社会構造の大変革）を求めた時、私は気候変動を止めら

れるはずだ。

2　Fridays For Future

FFF広島のアクションの様子

　私 は 2019 年 9 月 に Fridays For Future Hiroshima を 立 ち 上 げ た。Fridays For Future（以下 FFF）は 2018 年 8 月に当時 15 歳だったグレタ・トゥーンベリさんが気候変動対策の欠如に抗議するために毎週金曜日にスウェーデンの国会前に座り込みをしたことがきっかけとなって、世界中に広がっていった若者のムーブメントだ。日本では 2019 年 2 月に初めて東京での国会前アクションが行われた。その後はグローバル気候マーチと呼ばれる世界同時開催の気候変動対策を求めるアクションをメインに様々な活動をしてきた。詳細については後ほど述べる。

　私は FFF を立ち上げる 1 ヵ月前まで、「気候変動」という単語すら知らなかった。もちろん、学校では「地球温暖化」について学んだし、夏休みの宿題には、省エネをしようというものもあった。けれど、気候がこんなに危機的状況にあるなんて学ばなかった。

　ある日、知人からグレタさんの TED のスピーチが送られてきた。自分の 1 歳下の子がこれだけの想いを持って訴えている「気候危機」について何も知らなかったけれど、それはとんでもなく恐ろしいもので、自分や大切な人の命が奪われてしまうかもしれないという恐怖でいっぱいになった。けれど、同時にグレタさんのスピーチからは希望も感じた。今、行動すればまだ間に合うのだと。

3　日本各地のFFFの活動

　現在、日本には約35地域にFFF
が存在する。各地域の活動は多種多
様だが、全ての地域に共通すること
は本気で気候危機を解決したいと
思って立ち上がった若者たちが活動
しているという点だ。ここでは各地
域の活動を紹介したい。

FFF横須賀のアクションの様子

　FFF Yokosuka は神奈川県横須賀市
の石炭火力発電所の建設中止を求めて活動している。横須賀は小泉環境大臣
の出身地でもある。小泉環境大臣に向けた石炭火力発電所の建設中止を求め
るレターアクションでは全国から約200通の手紙を集め、小泉環境大臣に届
けた。FFF Kyoto は京都府の制度を使い、学校教育・ライフスタイル・防災・
地域経済という4つの観点で京都市長と意見交換をした。FFF Sapporo は北海
道札幌市に気候非常事態宣言を求める署名活動を行なった。約1000筆署名を
提出した1週間後には札幌市が気候非常事態宣言を表明した。FFF Tokyo では
東京都知事選で候補者に気候変動対策について聞き、SNSで発信し、政治参加
を促した。このように各地域様々な活動をしている。

　各地域のメンバーの有志が集まったFFF Japan も発足している。FFF Japan
では主に国政に対して働きかけをしてきた。

　気候危機を止めるためにはエネルギー政策を変えることが必要不可欠であ
る。特に2030年までの温室効果ガス排出量の削減目標の大幅引き上げを求
めてきた。そのために、声明文の提出や署名活動を行なった。「＃私たちの
未来を奪わないで　日本政府は今すぐ本気の気候変動対策をとってくださ
い」の署名は約4万筆集まり各省庁に提出した。

　また、地球温暖化対策計画の見直しに関わる政府の会合に出席したり、小

泉環境大臣との意見交換会に参加したりと政府関係者に直接思いを伝えることもしてきた。

　だが、ここで一度考えて欲しい。この活動に何百人の若者がどれだけの時間をかけてきたのかを。これまでしてきたアクションを文字にすると簡単なことに聞こえるかもしれない。だが、まだ20年も生きていない経験も知識もない若者が、これらを成し遂げることは容易いことではない。だって私たちの裏に大人はいないのだから。

　みんな、自分のやりたいことを犠牲にして、気候変動を止めるために頑張っている。

　緊急でミーティングが開かれたら、たとえ友達と遊んでいる最中であっても参加する子。気候危機に自分や大切な人の命が奪われてしまうと思うと、恐ろしすぎて涙が止まらなくなって眠れなくなる子。学校の単位がやばいけれど、気候危機の方がもっとやばいからと学校を休んで記者会見に参加したり、スタンディングアクションをする子。家族に活動を反対されて、大切な人との関係が悪くなっても、その人の命が失われる方がもっと嫌だからと活動を続ける子。私の周りにはそんな子達がたくさんいる。皆さんが10代・20代の時に何をしていたのかを思い出して欲しい。もし、皆さんが楽しい10代・20代を送ったのであれば、私たちにもどうかその楽しい人生を送らせて欲しい。そのために、一緒に気候変動を解決する一員になって欲しいのだ。よく、「若者が頑張ってくれて嬉しいよ」とか「あとは若者に任せたよ」と言われる。私たちに希望を抱かないで欲しい。私たちはすでに全力で頑張っている。私たちに任せるのではなく一緒に行動してほしい。

4　気候正義

　Climate Justice（気候正義）という考え方がある。気候変動によって引き起こされるあらゆる格差を無くしていくという考え方だ。

　気候変動によって様々な格差が引き起こされている。いくつか例を提示し

たい。

　1つ目は、先進国と発展途上国についてだ。先程も触れたように、特に化石燃料を大量に消費することは、気候変動を悪化させている。先進国である日本に住む私たちは気候変動を悪化させている加害者である。反

フィリピンでボランティアをした時の様子

対に、二酸化炭素をあまり排出していない発展途上国は災害の被害をより受けてしまう。現在、世界の5人に1人（13億人）が電気のない生活をしているが、温室効果ガス排出トップ10の国だけで、世界の排出量の7割に相当する。私はフィリピンが大好きで、何度も渡航しているのだが、彼らのことを思うと気候変動を何としても止めたいと思う。フィリピンではまだ電気が通っていない地域も多い。また、今にも壊れそうな家で暮らしている彼らのもとに気候変動が原因となって巨大化した台風がやってきた時、彼らは住む場所を失うだろう。電気をたくさん使っていない彼らが、気候変動の影響を真っ先に受けるなんておかしいと思う。

　2つ目は、世代間格差だ。気候変動の原因を作り出したのは、これまで大量の温室効果ガスを排出してきたり、温室効果ガスを排出し続ける社会システムを作ってきたりした上の世代だ。私はまだ19年しか生きていない。19年間で私が輩出した温室効果ガスの量と、上の世代が何十年もかけて排出してきた温室効果ガスの排出量には圧倒的な差がある。だが、気候変動の影響を受けるのは私たち若い世代だ。このように世代によって格差が生まれている。

　私はこの不公平な社会が嫌だ。嫌だから声を上げ続けるのだ。

5　全ての社会問題を解決するためにまずは気候危機を解決しよう

　私は広島で生まれ育って、核兵器が私たちの命を脅かすもので、核廃絶こそが平和なのだと学んできた。けれど、核兵器以外にも「気候変動」という

原爆ドーム前でのアクションの様子

多くの人の命を脅かすものがあると知った。そして、気候変動以外にも様々な社会問題が存在して、多くの人の命が脅かされていることも知った。核兵器がこの世界からなくなったとしても、気候変動をはじめとする様々な社会問題が蔓延る今、全ての社会問題が解決されない限り、平和な世界は実現できないと思う。そして、全ての社会問題を解決するためには気候変動の早急な解決が必須である。なぜなら気候変動は様々な社会問題と深く繋がっているし、気候変動問題の解決にはタイムリミットがあるからだ。

　アメリカ・ニューヨークの街中には、地球の気温上昇幅を1.5℃未満に抑える可能性を67％にするのに必要な温室効果ガス削減を実現する上で残された時間はあと7年だと示された「気候時計」も設置された。7年以内に行動を起こしたとしても33％の可能性で気候変動は止められないのだ。もし気候変動が止められなかった時、他の社会問題もさらに深刻になるだろう。だからこそ、様々な社会問題に取り組んでいる方との連帯がこれからますます必要になってくると考える。

6　私からあなたへのお願い

　最後に、あなたへのお願いがある。

　もし、気候変動によってあなたやあなたの大切な人の命が奪われたくないと思ったなら、あなたも気候変動解決の一部になって欲しいのだ。私一人では解決できないし、若者だけでも解決することはできない。気候危機は人種や年齢などに関わらず全人類にとっての共通の課題なのだ。私はまだ気候危

機は解決できると信じている。あ
なたにはあなたの場所であなたに
しかできないことがある。

FFF東京のアクションの様子

　私は日本人として、若者として、
奥野華子として、できることを全
力でやる。だからあなたにもでき
ることを全力でやって欲しい。多
くの人が社会を変えたいと願い、行動した時、私たちは大変革を起こすこと
ができる。全ての人が幸せに生きられるように、今行動しよう。

SDGs 達成に貢献する
国際ボランティア学生協会の取り組み

──学生だからこそ、できること

特定非営利活動法人国際ボランティア学生協会（IVUSA）理事　**伊藤 章**

1　団体の概要

(1) 歴史

　国際ボランティア学生協会（International Volunteer University Student Association 通称IVUSA）は、1993年に設立された学生中心のNPOで、国際協力・環境保護・地域活性化・災害救援・子どもの教育支援という5つの分野で事業を展開している。

　もともとは国士舘大学で「学生の夢を応援する」というプログラムがあり、そこで「途上国に学校を建てたい」「多摩川を潜って清掃したい」というよ

多摩川での清掃活動

うな社会貢献的な企画（夢）に参加した学生によって作られた（2002年にNPO法人格を取得）。

　現在、2,500人の大学生が所属する日本でも最大規模の学生組織であり、関東・関西を中心に全国に30の支部（クラブ）がある。

(2) ビジョンとミッション

　IVUSAは特定の社会問題にフォーカスして設立されたわけではなく、その

時の学生が関心を持ち、やりたいと思う企画をカタチにすること積み重ねていった結果、今の5つの事業分野になった。そのため、今後も事業分野は増えていくことが予想される。

　このように学生に社会課題解決のためのアクションを起こすきっかけを提供するとともに、活動を通した学びと成長を促すのがIVUSAのミッションである。そして、活動を通して多くの国・地域の多様な人たちとの繋がりを作ることで、「共に生きる社会」の実現を目指している。これはまさにSDGsが目指す「誰も取り残さない社会（No one left behind）」というビジョンと重なる。

　IVUSAの取り組んでいる5つの分野の取り組みがどうSDGs達成に繋がっているのかを紹介する。

2　国際協力

　貧困、テロや紛争、格差、感染症、環境問題…等、世界を見回してみると、多くの問題がある。

　これらは、日本に住む私たちには他人事のように見えるが、グローバル化が進んだ現在、決して私たちと無関係ではない。世界の動きは、私たちの日常生活にダイレクトに影響を及ぼすよ

建設した学校で現地の子どもたちと（カンボジア）

うになっている。特に新型コロナウイルス（COVID-19）は私たちの社会や世界を一変させることになった。

　IVUSAでは、「現地のために何ができるか」を真剣に考え、現地の人々とできるだけ同じ目線に立った活動を目指している。**国際協力**では直接的な交流で生まれる現地の人々との絆が最も重要だと考えている。

　具体的には、以下のような活動を実施している。

①カンボジアでの学校建設や教育支援

②インドでの住宅建設や生活支援（特に安全な水へのアクセスの確保）

③フィリピンでの清掃活動や植林、減災教育

④中国での植林

⑤ネパールでの山村支援（教育や公衆衛生）

また一方で、募金活動やイベントを通し国内でも様々な支援活動を行い、多くの支援者の気持ちを現地に届けている（2019年度の活動参加者数延べ596名）。

3　環境保護

今日、人類は生活の利便性と引き換えに、気候変動（地球温暖化）や砂漠化、森林破壊、プラスチックごみなど多くの環境問題を抱えている。大量生産・大量消費・大量廃棄を前提にした社会のシステムや私たちのライフスタイルを見直し、「持続可能な開発」を進めていくことが求められていると言えるだろう。

IVUSAでは、国内の身近な場所から中国や韓国など国境を越えた地域まで、様々な場所で学生のマンパワーを活かした活動を行っている。

特に最近は海ごみ問題に力を入れており、千葉県九十九里浜、山形県飛島、新潟県佐渡、長崎県対馬、沖縄県石垣島などでの海岸清掃をはじめ、身近なところで河川清掃や地域清掃を実施し、SNS等で発信していく「Youth for the Blue」キャンペーンを展開している。

その他の活動としては、

①外来水生植物駆除（滋賀県琵琶湖・千葉県印旛沼等）

②生態系保全（京都府阿蘇海）

③森林整備（長野県をはじめ全国各地）

などが挙げられる。

そして環境美化や植林を行うだけでなく、活動に参加した学生と地域の方
との交流によって、活動を通して、参加した大学生や社会の環境保護に対する認識や理解を深めていくことを目指している（2019年度の活動参加者数延べ2,594名）。

山形県飛島での清掃活動

4　地域活性化

現在、日本の地方は少子高齢化や産業の空洞化に伴い、過疎化や農業後継者の不足、耕作放棄地などの問題が深刻化しており、数年もしないうちに消滅してしまう集落もあると言われている。

IVUSAは過疎化が進んでいる地域を中心に、祭りの手伝いやイベントの運営補助、農業支援、地域の方との交流などを進めてきた。活動している地域は、災害救援を行ったところであったり、会員の出身地であったりしている。特に会員の「自分の故郷を盛り上げたい！」という思いや人の縁を大切にしている。

遠方からわざわざ自分たちの地域のために活動しに来る学生から刺激を受ける地域の方々も多く、学生の中にはそのままその地域に移住したり、地域おこし協力隊として活動したりする者もいる。

現在、IVUSAが入っている地域は以下のとおり。

新潟県長岡市・十日町市・関川村、三重県熊野市、岡山県備前市（日生諸島）、静岡県西伊豆町、京都府和束町、長野県飯山市、長野県飯田市、宮城県山元町、東京都利島村、福岡県星野村（この内、関川村、熊野市、備前市、西伊豆町とは連携協定を締結しており、助成金や施設利用等の面で様々なサポートをいただいている）。

新潟県関川村でのお祭りのお手伝い

そして、活動の継続性を担保するために、地域との関係性を組織として継承しながら、今後は新しいビジネスモデルの開発や、その地域の中学生や高校生の巻き込み・協働を強化していく予定である（2019年度の活動参加者数延べ2,768名）。

5　災害救援

　日本は地震・高潮・台風・水害・豪雪・火山噴火・竜巻等が発生する災害大国である。そして、近年は気候変動の影響もあり、豪雨や台風の想像を超える激甚化・広域化が大きなリスクとなっている。

　IVUSAでは、1993年の北海道南西沖地震、1995年の阪神淡路大震災から、国内外の災害に対し復旧・復興支援活動を行ってきた。その中では、災害現場で学生が汗を流し活動することで、喪失感に包まれている被災者の復興に向かおうとする気持ちを後押しすることを大切にしている。

　東日本大震災では、発災直後の3月16日には宮城県石巻市に入り、岩手県大槌町、宮城県南三陸町、女川町、多賀城市、気仙沼市、東松島市、山元町において計48回、3,859名（延べ人日約14,000名）が炊き出し、物資の輸送、瓦礫の撤去、家屋の復旧、復興イベントの手伝いなどを行ってきた。

　最近では、平成30年西日本豪雨災害、平成30年大阪府北部地震（2018年）、令和元年台風15号・19号災害（2019年）、令和2年7月豪雨災害（2020年）などで活動を行った。

　なお、公益財団法人車両競技公益資金記念財団と「災害復旧援護に係るボランティア活動助成事業に関する協定」を結んでおり、災害救援に関する費用を支援していただいている。

2016年の熊本地震での復旧活動

　一方で、災害からの復旧には多くのマンパワーが必要であり、災害ボランティアの不足も指摘されている。IVUSAは今後もできるだけ現場で活動するとともに、全国の高校生や大学生とのネットワーク（ノウハウ提供等）を平常時から構築する事業を新たに加え、より効果的な災害対応を目指していく（2019年度の活動参加者数延べ1,194名）。

6　子どもの教育支援

　児童虐待、子どもの貧困、教育格差、地域社会からの孤立など、現在、日本の社会には子どもを取り巻く数多くの多様な問題が存在している。特にコロナ禍でオンライン学習が普及する中で、デバイスやネット環境の格差も指摘されている。

減災チャレンジキャンプ（熊野市）

　これらの問題は、同じ「将来世代」であり、近い将来に自らも親になる者が多い学生にとっても無関係ではない。

　IVUSAでは、子どもたちと年齢の近い「お兄さん」「お姉さん」のような存在であることを活かし、子どもたちの夢や未来のために、学習支援活動や子どもたちの自己肯定感を育むことを目的とした交流支援活動、防災学習等に取り組んでいる。

　具体的には、

　①生活困窮家庭の子ども向けの学習支援（大津市・京田辺市・泉大津市で

委託事業として実施）

②児童養護施設の子どもたちとの交流キャンプ

③防災・減災教育（オンライン減災学習サイト「これならデキる！！できることから始める！ボクたち、ワタシたちの『減災アクション』」の運営 http://gensaiaction.net/ ）

その中でも、子どもたちが体験を通してリスクに対する対応力を身に付けていくことに力を入れている。（2019年度の活動参加者数延べ2,176名）

7　その他の事業・研修やワークショップ

IVUSAでは5つの分野以外にも様々な事業を実施しているが、その中でも以下の2つを紹介したい（2019年度の活動参加者数延べ691名）。

(1) 沖縄県戦没者遺骨収集事業

第二次世界大戦で亡くなった兵士や民間人の遺骨を家族の元に還して慰霊する活動で、遺骨収集だけでなく第二次世界大戦の戦地を巡り、戦争と平和について考えるワークショップもあわせて実施している。

沖縄県戦没者遺骨収集事業における慰霊式

(2) 世田谷区市民活動支援コーナー運営

2006年から公益財団法人せたがや文化財団から「市民活動支援コーナー」の管理運営業務委託を受け、スペース管理とともに市民活動相談や団体同士のネットワーキングを行っている。

(3) 研修

　IVUSAでは全会員に対し、SDGsそのものを学ぶとともに、それぞれの活動が対応しているゴールや、活動がターゲットとしている社会問題を掘り下げて学ぶワークショップを実施している。

　そして、各プロジェクトの運営や現地カウンターパート（受け入れ先）との調整は基本的に学生が担っており、職員がサポートしている。地域のニーズ把握やカウンターパートとの交渉、チームビルディング、リスクマネジメント、情報発信など幅広いスキルとノウハウが求められ、それらを学ぶ研修を実施している。

　また、2019年の台風19号災害の復旧活動に日本体育大学の学生が授業の一環で参加したり、2020年に同志社大学や東洋大学のボランティアセンター主催の災害ボランティア講座を実施したり、大学との協働も増えている。

(4) 会員について

　現在、男女比は45：55で、女性の方がやや多い。

　学部の比率は、いわゆる「文系」の学生が圧倒的に多く、多い学部トップ3は、1位経済学部、2位法学部、3位政策学部。学年では1年生が最も多い。

　運営層（コアメンバー）を担う会員は、学年が上がるごとに責任感や能力が向上していく一方で、様々なプレッシャーを受けることも多く、彼らのモチベーションやメンタルのサポートが職員や先輩たちの重要な役割の1つである。社会に出る前に、社会人としての実務経験をしていると言えるだろう。

　そして後輩の面倒を見たり、カウンターパートの人たちと交流したりする経験からか、進路選択としては「人材系」が非常に多いのが特徴となっている。

8　最後に～コロナ禍における挑戦

　新型コロナウイルスの世界的大流行（パンデミック）により、IVUSAの事業は大きな打撃を受けた。私たちの活動は、大人数かつ宿泊型の「ワークキャンプ」スタイルが基本であり、それだと「三密」は避けられない。結果、

2020年3月以降はほぼ全てのワークキャンプ型の活動を中止にせざるを得なかった。

　活動に参加する学生たちのモチベーションの大きな部分は、学生同士の、もしくは活動地の人たちとの交流によって形成されていると言っていい。文字通り「フェイス・トゥー・フェイス」のコミュニケーションが難しい中、学生たちもモチベーションを維持し続けるのは大変だった。これは IVUSA だけでなく、ワークキャンプを行っている団体の多くが運営上の困難に直面している。

　そのような中、活動の「ニュー・ノーマル」を目指して様々な試行錯誤をしてきたが、その中の1つがオンラインのコミュニケーションツールの活用である。

　これまで交流があった児童養護施設の子どもたち向けにオンラインでの学習支援を新たに開始した。また、これまで地域活性化事業を行ってきた地域の人たちとの交流企画や、社会問題について話し合うワークショップなど、オフライン（対面）をオンラインに代替してきた。

　もう1つは、小規模・屋外でできる活動の強化である。感染症対策を徹底できる会員のみで、多くても30名程度でソーシャルディスタンスを保って行える清掃活動に力を入れてきた。2020年度だけで延べ約1,200名が参加した。中には Zoom を使って話しながら清掃する学生もいた。

　新型コロナウイルスの感染拡大は今後も予断を許さない。今年度の試行錯誤から分かったが、オンラインでの活動は1つの「オルタナティブ」としては成立するが、やはり学生にとってモチベーションが上がるのはオフライン（対面）の活動なのである。

　これからは清掃活動以外の小規模なプログラムの開発に力を入れていきたい。

琵琶湖の清掃活動（参加した学生約60名）

#おかやまJKnoteの取り組み

高校生による地域課題の解決

#おかやまJKnote 総合プロデューサー　**野村　泰介**

1　#おかやまJKnoteとは

　#おかやまJKnoteは「学校」の枠を越え「自分のやりたいこと」と「社会のニーズ」を結びつける活動を行う高校生有志の活動組織として、2018年1月12日に4名の高校生で結成された。当初より「高校生の力で世の中を変えるという価値創造を目指す」というビジョン、「ジャスト高校生（JK）世代が「学校」の枠を越え「自分のやりたいこと」と「社会のニーズ」を結びつける活動を行う」というミッションを掲げ、2021年3月現在、岡山県内16の高校から28名の高校生がメンバーとして登録している。

　名前の由来を、設立時のメンバーは以下のように説明している。

　「JK（ジャスト高校生）のnote（ノート）…ちょうど高校生世代の私たちが真っ白な何もないノートに自分たちの夢や希望を記録し、蓄積していこう。

　Knot（結び目・きずな）…JKnoteの中には‘Knot’という単語が含まれて

定例ミーティングの様子

います。一見、個人のやりたいことを実現する場のように見えて、実は芯に「メンバーの個性を尊重し集団が固いきずなで結ばれている」と同時に「自分たちのやりたいこと」と「社会のニーズ」を繋げたいという意味があります。おかやま…岡山という地域で活動するJK（ジャスト高校生）ということを強

調するため、頭にハッシュタグをつけました。」[1]

2　#おかやまJKnote定例ミーティングの1日

　毎週木曜日の夕方5時半、人通りも少なくなった商店街の一角から元気な声が響く。
「これからJKnote定例ミーティングをはじめます！」
　#おかやまJKnoteでは毎週1回、17時半から20時頃まで定例のミーティングを行っている。2018年1月の結成時より、お盆・年末年始を除き、継続して行われ、2021年3月25日現在161回を数える。JR岡山駅西口から徒歩8分の奉還町商店街アーケード内にある「シェア部室」と呼ばれる場で、交通の便が良いため、岡山市内だけでなく、東は備前市から西は倉敷市まで参加する高校生の居住地は幅広い。
　ミーティングは全体会と分科会に分かれており、全体会はレジュメに基づいて共有・確認・協議事項を検討する。分科会はそれぞれのプロジェクトに分かれ、少人数単位での協議の場となる。ミーティングでは毎月1回程度、地域で活躍する大人を外部講師として招き「奉還町リベラルアーツ」という名称で勉強会を行っている。一方、ミーティングの冒頭には「今週あった良いこと」を30秒でプレゼンしたり、メンバーの誕生日にはサプライズプレゼントが贈られることもあり、家族的な雰囲気に魅かれ、毎週多くの高校生が自主的に楽しみながら集まるようになっている。

3　#おかやまJKnote主な活動（2018年度〜2020年度）

　#おかやまJKnoteでは上記に掲げたビジョン・ミッションに沿って、地域の方々との協働により多くのことを行ってきた。結成以来主な活動を紹介する。

---

1)　#おかやまJKnoteホームページ www.jknote.work

(1) 西日本豪雨復興支援（2018年7月〜2019年3月）

避難所での取材活動

2018年7月7日に発生した西日本豪雨では#おかやまJKnoteの本拠地である岡山市に隣接する倉敷市の真備地区において甚大な被害が発生した。当時の高校生メンバーは被害が明らかになった9日に緊急ミーティングを開き、自分たちの視点で被災地の声や支援情報を集めた新聞の発行を決定。「MABI PAPER」というタイトルで8月10日に創刊号を発刊し、被災地区の小学校に設置された避難所や公民館などを利用した物資配布拠点を中心に配布した。8月は毎週、9月より隔週発行とし、10月以降は真備町内に建設された仮設住宅への個別配布を行った。また、特設ホームページを作り、PDFによるオンライン版を自由にダウンロードできるようにした。「MABI PAPER」は翌年3月まで16号発行し、総発行部数は20,000部に上った。

　また、被災地の子ども支援も積極的に行った。豪雨被害を受けた真備地区の中学生の数は約600名。10月まで学校再開できず、再開後もプレハブの校舎、スクールバスでの登下校など、日常の学校生活が取り戻せているとは言い難い状況で、文化祭など、生徒たちが楽しみにしていた学校行事もほとんど中止となった。このことを知ったメンバーは真備地区の中学生たちに「文化祭のような1日思いっきり楽しめる場」を提供するという目的でMABI STUDENT FES を企画した。この企画は倉敷市中心部のショッピングモールで行われ、お笑いライブステージやクリスマスプレゼントビンゴ大会などが行われた。参加者は、真備からの来場者239名を含む1,115名に上り、大盛況であった。

（2）18歳成人を考える「18サミット」（2020年度）

　民法が改正され2022年4月より成人年齢が18歳に引き下げられる。今までは20歳成年であり、高校卒業後、2年間かけて大学・専門学校・職場など様々な大人と関わることにより成人への準備をする期間があった（私はこの時期のことを「プレ成人期」と呼んでいる）。しかし成人年齢の引き下げによりこれからは高校生活そのものが

18サミット運営メンバー

「プレ成人期」になることから、#おかやまJKnoteでは高校生が主体となって2019年4月から「18歳成人時代の理想の高校生活」を様々なイベントを通して学んできた。

　2021年3月、「18リミット」を岡山駅前の大型ショッピングモールを会場に開催し、以下のような「大人とは何か」を主体的に考える様々な催しが企画された。

ア　A0107（え～おとな）グランプリ

　高校生世代が「将来のお手本にしたい」「この人についていきたい」「なんかおもしろい！」という大人を表彰する企画。1次審査を勝ち抜いた30代～70代10名が2分間のプレゼンを行い、高校生5名が審査員となりグランプリが決定された。

A0107グランプリ投票の様子

イ　全国高校生オンライン会議

　新型コロナウイルス感染症が全国的に蔓延する中、#おかやまJKnoteと繋がりのある全国の高校生活動団体に呼びかけ，自分たちには何ができるのかをオンライン（Zoom）上で話す「全国高校生オンライン会議」を公開で開催した。

ウ　JKpost

　コロナ禍において、移動の自粛に伴う観光減と連動し土産物需要が激減したことにより大きな打撃を受けた地域の名物グルメを支援するため、#おかやまJKnoteが選ぶ岡山の名産品をカタログギフト形式にして全国の高校生に送るプロジェクト「Jkpost」を行い、その報告会をオンライン（Zoom）で行った。

　18サミットはコロナ禍での対面イベントということで感染症対策を徹底して行い、入場制限をしたが、1日のイベントを通じて370名の参加が見られた。

4　「学校」と「学校外」の役割分担

　「学校は閉じた世界である」「社会を知らない学校の先生に教えてられても……」という「社会」における教育批判は今に始まったことではない。学校では子どもたちを「社会の構成員」として育成することはできないという論調は根強い。その根拠はどこにあるのだろうか。一方、「学校」はその批判に対しどのように反論し、学校の正当性をどう示しているのか。

　教育の目的を「個人化」（個の成長）と「社会化」（社会構成員としての成長）の2つであるとすると、学校教育が得意なのは「個人化」であり「社会化」はやや苦手である。そのため学校の外から「社会経験の無い先生には社会で即戦力になる人材を育てられない！」という批判を受けることになる。

　しかし学校の外で教師以外の大人が若者世代の成長を促そうとする、例えば「学生インターン」や「若者の起業を応援」といったものが「学校の代替

機関」になり得るのかといえば必ずしもそうではない。中には「その組織に都合の良い構成員」をせっせと育成する「教育ごっこ」のような拙い実践もあり、結果として狭い範囲での「社会化」でしかならない。

　では理想の「社会化」とはどんなものだろうか。それは多様な価値観の中で対話と合意形成ができるシティズン（市民）を育成することではないだろうか。池野範男はシティズンシップ教育の在り方を「個人化」と「社会化」の両立を可能にする理想の形であるとし、個人と市民社会との関係の形成と構築の必要性を訴えている[2]。

　しかし、この教育方法論は理想先行であり、なかなか学校現場だけでの実践は難しい。

　ではどうすれば良いのだろうか。シティズンシップ教育を学校だけで抱えずに、学校と学校外（地域）と協働で行い、学校と学校外を繋ぐ「第三の領域」があれば良いのではないか。

5　JKnote流社会参画の方法

　#おかやまJKnoteは商店街の中にある「第三の領域」である。そこには多様なバックグラウンドを持つ高校生がそれぞれの価値観を持ちながら同じ場に集まる。そこで行うことは決められていない。どのような課題をどのような方法でどのような世界を目指すために取り組むかは自分たちで判断する。この方法論で社会参画するために、シェアドリーダーシップ論に基づく「一度は何かのリーダーに！」ということに力を入れている。

　シェアドリーダーシップとは、チームの中でリーダーを必要としているとき、リーダーシップを発揮し、その他の場面ではフォロワーに徹する水平型リーダーシップのことである[3]。

---

2)　池野範男（2014）「グローバル時代のシティズンシップ教育―問題点と可能性：民主主義と公共の論理―」教育学研究81巻2号138-149
3)　中原淳（2018）「リーダーシップ教育のフロンティア」研究編　北大路書房

#おかやまJKnoteでは、日常的に複数のプロジェクトが並行して進んでいるが、プロジェクトのリーダーを特定のメンバーが担うのではなく、メンバーの「やりたい」を優先した手挙げ制としている。一方、リーダーにならない人はフォロワーとしてリーダーを支える役割に徹する。一方、別プロジェクトでは、フォロワーがリーダーとして先頭に立つ。このことで、#おかやまJKnote在籍期間中は何かしらのプロジェクトのリーダーを経験することになる。

6 「個」の成長と「コミュニティ」の発展の両立のために

　繰り返しになるが、学校教育の目的とは高校生「個」の成長を促すことであり、学校外の教育の目的＝高校生を「活用」したコミュニティの発展のためである。このことを、ドイツの社会学者テンニースによる「ゲマインシャフトとゲゼルシャフト」を使って説明を試みる。

　「ゲマインシャフト」とは共同体組織（構成員一人ひとりのために存在する組織）であり、「ゲゼルシャフト」とは機能体組織（組織自体に目的があり、その目的を実現させるために人材やその他の資源を集める）を指す。

　ゲマインシャフトの目的が、そこに所属する「個」が満足することだとすると、ゲゼルシャフトの目的は、組織の利益を最優先する。このことを当てはめると学校は「ゲマインシャフト的」で、学校外の大人たちは「ゲゼルシャフト的」と説明ができるのではないか。すなわちゲマインシャフト的な機能を持つ「学校」にゲゼルシャフト的成果を求めるのは見当違いであり、その逆もまたしかり。では、「第三の領域」である#おかやまJKnoteは社会組織的にどこに位置付けられるのであろうか。ゲマインシャフトでもゲゼルシャフトでもない組織概念、「ゲノッセンシャフト」[4] を援用してみる。

　ゲノッセンシャフトの概念はやや難解であるが、おおまかに「構成員の自由な意志の契約によって成立するような組織」すなわち、誰かから強制され

4）　ゲノッセンシャフトはドイツの法学者オットー・フォン・ギールケによって提唱された

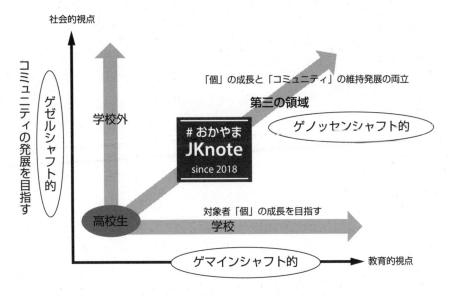

図1　第三の領域としての#おかやまJKnoteモデル図

て所属するのではなく、「参加したい！」という自分の意思で集まる組織と説明できる。ゲマインシャフトでもゲゼルシャフトでもない第三の領域がそこに生まれる。

　このゲノッセンシャフトの概念を具体化すると、構成員の「個」の成長と、「コミュニティ」の発展を両立させることができる可能性が高まるのではないだろうか。そこには学校教育的なエッセンスと、学校外の教育的なエッセンスをバランスよく取り入れることができる。

　ゲノッセンシャフトの概念で組織された#おかやまJKnoteのビジョン・ミッションは、「自分のやりたい」と「社会のニーズ」を一致させることで新たな価値を生み出す、というもの。構成員である高校生自身の成長と、彼ら彼女らが関わるコミュニティの発展が両立を目指していくために、これからも伴走活動を続けていきたい。

第2章　自治体のSDGs達成活動

森林の多様性から経済を創造する

──「SDGs未来都市」岡山県西粟倉村

西粟倉村地方創生推進室　参事　**上山 隆浩**

1 「自主自立の道」を選択した村

　中国山地の谷あいの山里と言ってよい人口1,416人の西粟倉村は、「平成の大合併」で合併を選択せず『自主自立の道』を選択した。岡山県の北東端に位置し、面積5,793haのうち5,491haは森林が占め、その約84％がスギ・ヒノキの人工林で、長期的に間伐等の適切な管理が必要な中山間地域の「村」である。

2 森林経営管理法のモデルとなった「百年の森林事業」

　単独村政を決めた2004年から3年間、総務省の地域再生マネージャー事業に取り組んだ。住民、行政、企業が外部の専門家と協働して検討を重ね、地域の一番大きな資本が"森林資源と人の良さ"であるものの、その資本が様々な要因により動いていないことが地域の最大課題だと気づいた。そして、その課題に対して村全体で真摯に向き合うことを決めた。経済モデルだけではなく人間の心の豊かさを重視し、社会的な動機性によって事業への参画を促す「心産業」というコンセプトを創出し、20世紀型の大量生産・大量消費型モデルではない、小さい村なりの"身の丈にあった"雇用と経済をつくり、都市部住民との「関係人口」の構築を図ることで持続可能な村になれるのではないかと考えた。

　2008年に「百年の森林構想」を着想し、翌年に構想の実現に向けた

「百年の森林事業」を開始した。「百年の森林事業」では①管理委託及び集団間伐による作業コスト削減と素材の安定供給、②FSC森林認証の全村への拡大による環境対策、③未整備森林等の村への寄附もしくは村による買取り、④西粟倉村産材の高付加価値化の4つの重点施策を進めてきた。森林関連産業の活性化により雇用を創出させ、定住人口の増加を図ると同時に西粟倉村のファンを増加させ関係人口の増加を図ろうというものだった。

　2009年から2018年まで、村が中心となり、山林所有者と「長期施業管理に関する契約」を締結し、村が森林経営計画を策定した上で集約化による低コストな森林整備に取り組んだ。契約の特徴は、①契約期間は10年間。②村が策定した「森林経営計画」に基づいて、造林、間伐、作業道の整備等を行う。③所有者の費用負担はなく、施業費用は村が負担し、木材を販売し、販売に係る手数料等を賄った後の収益は村1/2、所有者1/2で分配する。④対象となる山林はFSCグループ認証に加入し、その費用は村が負担する。という内容で、搬出された木材は、地域内で付加価値を付けて製品化されたり木質バイオマスエネルギーに活用され地域内経済の循環を興している。この取り組みは、後に森林経営管理法のモデルとなっている。

　2018年には、「百年の森林事業」を専門的・持続的に経営するローカルベンチャー「㈱百森」がIターンによる若者2名によって起業された。山林所有者対応や契約締結業務、施業計画、調査設計、現場管理を村から受託し実施するとともに森林経営管理法に対応する会社となっており、今までにない森林管理手法の開発に取り組んでいる。

　また、村は森林情報のIT化も積極的に行っており、2009年度に森林管理のための「百年の森林総合情報システム」を構築し、2016年度には、村全域で航空レーザー測量を実施し、単木レベルでの森林情報の収集によって樹高や材積の推計を行なうと同時に地形解析も行い、今後の路網整備の安全性向上と効率化を図っている。この航空レーザー測量によって得られたデータをもとに、2020年に国内初の森林商事信託事業を㈱三井住友信託銀行と共同開発したり、住友商事㈱と連携し、森林の樹種・本数・材積などの森林

多様な事業者による百年の森林事業スキーム

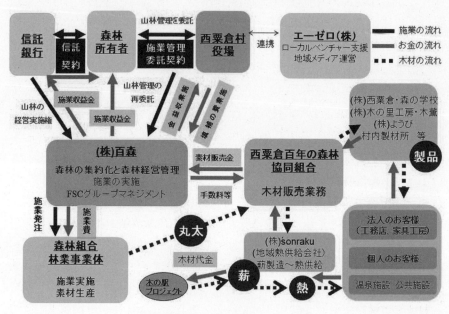

図1　百年の森林事業スキーム図

に関する様々な情報の提供や相談を所有者と双方向でやりとりするスマートフォンアプリ「mamori」の開発・実証を行った。このようにベンチャー・金融・商社など多様な事業者による林業のダイバーシティ化を進め、新しい森林サービス産業を創出している。

2019年には村内の林業事業者と木材流通・加工事業者が集まって「百年の森林協同組合」を設立し、村だけでなく民間主導で事業推進する体制も作られた。

3　「百年の森林構想」から生まれたローカルベンチャー

「百年の森林構想」では、林業・木材関係で10社が起業し、約100名の新

規雇用を創出している。

　2006年に幼稚園・保育園の内装工事や什器・木製遊具の製作と林業を行う木の里工房木薫が起業し、2009年には、間伐材から自社で開発したユカハリタイルや内装材の生産を行う㈱西粟倉・森の学校が起業した。また、同年に木工房ようびというヒノキの家具工房も起業し、今では空間デザインや建築設計なども行っている。その他にもカトラリーや楽器、染め物など多様なローカルベンチャーが活躍している。「百年の森林事業」を開始した時には木材関係の生産額は約1億円であったが、現在は約11億円にまで拡大している。

4　ローカルベンチャー育成の取り組み

　2006年から15年間で起業したベンチャー数は45社で雇用者数は220名となっている。2015年から起業をより政策的に推し進めてきたのが「ローカルベンチャースクール」である。

　ローカルベンチャーとは「地域にある、まだ活用されていない資源を価値に変え、地域に新たな経済や暮らしの豊かさを想像する起業者」と位置づけ積極的な育成を図ってきた。

　一般的なビジネスコンテストとは違い、1年目はローカルライフラボからスタートする。ラボでは、地域で起業を目指すために地域資源を確認しながら1年間でビジネスモデルを作る。1年が終了する前にビジネスプランを選考委員会でプレゼンし、認定されれば2年目以降のローカルベンチャースクールに進むことができ、起業後の自走ができるように専門家によるメンタリング・村や支援組織の手厚い伴走支援を受けることができ、地域おこし協力隊制度も活用できる。

　2016年から、村とNPO法人ETICの呼びかけに賛同した全国9自治体により「ローカルベンチャー推進協議会」を立ち上げ、東京圏を中心に地域での起業を目指す若者や地域と協働しながら新しい事業開発を目指す企業との関

ローカルベンチャーラボ

係の構築や地域に誘導するプログラムの開発と実践を連携して行ってきた。

　2021年からも「ローカルベンチャー推進協議会」を継続しながら、村の新しい事業創出の取り組みとして地域の願いをビジネスプラン化し、その担い手を募集し、プロボノ人材も活用しながら数億円規模の事業を作る「TANEBI プロジェクト」と「TAKIBI プロジェクト」に取り組むこととしている。

5　「環境モデル都市」の取り組み

　村は「百年の森林事業」に限らず、再生可能エネルギーの導入等を通じた低炭素社会の構築を推進しており、2013年には「環境モデル都市」、2014年に「バイオマス産業都市」に選定されている。

　豊富な水資源をはじめ「百年の森林構想」による森林整備により発生する未利用木材など豊富な地域資源があり、これらを有効に活用することでエネルギー収入を獲得し、これまで外部から購入していたエネルギー費を地域内で循環させている。

　2014年度から3ヵ年かけ村内の温泉施設3ヵ所に間伐未利用材や製材端材を利用する薪ボイラーを導入した。2021年3月には、2016年から5ヵ年をかけて取り組んできた事業で、公共施設6ヵ所へ温水を供給し、施設の暖房・給湯を行う地域熱供給システムと系統電力が途絶えてもこのシステムと避難施設の電力が自給できるようにするための50kWの木質バイオマス発電システムの整備が竣工した。2020年度における村のバイオマスの活用量は温泉施設3ヵ所（625kW）で1,000㎥、地域熱供給システム（530kW）で800㎥、バイオマスコジェネ発電機（50kW）で1,000㎥で合計2,800㎥、約10,000千

円が地域内で循環している。

　今後は主伐期を迎えている林分の主伐による再造林や木材生産不適地の環境林・特用林産地化などより搬出量の増大が見込まれているため、木質バイオマスの有効な利用による更なるエネルギー自給率の拡大と地域内経済循環が可能となっている。㈱motoyuは、村のエネルギーベンチャーで木材から薪・チップを製造し、村内の温泉施設の薪ボイラーの管理を行い、熱エネルギーを施設に供給している。「百年の森林事業」による木材だけでなく、「木の駅プロジェクト」として地域住民からも地元商工会券を利用しながら木材を購入しており地域経済の循環も進めている。

　また、森林整備行うことで安定する水資源を活用した水力発電の整備も進

図2　地域熱供給システムの概要

めており、2014年7月に西粟倉発電所（290kW）、2016年4月に影石水力発電所（5kW）を整備し、2021年6月には西粟倉第2水力発電所（199kW）が発電を開始する。年間に369万kWhの電力を発電し、売電収入は年間約1億円になる。太陽光発電についても36.5万kWhとなっており、合わせると村が消費する全電力の約50％となる。売電だけでなく、災害時にはEV充電器や避難所への電力供給を行い、電気や燃料の供給が途絶えても電気自動車の運用や給湯・暖房を可能としている。今後、将来のオフグリッドによる村内での利用についても検討していく予定である。

6　プロデューサー公務員をつくる地方創生推進班

　2017年度に地方創生により力をいれて取り組もうと地方創生推進班を発足した。

　役場内の課を越えた横断チームでメンバーは12名、村が地方創生に取り組むことの象徴としてのチームでもあった。次の10年の指針となるグランドデザインの策定とその実現に向けた10年後、20年後に関わる全体戦略の立案が必要で、官民連携スキームにより行政のみでは実現できない民間の知恵や技術の利用や村の人・物の活かし方の検討を行い、具体化及び全体戦略の立案、自主財源確保を目指した。

　初年度に「百年の森林構想」に代わる新しい地域づくりの旗印として「生きるを楽しむ」というキャッチコピーを生み出し、2年目は4つのシンボルプロジェクトを立案した。3年目は、このプロジェクトが行政内部で正式化するように、企画、事業の立ち上げ、仮説検証に取り組んでいる。①企業や大学と連携し、地域課題解決にIT・ロボティクスなどを活用し事業の創発に取り組む「㈶むらまるごと研究所」、②村の教育体系を構築する㈳Nest、③一時託児や病児保育など子育て支援プロジェクトが2020年に正式化している。地方創生推進班は、プロジェクトの創出だけでなく、その過程でプロデューサー公務員を育てるという大きな副次効果を生み出すことができた。

自分のプロジェクトを成立させるため外部の人材や企業との連携を積極的に進め、専門人材を活用し効率を上げながら、ふるさと納税やクラウドファンディング、企業版ふるさと納税など補助金と起債だけでない最適な資金調達を自ら行っている。こういった現場の実践がリソースとファイナンスを活用し事業をプロデュースする力を育てることに繋がった。2019年度から第2期生5名が加入し、新しいプロジェクト2件も正式化されている。

7　SDGs未来都市で取り組む「森林RE design」

　これまでの取り組みとこれからの村のありたい姿を描き、2019年にSDGs未来都市（SDGsモデル事業都市）に選定された。

　「百年の森林事業」では、地域の森林資本の価値の最大化を目指して木材生産を中心とした事業の展開に取り組んできた。この事業は、人工林率84％の森林のうち木材生産適地での取り組みであり、尾根部分や里山付近、急傾斜地や土質によって作業路が敷設できない箇所などの不適地では森林機能の維持・管理は困難になっている。そこで、森林について村全域の森林生態系の再構築を検討した上で一定の村有林化により、諸条件を考慮しながら自然林・経済林・里山経済林に機能分化した地域山林経営モデル作りに取り組んでいる。

　木材生産のみならず、里山農業やグリーンツーリズムなど、多様な価値の創造と最大化を図り、森林ファンドの組成など投資家を村の関係人口化する仕組みを作り“西粟倉ファン”として取り込むことで、伐採後の林業に適さない森林は、森林RE designに基づいてバイオインフォマティクス（生命情報科学）を活用した里山農業やグリーンツーリズム等の新しい森林ビジネスの場所としてローカルベンチャーを起業させ、木材生産以外の市場の開発を行う。

　また、村をフィールドとして多くの大学・企業がR＆D研究事業を行えるようにコーディネートする機能として㈶むらまるごと研究所と㈳Nestが存在

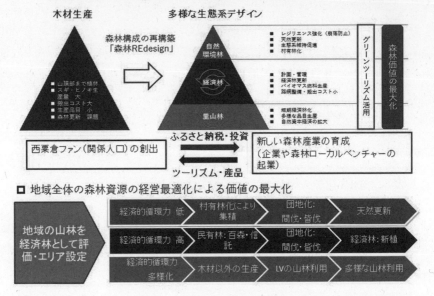

図3　森林RE designの概要

し、ふるさと企業人への取り組みや村の静的・動的データのオープンデータプラットフォームを構築し、データを公開することで新たな事業者の参入機会が増えるという好循環をつくり出したいと考えている。

8　アプリ村民票

　2020年には、村との多様なコミュニケーションを支援するスマホアプリ、「西粟倉アプリ村民票」をフルリニューアルした。

　このアプリは、村外の様々な人に「関係人口」として繋がり関わっていただくため、これまでの挑戦から生まれた価値と可能性・魅力を発信し、多様なコミュニケーションを形成することを目的に開発した。インターンや求人

図4　アプリ村民票

情報、起業支援情報、村の仕事や暮らし・挑戦などを発信している。また、村内の観光施設を利用したり、イベントに参加するとスタンプが押され、ポイントが貯まる仕組みやCRM（Customer Relationship Managementの略）の機能を持っているnimogie（ニモギー）というサブスクリプションサービスやギフト商品を販売するECサイトも開設している。

　これまでの「百年の森林構想」「環境モデル都市」の取り組みを昇華させ、地域住民と一緒に「SDGs未来都市」を推進することでシナジー効果として関係人口化した投資家を再生可能エネルギー事業、ローカルベンチャー事業などの地域の持続可能性を高める事業にも巻き込み、1400名の定住人口以上のサステナビリティを生む地域社会が創造できると考えている。

小田原市におけるSDGsの取り組み

──「いのちを守り育てる地域自給圏」の創造

小田原市企画部企画政策課長 **小澤 寛之**

1 小田原が目指す持続可能な地域社会

　小田原市は、人口約19万人、神奈川県西部の中心都市で、森里川海オールインワンの自然環境や長い歴史の中で育まれてきた多彩な文化や生業などの豊富な地域資源が存在する。一方で、全国の自治体と同様に、人口減少や少子高齢化、地域経済の弱体化、社会的格差の拡大、財政難など様々な課題が山積しており、しかも、立ち現れる課題群は深刻さを増している状況にあることから、「持続可能な地域社会モデルの実現」という明確なビジョンのもと、より能動的な取り組みに転換していく方向性を示した。これが、2019年度の国のSDGs未来都市及び自治体モデル事業に選定された本市のSDGs推進の背景である。

　本市が掲げる推進テーマは、人と人との繋がりによる「いのちを守り育てる地域自給圏」の創造。これは、「人の力」に主眼を置き、人材の育成、それによる課題解決、さらには実践の活性化を、経済・環境・社会の3側面の現場を介して実現していくものであり、人と人との繋がりを大切にし、現場での学びと実践を循環させていくことが重要なポイントになっている。また、地域デザインのビジョンである「いのちを守り育てる地域自給圏」は、清浄な空気と水、安全で美味しい食糧、生活を支えるエネルギー、お互いを支え合うケアといった、いのちを支えるために必要な要素は、基本的に地域の中で自給され、バランスよく整っている地域社会こそ、真に豊かであり最も安全という考えに基づいている。

地域デザインのビジョン

"いのちを守り育てる地域自給圏"

いのちを支えるために必要な要素は、基本的に地域の中で自給されるべきである。それがバランスよく整っている地域社会こそ、真に豊かであり最も安全である

身近な地域コミュニティ

清浄な空気と水

安全な食糧

ものづくりの技術

人をしっかり育てる教育

生活を支えるエネルギー

お互いを支え合うケア(医を含む)

住まいを作る素材と技術

　SDGsの17の目標に対応した本市の取り組み実績の一例を挙げると、経済面（目標2・8）では、伝統的な地場産業の支援・育成、レモン・オリーブの地産地消など、環境面（目標6・7・13・14・15）では、森里川海オールインワンの環境先進都市としてのブランド確立、再生可能エネルギーの取り組みなど、社会面（目標4・8・17）では、地域で皆が支え合うケアタウンの推進、スクールコミュニティの形成、地域内諸団体が共に課題解決に取り組む地域コミュニティの強化などの活動を進めている。

　このように、本市では経済・環境・社会面で多様な取り組みを展開しているが、本稿では、本市SDGs推進の重要なポイントとなる「人の力」に主眼を置いた取り組みを中心に紹介していきたい。現場での学びと実践を循環させる「おだわら市民学校」の取り組み、民間主体のSDGs普及啓発の活動、SDGsの自分ごと化に向け気軽に楽しみながら地域の繋がりを増やしていく

仕掛けについて述べ、最後に今後の展望をまとめていく。

2 「おだわら市民学校」の取り組み

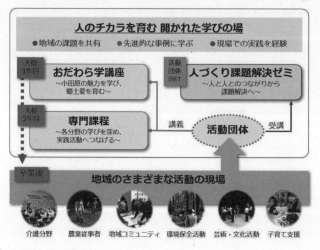

人の力に着目した取り組みの中核となるのが、「おだわら市民学校」である。学ぶ意欲のある誰でもが参加できる2年制の学びの場として、2018年度に官民協働でスタートした。1年目は、小田原の魅力を学ぶ「おだわら学講座」、2年目は、1年目の学びを深め、実践活動に繋げる「専門課程」を開講している。福祉、子ども、自然、文化などの専門課程では、その分野における実践者が講師を担うことで、現場の取り組みとの接点を作るとともに、人材・担い手の活躍の場にも繋げていくことが大きな特徴となっている。2019年度は、入校希望者が定員30名に対して91名の入校希望があり、2年間の学びを終了した1期生43名が卒業した。地域の様々な活動の現場において、経済・環境・社会の3側面の実践活動に繋がる支援を継続的に展開している。

3 小田原市のSDGs普及啓発

前述した「おだわら市民学校」の取り組みを中核に、より多くの市民・事業者の皆さんが、SDGsを自分ごと化していただくために、まずは、SDGsや

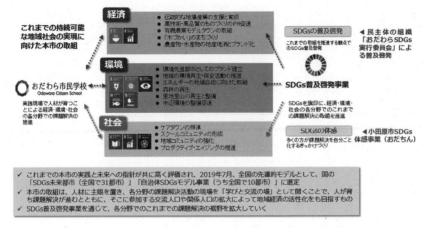

出典：持続可能な地域社会の実現に向けた小田原市の取組

図1　これまでの持続可能な地域社会の実現に向けた小田原市の取り組み

現状の取り組みを知っていただく普及啓発活動を展開し、各分野での課題解決の裾野を広げており、その全体像を図1で示している。

（1）おだわらSDGs実行委員会

ア　概要

　2019年7月、国からSDGs未来都市及び自治体SDGsモデル事業に選定されたことを契機に、小田原市では民間主体の「おだわらSDGs実行委員会」を発足させ、普及啓発を加速、展開している。背景として、SDGsの推進に当たっては、行政だけが主導して進められるものではなく、民間との連携を強化して共に歩みを進めていく、いわゆる「公民連携」を軸に活動していくべきとの観点から、地元の企業・団体等が実行委員会の構成員となり協働して活動を続けている。

　実行委員会の活動は、2019年度から2021年度までの3年間を「重点期間」と位置づけ、各年度を「知る（2019年度）」「一歩を踏み出す（2020年度）」「つながる（2021年度）」としてテーマ設定し、普及啓発を展開している。

R1年度重点テーマ　知る

まずは知ること。SDGsそのものの認知というより、現在取り組んでいることが、SDGsそのものという、自身の気づきにつながるような「知る」アクションを展開

R2年度重点テーマ　一歩を踏み出す

前年の「知る」を踏まえ、日々の暮らしにおける身近なアクションのほか、地域の課題解決に「一歩を踏み出す」後押しとなるようなアクションを展開

R3年度重点テーマ　つながる

領域を越えたつながりのほか、世界とのつながりをカタチにするアクションを展開し、複雑化する課題に「つながり」で対応する姿勢・体制を整える

3か年共通テーマ　楽しむ・学ぶ

SDGsの推進では、主体的に楽しんで参加できたり、個人がやりたいことを無理なく取り組むことが重要。加えて、日々の暮らしや課題解決の現場での気づきや学びを通じて、自分ごと化を醸成していく。

　また、小田原市のSDGs未来都市選定に当たっては、経済・環境・社会の各分野のこれまでの取り組みが高く評価されたことから、SDGsの普及啓発を通じてその取り組みを進化させていき、課題解決の裾野を拡大していくことを重点に置いている。加えて、SDGsの達成目標である2030年の主役は今の中学生、高校生のいわゆる「次世代」であることから、SDGsを軸に次世代と大人（企業・団体等）を繋ぐ取り組みも行っている。

イ　主な普及啓発の取り組み

①キービジュアルの作成・シティドレッシング

　SDGs未来都市である小田原市の取り組みの認知を通じて、世界について考えるためのキービジュアルを作成。また、キービジュアルを通じて、SDGsを広く知ってもらうためのシティドレッシングを小田原駅を中心に展開している。

Think MIRAI

小田原から未来を考える

小田原市のSDGsのキービジュアル「Think MIRAI」
未来への思いが幾重にも重なっている状況をイメージしている。

小田原駅自由通路

小田急小田原駅

②SDGs未来都市おだわらブック・中学生向けリーフレットの制作

本市におけるSDGsの推進、高校生の企業訪問、おだわらSDGsパートナーの取り組み、おだわら市民学校をはじめとする小田原市のSDGsの展開を周知する冊子や、中学生の総合学習の教材として、日頃の活動がSDGsに繋がっていることに気づけるリーフレットを作成した。

SDGs未来都市おだわらブック

中学生向けリーフレット

③ 地元メディアとの連携による普及啓発広報

パートナーシップを体現する取り組みとして地域のメディア5社が連携し、SDGsの普及に係る様々な取り組み内容を発信した。また、県西地域の小学校全校に配布される媒体（こどもタウンニュース）を通じての普及啓発や、地元FMにおいて、若者達が自らの活動やSDGs活動を行う人達の取り組みを紹介しながら、理想の2030年とその先を若者の視点から考えていくラジオ番組を放送するなど、メディアによる普及啓発は、「地域」との関係性を重視していることが特徴である。

地元FMによる発信

地元タウン紙による普及啓発

(2)　おだわらSDGsパートナー

ア　概要

　SDGsの理念である経済・環境・社会といったそれぞれの側面での「持続可能な未来」を実現していくためには、前述した、公民が連携し共に取り組んでいくことが必要不可欠である。そこで、SDGsに関連した取り組みを展開している企業・大学・法人等を「おだわらSDGsパートナー」として登録する制度を設けた。

　SDGsに関連する取り組みを推進し、市とともに、持続可能なまちづくり及びSDGsの普及啓発に取り組むことを登録要件としており、門戸を広げるために大きな制約を設けず、広くパートナーを

募っている。これは「公民連携」という観点から、民間の活動を後押ししていくという視点を重視しているためである。

　2019年度、2020年度と募集を行い、2021年2月現在142のパートナーが登録されている。

イ　これまでの取り組み

①　次世代との関係づくり

　賛同いただいたパートナーが地元高校生の職場訪問・体験の受け入れや市立中学校での出前講座に講師として参加するなど、本市に在住・在学する中学生や高校生をはじめとする若者を対象に、地域や働くことへの理解を深めていく「次世代との関係づくり」に取り組んだ。

高校生による職場訪問（せりざわたけし工務店）。素晴らしい地場産業の再認識につなげた

小田原市立城山中学校での出前講座。10事業者参加の大規模講座を展開

②　パートナー間の連携に向けた取り組み

　Zoomウェビナーによるオンラインミーティングを実施し、パートナーからの取り組み事例の発表や今後の展開について情報共有を行った。今後、パートナー間の連携に向けた取り組みを進めていく。

(3) 小田原市SDGs体感事業（おだちん）

　SDGsは世界共通の目標という概念であることから、「自分には関係ないのではないか」、「世界の目標なんて大きすぎてよく分からない」といった声も多い中で、市民の皆さんに地域課題の解決を「自分ごと」として捉えてもらうことが行政の課題となっている。

　そこで、日頃行っている何気ない活動が、実はSDGsに繋がっていることをゲーム感覚で体感でき、スマホアプリによって活動の対価（"おだちん"小田原市のポイント単位）のやり取りが出来る仕組みを全国に先駆けて実施している。本事業は、神奈川県の「SDGsつながりポイント事業」と連携し、県市協働で地域活動の活性化を後押ししている。他の自治体や民間団体等においても関心が高く、事業の広まりを見せており、本市における現在のユーザーは2,300名を超えている。

　具体的には、大学生や高校生が主体となっている活動団体では、フードロスになりそうなブルーベリーを使ったアイスティーとカップケーキを市内飲

小田原市SDGs体感事業（おだちん）

Think MIRAI　ODAWARA 2030｜小田原市

◆ 日頃行っている何気ない活動が、実はSDGsにつながっていることをゲーム感覚で体感でき、スマホアプリによって活動の対価（"おだちん"小田原市のポイント単位）のやり取りが出来る仕組みを実現。

神奈川県SDGsつながりポイント事業・小田原市SDGs体感事業

おとなもこどももつながるまち

もらおう　つかおう　たのしもう

まちのコイン

小田原で使えるコインは

おだちん

小田原市が全国で初めて実施（令和2年2月）
他地域においても展開
ユーザー数：2,239、スポット数：80　R3.3.16時点

【取組例】

海岸のごみを拾ってくると100「おだちん」もらえる

（他にも）
・完食してくれたら、
・保冷剤を持参したら…など

300「おだちん」つかって期間間近のパンがもらえる

（他にも）
・家庭の包丁を研いでくれる
・傘を貸してくれる…など

活動に参加した人や、地域と「つながる」ことにも寄与している

食店や農家の協力のもと販売するイベントを実施し、参加した皆さんにおだちんを配布し、近くのカフェの軒などの利用に使えるようにした。また、海がある小田原では、ビーチクリーンイベントにも活用されている。

　おだちんは、社会的なイベントに参加するきっかけとなり、市内外から、そして子どもから大人まで多くの皆さんが参加できる。清掃活動の後は、もらったおだちんで「ひものバーベキュー」が楽しめ、新たな繋がりを生みだしている。

4　今後の展開

　ここでは、本市の「人の力」に着目したSDGs推進の取り組みを紹介してきた。それぞれのアクションは道半ばであり、経済・環境・社会の各分野での課題解決の裾野を広げていくためにも、今後の展開によって、それぞれの取り組みをより進化させていきたいと考えている。

　例えば、直接的な担い手確保を目的とした「おだわら市民学校」を継続展開していくためには、若い世代にも関心を持ってもらうとともに、学んだ

SDGs推進体制（おだわらSDGs実行委員会×パートナー）

ブランディング
フォース

・パートナーSDGsの普及啓発
・グッズ開発
・まちのコインの活用

コラボレーション
フォース

・課題解決ワークショップ
・パートナー交流会
・パートナーとのコラボ

ジェネレーションZ
フォース

・次世代への普及啓発と育成
・次世代と今世代との連携
・教育機関との連携

後の現場との接続をサポートするなど、入口と出口戦略を改善していく必要がある。「おだちん」については、楽しみながらSDGs活動の実践を後押ししていくために、ユーザーやスポットの量と質を高めていくことのほか、運営を自走化していくことも求められている。

　加えて、こうした取り組みを推進していく民間主体のおだわらSDGs実行委員会については、おだわらSDGsパートナーが参画する形で、更なる公民連携の体制づくりの強化を検討している。具体的には、普及啓発の強化を目指す「ブランディングフォース」、おだわらSDGsパートナーを中心とした民間との交流を活性化させる「コラボレーションフォース」、教育機関を中心とした次世代との連携を推進する「ジェネレーションＺフォース」の3分野を構成し、資金面・運営面でも持続可能なSDGsの推進に向けた事業を展開するとともに、2021年7月にミナカ小田原に開設するイノベーションラボの活用を図っていく。

　最後になるが、小田原が目指す持続可能な地域社会は、そこに暮らす人、そこに関わる人の意志によって実現されていくものと捉えている。目下のコロナ禍において、人と人との繋がりが難しい状況にあるが、価値観が変わっていくこの機会を的確に捉え、「幸せとは何か」、「豊かさとは何か」という問いを手放さずに、その実現に向けた歩みを着実に進めていきたい。

多世代ごちゃまぜの交流が生まれる「複合型コミュニティ」

生駒市地域活力創生部市民活動推進課　白川 徹

1　生駒市が目指す協創のまちづくり

　生駒市は、奈良県北西部に位置する人口約12万人、面積53k㎡の住宅都市である。大都市へのアクセスが良好で、関西を代表する大阪のベッドタウンとして発展してきた。高い市民力を背景としたまちづくり・コミュニティ活動の活発さが本市の強みであり、市民による主体的な価値創造・市民とともに汗をかく協創のまちづくりを進めている。その市民力を背景に、内閣府から「環境モデル都市」、「SDGs未来都市」にも選定され、低炭素循環型のまちづくりを積極的に進めている。これらの取り組みの核として、2017年には生駒市と地元企業、市民団体などが共同で出資して地域新電力会社「いこま市民パワー株式会社」を設立し、電力事業を通じて再生可能エネルギーの普及やエネルギーの地産地消、地域の活性化、収益の地域還元による様々な地域課題の解決を図ることを目指している。

2　取り組みの背景

　一方で、今後は国内の多くの自治体と同様、少子高齢化による人口減少や社会保障費の増大が予想され、住宅都市として税収の大半を市民税に依存する本市は大きな影響を受ける。また、地域ごとに世代の偏りが大きく、高齢化によって地域の担い手不足、コミュニティの希薄化が急速に進むおそれもある。

2019年度に実施した「日常の『ごみ出し』を活用した地域コミュニティ向上モデル事業」は、SDGs未来都市として資源循環を促進しながら、地域の課題を併せて解決することを目指した実証実験だ。日常的な行動の「ごみ出し」をきっかけに、多様な人々が集う拠点を住民主体で運営し、住民それぞれが自分の役割を持つ持続可能なコミュニティづくりを目指すもので、市内の2地域で、開設頻度・時間等の条件を変えて、2019年12月から2020年2月の期間に実験を行った。

本実証を受託したアミタ株式会社は、宮城県の南三陸町で同様のコミュニティ事業を実施した実績があり、今回の実証実験を進めるに当たっては、同社のノウハウや経験、ネットワークなどが大いに活かされている。

3　モデル事業の概要

(1) ステーションの概要

ステーションで資源の分別をする住民

今回は2地域のうち、常設型ステーションを設置した「萩の台住宅地自治会」の事例を取り上げる。実証実験期間中、資源循環の拠点「コミュニティステーション（通称：こみすて）」を自治会館に隣接した中央緑道に設置し、住民に資源ごみの持ち込みをしていただいた。ステーションは週6日7時から17時に開放し、スタッフが常駐して分別指導等を行った。

期間終了後、持ち込まれた資源ごみの計量、質の調査、資源ごみの分別・回収状況やコミュニティ形成の両面からステーションの有用性や事業継続性を検証した。

(2)　ごみの回収と資源化

　本実証の第一目的は、市内の一般ごみの資源化率を向上するために、地区単位で資源回収の拠点を設置し、その有効性・事業継続性を検証することだ。

　本事業では、20分類で資源回収を行った。既存収集の分別及び地区で集団資源回収品として集めている資源に加えて、資源化調査のために可燃ごみの中から生ごみと紙おむつを新たに分別して回収、さらに、リユース品の回収やフードドライブも行った。

(3)　ごみ捨てをきっかけとした多世代交流の仕掛け

　ステーションにはごみ捨てをきっかけに日常的に多くの人が訪れる。本実証では、ステーションを介して多様な世代の住民が出会い、交流することで、ゆるやかな関係性を育み、日常の延長線上で互助の意識や地域のために活動する人が増えることを目指した。場を設定する上で意識したことは「誰もがそこに来て、滞在し、参加できる」場づくりをすることだ。ごみ出しが「場に来るきっかけ」だとすれば、本項で紹介するのは、「場に滞在し交流するきっかけ」になる仕掛けづくりについてである。

ア　得意・やりたいの気持ちから始まる"ふるまい"

　「場に滞在し、交流するきっかけ」の核となるのが"ふるまい屋台"である。初めにスタッフが、コーヒーや紅茶などの飲み物とお菓子をふるまうことで、道行く人の関心が生まれ、自然な交流が生まれる空間ができた。その結果、場の使い方が住民に徐々に伝わり、住民や地域の事業者によって、甘酒やお

コーヒーを飲みながら薪ストーブを囲んで談笑

看板づくりを行うDIY おじさん

菓子などの様々なふるまいが行われた。ステーションの日々の情報を発信する Facebook ページの運用や「こみすて」の看板づくりを買って出てくれたご夫婦、バス停に設置するベンチを DIY で作る方など、ふるまいの連鎖は次々と生まれた。この場には「自分ができる範囲で参加したらいいんだ」という気づきが主体的な参加を後押しした。

イ "子どもスタッフ"誕生から多世代交流へ

こたつでトランプゲームを楽しむ高齢者と子どもたち

2月中旬からは、大人たちだけではなく、"子どもスタッフ"が活躍し始めた。友達と宿題をしたり、放課後の遊び場として活用するだけでなく、高齢者の方のごみ出しを手伝ったり分別の仕方を教えたりと、大人顔負けの活躍をするようになった。子どもたちは遊びの延長線上で自然と自分たちの出番を見つけていた。彼らは多世代交流の要とも言うべき存在で、年の離れた友達を作り、親同士やステーションを利用する高齢者との交流の機会も生み出していた。

一方で、子どもたちは大人から薪ストーブの火の起こし方、薪割りの仕方などを教えてもらうことで、双方向での会話や交流のきっかけが生まれた。

ウ　"関わりしろ"が場づくりの鍵

　必要以上の物やルールをあらかじめ用意せず、それぞれができることを活かせる「関わりしろ」を作ることで、多世代による多様な交流は生まれやすくなる。コンセプトに共感し、最初から積極的に関わった方が次の参画者の呼び水となり、数珠繋ぎで幅広い年代へと広がり、それぞれの得意なことや好きなことに合わせた様々な利用や参画の形が生まれた。そして、自らが関与することで、その場への愛着を持つようになり、「自分たちの居場所」となった。

(5)　効果検証

　本実証について、資源循環に関する効果としては、資源ごみが当初の想定以上に集まったこと、生ごみの回収も資源化不適合物の混入が少なく、今後、資源化できる見込みがあることが確認できた。

　コミュニティ活性化に関する効果としては、前述のとおり、ごみ出しやイベント等の参加を通じて、世代間交流が生まれ、地域拠点が子どもの遊びと学びの場、高齢者・主婦の活躍の場として活用されたと評価できる。対象地域で行ったアンケートでも、事業の継続を希望される方が、今回事例で取り上げた萩の台住宅地自治会で91％、もう1つのモデル地区についても83％と非常に高く、地域のコミュニティ拠点として受け入れられたものと

異世代の男性たちが談笑

自治会館での用事ついでにリユース市を見る住民

考えている。

　実証実験では常駐スタッフを配置するなどコストがかかったものの、アンケートによると、スタッフとしての参画やコミュニティ事業の主催ができるなど、モデル事業を体験した多くの市民の参画意欲が確認でき、利用者主体による運営の可能性も確認できた。

(6) 複合型コミュニティづくり

ア　実施概要

　本実証の成果から、こうした単位の拠点において様々な活動を複合的に実施することで、身近な地域の中で多様な人々が集い、ゆるやかに繋がる場が生まれることが確認できた。そのような拠点の形式は、地域コミュニティの活性化や住民主体の自律的な解題解決に大きな期待が持てると考え、「複合型コミュニティづくり」事業というコミュニティ施策として本格実施することとなった。

図1　複合型コミュニティのイメージ

　本事業では、複合型コミュニティを「あらゆる主体がそれぞれの役割と相互に関わる場を持ち、時には参加者として、時には企画・運営側としてコミュニティに参画することで、地域に必要なあらゆる分野の活動が自律的に生まれる共同体」と定義し、住民主体で取り組む複合型コミュニティづくりを市が支援することで、どこに住んでいても徒歩圏内で地域拠点にアクセスできるようにすることを目指している。

　前述の実証実験では「場に来るきっかけ」と「誰もがその場に居て良い理由」として"ごみ出し"、「交流するきっかけ」として"ふるまい屋台"といった仕掛けを用意したが、現段階においては本事業の実施主体を自治会としており、地域の特性や実状に合わせて柔軟に取り組めるような制度設計を行った。

イ　2020年度は6ヵ所でスタート

　2020年度は前年度の実証結果を受け、地域に横展開するための補助金制度を創設し、6団体からの申請があった。実証から続いての実施となった萩の台住宅地自治会は規模を縮小しつつも、ごみ出しを核としたコミュニティづくりを継続。また、集会所に常設する図書室を核とした交流事業や、休耕地などで行う農作業を通じた交流事業など、地区ごとに特色のある取り組みがスタートしている。

ウ　庁内体制、多様な主体との連携体制の整備

　地域住民が集まる拠点は様々な行政サービスのアウトリーチの場としても機能するため、専門プロジェクトチームを立上げ、全庁横断的に進めている。

　行政は住民主体の取り組みを補助金で支えるだけでなく、市民活動推進センター及び前述のいこま市民パワー株式会社からなる中間支援体制を作り、コミュニティ立ち上げ・運営の支援やノウハウ提供、市民活動団体や民間企業と地域課題とを繋ぐことで、コミュニティ運営の後押しをする。いこま市民パワーは、複合型コミュニティづくりの充実支援を2021年度の事業計画に位置づけ、収益を地域に還元するコミュニティサービスとして本市と連携

して取り組む方針を明らかにしている。同社には、アミタホールディングス株式会社から実証実験を担当していたスタッフが出向し、引き続き事業にコミットいただいている。

エ　今後の展望

　各地域におけるコミュニティ拠点の立ち上げを支援するため、今後は国の財政支援等を活用し、各地域の課題把握やチームビルディング、計画策定から事業推進の伴走支援までを一貫して取り組む。

　また、そのような場に包括ケアシステムや子育て支援等の各種行政サービスや民間サービス等、多様な主体の活動を重ね合わせることで、より複合的な機能を持たせるとともに、拠点の持続可能な運営を目指す。あらゆる人が地域の中でゆるやかな繋がりを持てるコミュニティの関わりしろとして地域全体に整備を進め、誰もが居場所と活躍の機会を持つ魅力的なコミュニティの形成を推進する。

　さらに2021年度からは、将来を担う若者の視点で今後の地域や社会に必要な活動を自ら考え、まわりの大人の協力を得ながら地域住民や企業等に企画提案する「いこま未来人財育成事業」に取り組み、地域の人材育成と新たな活動の創出を図る。

　以上のように、常設スペース型を目指す複合型コミュニティづくりと、プロジェクト型であるいこま未来人財育成事業を両輪とし、持続可能なまちづくりを推進する。

コロナ禍に立ち向かう郡山市のSDGsの取り組み

郡山市政策開発部政策開発課　主任　**河野 将之**

1　こおりやま広域圏とSDGs未来都市

　こおりやま広域連携中枢都市圏（以下、「こおりやま広域圏」）は、福島県の中央部に位置し、太平洋と日本海を結ぶ唯一の高規格道路「磐越自動車道」と「東北自動車道」が本圏域でクロスするほか、鉄道は郡山駅を結節点に、東北新幹線、東北本線、磐越東線、磐越西線、水郡線の合計38駅、さらには札幌、大阪を結ぶ福島空港など東日本のクロスポイントである。

　こおりやま広域圏は、郡山市を中心に周辺の5市7町4村で形成し、その面積は福島県の約4分の1、人口は59万人で福島県内人口の約3割を占めている。

　圏域には、世界最先端の研究開発を行っている産業技術総合研究所福島再生可能エネルギー研究所や、国立環境研究所福島地域協働研究拠点をはじめ、ふくしま医療機器開発支援センターや大学等様々な拠点施設が多数立地しており、相互に連携した「知の結節点」である。こうした特性を活かし、産学金官連携による高付加価値産業の育成・集積を進めている。

2　全世代健康都市圏の創造

　圏域の人口は、2000年をピークに減少に転じており、特に年少人口及び生産年齢人口は年々減少している。一方、老年人口は徐々に増加し、2040年にピークに達する見込みである。働き手の減少は地域経済の縮小を招き、

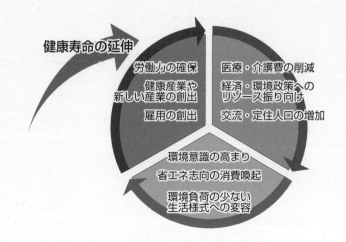

健康寿命の延伸

労働力の確保

健康産業や
新しい産業の創出

雇用の創出

医療・介護費の削減

経済・環境政策への
リソース振り向け

交流・定住人口の増加

環境意識の高まり

省エネ志向の消費喚起

環境負荷の少ない
生活様式への変容

図1　健康寿命延伸による好循環

福島県立医大との包括連携協定（2021年2月12日）

地域経済の縮小が人口減少をさらに加速させるという負のスパイラルに陥ることとなる。その対策の1つとして、「健康」に着目し、圏域全体で健康寿命の延伸を目指す「全世代健康都市圏創造事業」を実施することとし、これが2019年度に国の「SDGsモデル事業」に採択され、SDGs未来都市として当該事業に取り組んでいる。

　本事業は、介護認定情報や特定検診情報、国民健康保険レセプトなどの複合的なデータを多面的に分析、疾病構造や介護認定状況等の関連性を把握し、健康づくりや生活習慣病予防施策を立案するものである。

　また、ICTを活用した科学的根拠に基づく保健指導の実施により、健康寿命延伸対策を推進していく。こうした取り組みをこおりやま広域圏内市町村に拡大し、圏域住民の健康寿命の延伸と圏域の医療費・介護給付費の適正化を図っていくこととしている。

　さらに、2021年2月に福島県立医科大学と包括連携協定を締結し、専門的見地からより深い分析と施策の立案を行っていくこととしている。

3　コロナ禍でのSDGs

(1) ONE TEAMこおりやま広域圏!「食の応援」掲示板

　2020年春に緊急事態宣言が発出され、小中学校の休校などにより農産物や食品などの売上低迷や過剰在庫の影響が出たことを受け、郡山市では、農家（生産者）や食品関係事業者（製造・加工、販売店）からの申し出により、郡山市のウェブサイトに広域圏の生産物を集約して掲載し、コロナ禍に苦しむ事業者の声を見える化し、広く市民に周知した。このことにより、農家・食品関係事業者の売上回復と販路の確保によって「誰一人取り残さない」持続可能な農産業・食品加工業の維持・向上に貢献することができた。

ONE TEAMこおりやま広域圏!「食の応援」掲示板チラシ

　併せて、「Instagram #郡山テイクアウト」キャンペーンと題し、市民参加型の飲食店支援事業を行った。これは、テイクアウトグルメの写真や動画をInstagramに投稿する際に、「#郡山テイクアウト」のハッシュタグをつけていただくことで、郡山市公式Instagramでシェアするもので、投稿数は4,000件を超えている。

「Instagram #郡山テイクアウト」キャンペーンチラシ

こうした取り組みにより、市民一人ひとりが、地域の地場産品を購入して地産地消を進めることで、ゴール11「住み続けられるまちづくりを」に寄与することができたと認識している。

(2) 宿泊・飲食業等応援クラウドファンディング事業2020

宿泊・飲食業等応援クラウドファンディング事業チラシ

宿泊業、飲食店、農家、取引業者などコロナ禍の影響を受けた事業者に対し、クラウドファンディングによる資金調達を総合的に支援する取り組みを行った。こおりやま広域圏における「広め合う、高め合う、助け合う」という考え方を基本に、事業者の自律的な活動となるよう、将来に渡り「自律的好循環」に繋がるフォローアップとして、クラウドファンディングを一から学べる「オンラインセミナー」や「プロジェクト立案の相談対応」などを行った。

(3) あさか舞おうち子どもサポート事業

郡山市は全国でも有数の米どころであり、特にその味は日本穀物検定協会が実施している食味検定試験でコシヒカリ・ひとめぼれが「特A」にランクされ、おいしい米として高い評価を受けている。その郡山で生産された一等米を郡山産ブランド米「あさか舞」として販売、さらに学校給食でも使用されているところである。

新型コロナウイルスの感染拡大で、2020年春に小中学校が休校となったことに伴い、学校給食が休止となった。これにより、あさか舞の消費が停滞しただけでなく、家庭での昼食機会の増加により家計へも大きな負担となった。

　こうした影響への対策とともに、休園、休校が続く子どもたちの栄養面の支援を行うため、ひとり親世帯等を対象にあさか舞10kgを贈呈した。この取り組みは、SDGsのゴール2「飢餓をゼロに」のほか、ゴール1「貧困をなくそう」、ゴール8「働きがいも経済成長も」などに繋がるものである。

4　官民連携で取り組むSDGs

(1) こおりやまSDGsアワード

　郡山市では、SDGs未来都市に選定された2019年度から、こおりやま広域圏内でSDGsの達成に寄与する特に優れた取り組みを行っている団体・企業・学校などを表彰する「こおりやまSDGsアワード」を実施している。

SDGsアワード表彰式（2021年3月9日）

　2020年度は17団体から申込みがあり、そのうち10団体を表彰した。このうち、こおりやま広域圏からの申込みは、前回の1団体から4団体に、学校からの申込みも前回の4団体から6団体へと拡大した。

　表彰団体の選定に当たっては、大学や研究機関、金融機関など様々なステークホルダーで構成した懇談会の意見に基づき決定したほか、各申込み団体に対し懇談会委員から今後の活動に向けての助言があった。

　受賞した団体からは、数ある団体・企業の中から表彰されたことは、SDGsの取り組みが評価されたものとして、引き続きSDGsをツールに持続可能な活動を行っていきたいとの声があった。

　市としても、受賞した団体の取り組みを広く周知し、圏域内の団体・企業・学校におけるSDGsの取り組みの底上げを図っていく。

（2）損害保険会社と連携したウェブセミナーとワークショップ

ワークショップ（2021年3月17日）

　郡山市では、あいおいニッセイ同和損害保険株式会社と包括連携協定を締結しており、同社の協力のもと、無償でSDGsに関するウェブセミナーとワークショップを開催した。

　このセミナーは、こおりやま広域圏の住民、中小企業及び自治体職員向けに、コロナ禍でも安心して受講できるオンライン講義として実施し、広くSDGsの理解・実践を図る一助とした。

　また、ワークショップには、同社の社員やこおりやま広域圏職員も参加し、カードゲームを通じ、SDGsによる地方創生について官民連携・広域連携で実施することができた。

5　今後の展開

　これまで実施してきた官民連携の取り組みをさらに加速化させるとともに、オンラインによる市民・企業・学校向けの出前講座等の実施により、2020年度時点で65.7％であった市内のSDGsの認知度を高め、2030年のSDGs達成に向け底上げを図っていく。

　また、中小企業をはじめ企業・団体におけるSDGsの理解度を高め、「SDGsに取り組まないことが経営の課題である」との認識のもと、企業活動全般を通じて実現すべき目標との認識を高めることが必要である。

　今後も、経済・社会・環境の3側面を統合する取り組みを拡大し、SDGsの理念実現に向け、こおりやま広域圏とともに持続可能な地域づくりを目指していく。

100年後も人々がイキイキと暮らす島に

——壱岐（粋）なSociety5.0

壱岐市総務部SDGs未来課　課長補佐　篠原　一生

1　壱岐市の紹介

　長崎県壱岐市は、九州本土と朝鮮半島の間にある玄界灘に浮かぶ総面積139.42㎢、人口25,626人（2021年3月末時点）の島全体で1つの市である。農業や水産業等の1次産業が盛んであり、壱岐牛、アスパラガス、イチゴ、ウニ、イカ、マグロなど特産品がたくさんある。また、麦焼酎発祥の地としても知られ、壱岐焼酎は世界貿易機関（WTO）により日本初の地理的表示が認められている。

一支国博物館

干潮のときだけ参拝できる「小島神社」

　市内にある弥生時代を代表する原の辻遺跡は、東アジア最古の船着き場跡や100軒以上の住居跡などから魏志倭人伝に記された「一支国（いきこく）」の王都であったとされ、国の特別史跡に指定されている。このように、壱岐は古代より海上交易の要衝であり、中継貿易の拠点や迎賓地として栄えた。また、海岸一帯は壱岐対馬国定公園に属し、透明度の高い海を臨むビーチや

猿岩をはじめとする景勝地、1,000を超える大小の神社や祠が点在しており、こうした地域資源を活かし、観光地としても多くの人が訪れている。

2 様々な始まりとなった「壱岐なみらい創りプロジェクト」

　壱岐市では、以前より「市民協働」を掲げ、産官学金労言の代表者と連携を図りながら、地方創生事業を実施してきた。その枠組みをさらに広げ、より実践的なものとするため、市民との直接の対話を通じた地域課題の解決を目的として、2015年から富士ゼロックス株式会社（現 富士フイルムビジネスイノベーション株式会社）の協力のもと「壱岐なみらい創りプロジェクト」

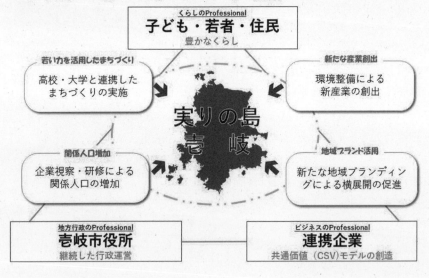

図1 「壱岐なみらい創りプロジェクト」全体フレーム

図2 「みらい創り対話会」参加者数と内訳

を実施している。

このプロジェクトは、「コミュニケーションの円滑化」を企業哲学にして
いる富士ゼロックスが持つコミュニケーション技術を活用することで、今ま
であまり市政に反映することができなかった声（特に若年層）を拾い上げ、
市民を主体として新しい未来を共創していく活動である。

このプロジェクトには、市民同士の対話による戦略テーマの設定と、官民
協働による離島振興モデル創りという2つの目的がある。対話の場としては、
市民自らが市の未来を考える「壱岐なみらい創り対話会」がスタートし、現
在は「SDGs対話会」に名称を改め、市民がSDGsを自分事として考え、実
践するマインドが醸成できるよう、コミュニケーションインフラとしての確

立を図っている。

　2015年11月から始めた対話会を通して、市民が未来の壱岐のためにやりたいことが多数創出されている。テーマ発表を実施した2016年度から2020年度までの5年間で2,356名の参加、49テーマがテーマアップされ、そのうち壱岐テレワークセンターの設立や市内神社巡りなど、35のテーマが実現している。対話会には毎回50〜100名程度の参加があるが、その約半数を高校生が占めており、市の未来を真剣に考える若い世代の声をはじめ、幅広い年齢層・属性での対話による共創となっている。

　この対話会をきっかけに、大学の地方創生学部へ進学し、「将来は市役所に入って、この活動を続けたい」と言う若者や、「市のSDGsの取り組みに自ら関わりたい」という思いで首都圏から壱岐市に移住して市役所に入庁するケースなどもある。対話会は若い世代のUIターンにも寄与し、市の持続的な発展に繋がってきている。

3　壱岐活き対話型社会「壱岐（粋）なSociety5.0」

　このように市民が主体となり、多くの課題解決のアイデアが生まれる中、テレワークの推進で壱岐市を訪れる企業が増え、市民と企業が結びつくことで多くのテーマが実現している。自治体としては、この市民協働と官民連携の流れをベースに、行政として一番の課題である「人口減少社会の中での持続可能な地域運営」に挑戦するために、2018年に持続可能な発展計画（持続可能な開発目標）を策定し、第1回目のSDGs未来都市に選出された。

　具体的には、課題先進地と言われる離島である壱岐市は、先端テクノロジーを積極的に活用することで、社会課題の解決と経済発展を両立すること、それを行政だけでなく、民間企業や地域住民などの多様なステークホルダーと対話を通じて実現することを掲げている。

　特に以下の5つの事業に重点的に取り組んでいる。1つ目がスマート化による持続可能な1次産業、2つ目がコミュニケーションの強化による安全・

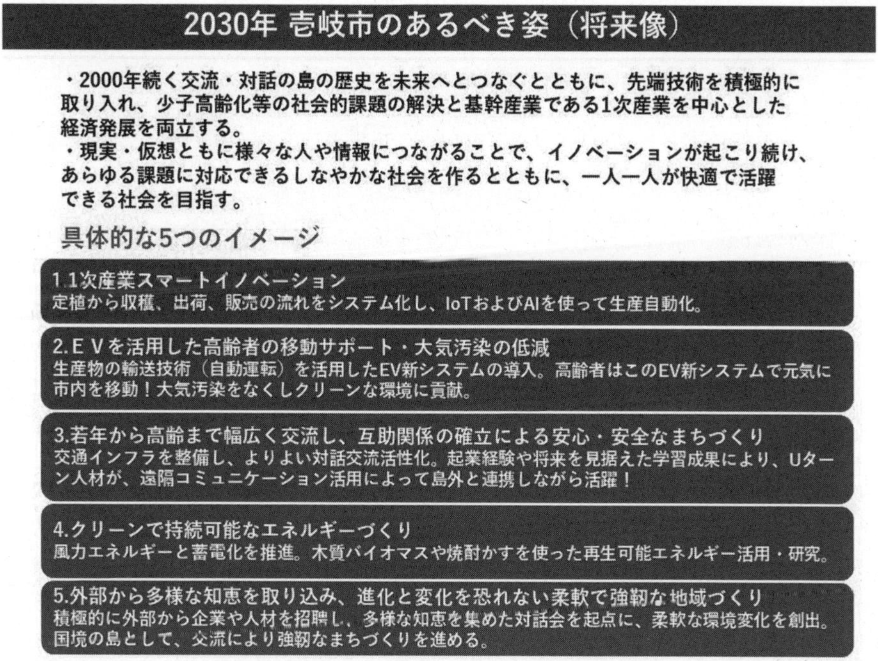

2030年 壱岐市のあるべき姿（将来像）

・2000年続く交流・対話の島の歴史を未来へとつなぐとともに、先端技術を積極的に取り入れ、少子高齢化等の社会的課題の解決と基幹産業である1次産業を中心とした経済発展を両立する。
・現実・仮想ともに様々な人や情報につながることで、イノベーションが起こり続け、あらゆる課題に対応できるしなやかな社会を作るとともに、一人一人が快適で活躍できる社会を目指す。

具体的な5つのイメージ

1.1次産業スマートイノベーション
定植から収穫、出荷、販売の流れをシステム化し、IoTおよびAIを使って生産自動化。

2.ＥＶを活用した高齢者の移動サポート・大気汚染の低減
生産物の輸送技術（自動運転）を活用したEV新システムの導入。高齢者はこのEV新システムで元気に市内を移動！大気汚染をなくしクリーンな環境に貢献。

3.若年から高齢まで幅広く交流し、互助関係の確立による安心・安全なまちづくり
交通インフラを整備し、よりよい対話交流活性化。起業経験や将来を見据えた学習成果により、Uターン人材が、遠隔コミュニケーション活用によって島外と連携しながら活躍！

4.クリーンで持続可能なエネルギーづくり
風力エネルギーと蓄電化を推進。木質バイオマスや焼酎かすを使った再生可能エネルギー活用・研究。

5.外部から多様な知恵を取り込み、進化と変化を恐れない柔軟で強靭な地域づくり
積極的に外部から企業や人材を招聘し、多様な知恵を集めた対話会を起点に、柔軟な環境変化を創出。国境の島として、交流により強靭なまちづくりを進める。

図3　2030年 壱岐市のあるべき姿（将来像）

安心なまちづくり、3つ目が多様な知恵の集積による柔軟でしなやかなまちづくり、4つ目が自動運転による活発な移動の実現、5つ目が再生可能エネルギーの活用による便利で豊かな暮らしの実現である。

4　Industry4.0を駆使した新たな6次産業化モデル構築事業

　壱岐ならではのSociety5.0を実現するためのトリガーとして、自治体SDGsモデル事業に選定され、「Industry4.0を駆使した新たな6次産業化モデル構築事業」を実施している。目的は、生産から販売までの各工程でテクノロジーを組み込むことで、2030年にあるべき6次産業の姿を早期に実現することで

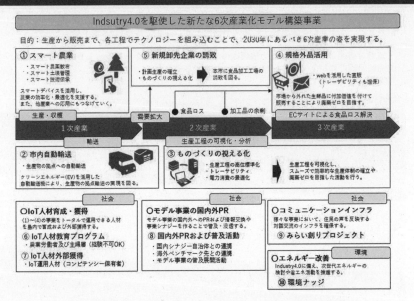

図4　壱岐市SDGsモデル事業（2018年～ 2021年）

ある。

　第1回SDGs未来都市に選定された多くの自治体は、環境未来都市型であったのに対し、離島である壱岐市としては、人が持続的に住み続けるためには経済発展が必須条件と考え、経済面の取り組みをメインに置き、社会面及び環境面は持続可能な経済循環を補完する取り組みとして実施している。

　地方創生を成功させるには、行政や民間企業、市民の中間に位置し、それぞれを繋ぐハブとなる中間支援組織が鍵だと考えている。そこで、このモデル事業については、壱岐市や富士ゼロックスなどの関係企業・団体で設立した「一般社団法人壱岐みらい創りサイト」が中心となって推進している。

（1）労力の削減と生産性の向上を両立するスマート農業

　壱岐市の自治体SDGsモデル事業は、経済面の取り組みであるスマート農業と、社会面・環境面の取り組みである人材育成の大きく2つに分けられる。

　スマート農業では、壱岐市の基幹作物であるアスパラガスで実証実験を行っている。アスパラガスは収益性が高いものの、栽培には非常に労力を要する作物であるため、持続可能なアスパラガスの栽培に向けて、労力削減にAIを活用している。具体的には、アスパラガスは1農家当たり複数のハウスで栽培をしていることから、毎日の水やりが大きな課題である。そこで、AI・IoT・ビッグデータプラットフォーム等を活用した様々なサービスを行っている株式会社オプティムと共同し、最適なタイミングで自動かん水する「AI自動かん水システム」の開発に取り組んでいる。

　しかし、アスパラガス栽培は日本での歴史が浅く、研究データも少ないこ

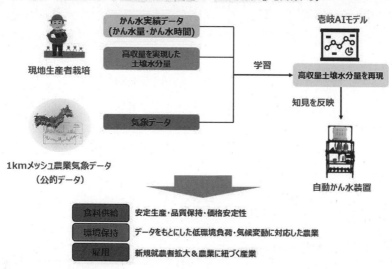

図5　アスパラガスAI自動かん水システム（イメージ）

とから、まずは環境データ等の収集及び分析から開始した。そのデータから仮説を立て、現在は実際の農場でAIの指示に合わせてかん水装置を稼働させている。今年度はAIに学習させながら、AIとかん水装置のAPI連携を図り、年度内にパッケージとしての完成を目指している。

(2) 持続可能な発展に不可欠な人材育成

壱岐市では、未来の主役である子どもたちに対し、SDGsを軸にした人材育成に力を入れており、様々な年齢層での取り組みを複合的・連続的に実施している。

ア　みらい創りプロジェクト2.0

地方創生の担い手として注目される高校生に焦点を当てた新たな取り組みとして「みらい創りプロジェクト2.0」を2020年度から実施している。内容としては、イノベーションが起こせる人材の育成を目的とした部活動を高校内に創設。部活動として通年プログラムで実施することで、継続的かつ効率的に活動を行えるとともに、「総合的な探求の時間」の授業とも連携し、取り組みを深めている。

部活動には27名の生徒が入部し、「一人旅でも壱岐を楽しんでもらえるよう、地元の人と繋がれるオープンチャットを開始する」「閑散期である冬も壱岐を楽しんでもらえるように、島ヒュッゲを開発する」など5つのテーマが提案され、実現に向けて行政や企業のバックアップを受けながら、積極的に行動している。

イ　住み続けたいまちづくり運動

SDGsの特徴であるバックキャスティングの考え方を学び、実践する「住み続けたいまちづくり運動」を市内の全中学校で実施している。この運動には行動経済学の手法であるナッジを活用し、SDGsを学んだ中学生からSDGsについての問いを大人に投げかけることで、課題の認識や解決の種を植え付

高校生のプロジェクトが「消費者庁長官賞」を受賞

【食べてほしーる】

「スーパーバリュー イチヤマ」とのタイアップ
『食べてほしーる』の検証を実施

2020年1月5日から1月17日までの約2週間、イチヤマにて食べられるのに廃棄される可能性のある期限間近の食品に、『食べてほしーる』を貼り、購入を促す検証を実施。
（期間中、2,000枚のシールを消費）

「食べてほしーる」を貼った食品は、1日に150〜200点ほど売れて売れ残りがなく、検証前と比較して食品ロスを減らす取組として効果を実感しました。

食べられる食品を最後までおいしく食べてほしいと、シールの名前は**『食べてほしーる』**と命名。壱岐高校の美術部に依頼してデザインを作成。

イチヤマは、『食べてほしーる』にポイントを付与し、売り切ることを後押しし、店内にはポスターを貼り、店内放送でPRを行いました。

【検証を終えての感想】
〔メンバー〕賞味期限が迫った食品を買うだけでも食品ロス対策になるなら、今後も積極的に続けたい。
〔店舗側〕シールのおかげで、値引きのタイミングを早くすることで売りきることができた。
結果として食品ロス削減につながった。
今後も改良を重ねてシールの使用を続ける。
〔お客様〕「高校生が取り組んでいるなら」とシールを貼った食品を購入した。

食品ロス削減推進大賞で「消費者庁長官賞」を受賞！
（受賞者で唯一の高校生）

図6　高校生のプロジェクトが「消費者庁長官賞」を受賞

け、中長期でSDGsの活動を推進することも目的としている。

ウ　海洋教育プロジェクト

　中高と連続した人材育成を実施する中で、年齢を重ねるごとに理解が深まっていくよう、今年度から小学生を対象に基盤となるSDGs教育を実施する。SDGsは抽象的で範囲も広いため、このプロジェクトでは、実際に目の前に存在する海を通してSDGsを考えることで、子どもにも理解しやすいよう設計している。また、海との関わりの中から地域の過去・現在・未来を知ることで、郷土愛の醸成を図り、将来的なUターンにも繋げていく。

5 人が住み続ける未来を目指して

　一般的に人口は徐々に減っていくイメージがあるが、離島の場合は病院がなくなったり、学校がなくなったりと、ある一定のラインまで行くと一気に減少する可能性があり、人が住み続けたいと思う（住み続けられる）まちづくりが行政としての根本的な取り組みだと考える。一方で、現在表出している多くの課題も根っこでは絡み合っているため、横断的・継続的な取り組みが重要である。そういった意味で、あるべき未来の姿を描き、そこから逆算して、今やるべきことを実施していくバックキャスティング型の事業展開はまちづくりにとって重要なことだと考えている。

　今後、DXを駆使しながら、小さな行政へとシフトしていく中、市民や企業をどうやって巻き込み、主体性を持ってもらうかが行政運営としても鍵となっていく。壱岐市としては「100年後も人々がイキイキと暮らす島」という目指すべき未来に向かって、今後も戦略的に様々な事業を実施していく。

第3章　市民・企業のSDGs達成活動

かっとばし!! プロジェクトから広がる企業のSDGs活動

株式会社兵左衛門　経営戦略室　**石賀 靖一郎**

1　「お箸は食べ物です。」

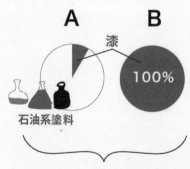

**A も B も「うるし」と呼ばれ、表記されています。
兵左衛門が使うのは、混じり気のない B の漆。
私たちは「バージン漆」と呼んでいます。**

兵左衛門は、1921（大正10）年に福井県小浜市で創業した、箸専門メーカーです。2020年に創業100年を迎えました。兵左衛門では口に入るお箸は「食べ物」と考え、食品に準じた高い安全基準を設けています。

（1）箸先にこだわる、安全な天然素材を使う

人体に有害な合成化学塗料を一切含まない天然素材「漆」を用いて、安全性に徹底的に配慮したお箸を作っています。「漆」は、英語で「Japan」と訳されるほど、日本を代表する原料のひとつで、光沢があり、防水性、防腐性を兼ね備えたコーティング材として重宝されてきました。兵左衛門では、口に入るお箸は「食べ物」と考え、箸先にこだわり、お客様の

健康に配慮し、天然の木地に漆を塗り、体に優しいお箸を作ってきました。

(2)「文化」としての箸

お箸が中国から日本へ伝わったのは、弥生時代の末期であると言われています。その後、時代の流れとともに、道具としての機能に加え、お箸の持ち方が「食べる」という文化を表すものになりました。

「和食」がユネスコの無形文化遺産に登録されましたが、その和食を食べるお箸使いも日本固有の素晴らしい文化です。兵左衛門では、その文化を伝承していくために、お箸の知育教室を長年に渡って開催しています。子どもたちにお箸の歴史や持ち方について、また、実際にお箸作りの体験を通して、お箸を使うことの素晴らしさを伝え続けています。

安心・安全な箸を製造、供給すること、日本の良き文化である「箸使い」を伝承すること、そうした「お箸からひろがるコトをお届けしたい」と考え、創業して100年になりました。

2　兵左衛門のこだわりがSDGsの考えと合致

兵左衛門の企業ポリシーはSDGsの考え方と合致することが多く、図1の通り、全社を挙げて積極的に取り組みを始めました。

福井県主導の「ふくいSDGsパートナー」の認定も受けました。

SDGsを推進していく上で、「企業活動におけるプロジェクト」として、これまで行ってきている事業の中で次の3つをプロジェクトと設定して、積極的に推進することにしました。

①かっとばし‼プロジェクト
②お箸知育教室プロジェクト
③はしながおじさんプロジェクト

特に「かっとばし‼プロジェクト」は、「折れたバットの再利用」に話題性もあり、数多くのメディアでも取り上げていただきました。

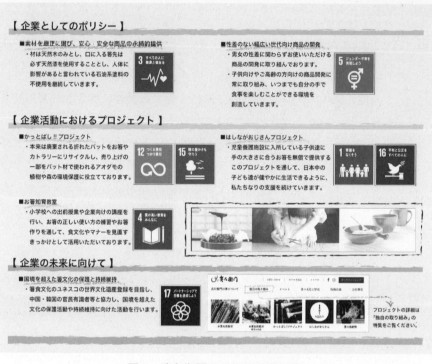

図1　兵左衛門のSDGs活動一覧

　「かっとばし‼プロジェクト」は、通常の製造プロセスと異なり、手間も多くかかりますが、新しい業界、領域との繋がりや、新しいビジネスチャンスが生まれる可能性も大きく、SDGsを推進することの背中を強く押してくれるプロジェクトになっています。

3　「かっとばし‼プロジェクト」について

　きっかけは新聞に掲載されたアオダモ林の育成の記事で、何かお役に立ちたいという考えから話が始まりました。バットの素材になるアオダモの木

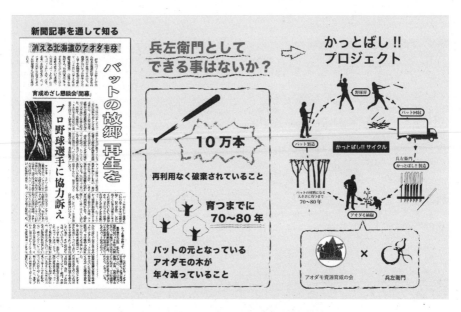

図2　かっとばし!!プロジェクト概念図

かっとばし!!製作の様子

は、育つまでに70〜80年かかり、年々その数が減っているという課題でした。そうした中、折れたバットや製造時の端材で箸を作り、新しい価値を生み出すことで、アオダモ植樹、育成のお役に立てるのではないかと、図2のようなプロジェクトを考えました。

　折れたバットや、これまで廃棄されてきたバット製造時の端材を箸の素材として再利用しました。箸に適した強靭な材を調達できることは企業にとってメリットでもあります（ただし、従来の素材と異なり、箸製作用に使える部分を選定するのに時間と手間がかかります）。

販売に携わるプロ野球球団、有名百貨店においても、話題性があり、お客様の関心を惹きつける魅力的な商品として歓迎されました。

収益の一部が植樹の基金に寄付されるとともに、アオダモ育成の必要性について認知度向上が図れると、WIN-WIN-WIN、三方良しの仕組みが確立されました。

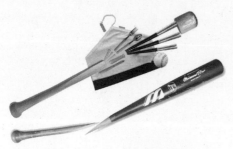

素材の再活用、素材の再生（端材の活用、廃材の再生）という社会貢献に繋がるとともに、新しい箸のリソース開拓に繋がっています。

4 「かっとばし!!」の販売について

かっとばし!!シリーズの商品

折れたバットはプロ野球の全球団、社会人野球、大学野球の各チームから兵左衛門の小浜工場に送られてきます。それを製品化できる部分だけ選別して箸をはじめとした製品に加工します。折れたバット1本から、約5膳の箸しか取れないため、決して効率がいい材料とは言えません。

かっとばし!!シリーズ販売風景

有名選手のバットを展示したり、名入れのサービスを実演したりしながら、球場や有名百貨店でも多数お取り扱いをいただいています。また、プロ野球球団だけでなく、東京六大学野球の箸なども依頼を受け、製造

し、販売されています。

　日本野球機構（NPB）をはじめとして野球、スポーツ界という既存の業界を超えた新しい協業パートナーとの関係が創出されたことは、新しい取り組みを行う可能性の広がりに繋がっています。

5　「かっとばし!!」の成果とSDGs活動の広がり

　アオダモ資源育成の会主導で、定期的に子どもたちを招いての植樹会が行われています。かっとばし!!プロジェクトの役割が、植樹を通じて伝えられていきます。

　また、手のサイズに合わせて自分のお箸を作ることができるお箸作りキットを製作しています。

　「企業活動におけるプロジェクト」②のお箸知育教室の題材で使用し、その際にも、かっとばし!!プロジェクトの意義を説明しています。世界に1つ

アオダモの植樹会にて、作業に励む子供たち

お箸づくりキット

だけのマイ箸を作ることで、箸に対する愛着が湧きます。

　また、一緒に箸の持ち方も講義をすることで、日本の伝統文化である美しい箸の持ち方も子どもたちに伝えています。

　箸の先端は漆塗装で、持ち手の部分を色・絵が落ちないようにコーティングした上で、後日、子どもたちに届けられます。

　折れたバットやバット製造時に出る端材で作ったお箸キットを使ってお箸知育教室を開催することで、箸の持ち方を伝えるだけでなく、物が作られるサイクルやその背景、そのサイクルを守る重要性などを、箸を通して伝えられています。その有効なツールとしても活用されています。

6　かっとばし‼から広がる素材調達方法の可能性

折損したスティックを再利用した箸

間伐材を利用した箸の開発

(1) かっとばし‼から学んだ
　　新たな素材の可能性

　もともとは強い木材ながら、古くなって表面が摩耗し使えなくなったり、一部毀損したりして従来の木材として使えなくなった材。製品や部品を製作する過程で出る端材。

　こうした材を箸のサイズに加工することで、新しい製品価値を創出できることをかっとばし‼プロジェクトを通じて学びました。

(2) 再利用、再活用で箸を製作する
　　新たなリソース

ア　リサイクルとしての箸

　ドラムスティック、傘、ハンガー

…。もともとの使い手の想い入れ、思い出もあり、愛着の持てる箸として新しい価値を生み出す事例になっています。

イ　端材から作る箸

家具の脚、座面など、家具のパーツを作る際に出る端材で箸を作ります。

(3) 演習林、育成林など日本の森林の間伐材、製材時に出る端材の活用

箸の素材として海外の木材が主流を占める中、日本の森林の木材を箸の素材として有効活用するリソースを開拓する。その方法の1つとして、大学の演習林や企業の育成林などとの取り組みが進行しています。箸を作ることで、その森を管理する意義を、箸を通して社会に発信するツールとして活用していただけるよう考えています。

これらの素材から作られた箸を使うことで、その木を育んだ森のこと、森林を育てる意義、もとになった木材のこと、長年に渡って使ってきた木製品のことなど、その背景、歴史に思いをはせるきっかけが作られます。

自然のありがたさ、物への感謝などを、毎日使う箸を通じて啓蒙する機会を作ることに繋がると考えられます。

7　SDGs活動のパートナーの広がりについて

SDGs活動への関心の高まりから、協業の可能性についてお話をさせていただく機会が増えてきており、以下にて事例をご紹介します。

(1) 折れたバットから間伐材、端材、再利用材を活用した箸作りへ

プロ野球だけではなくJリーグの各クラブのロゴ入り箸を再利用材を使って製作する話が進行しています。最初はバットの端材を使った箸作りになりますが、今後いろいろな再利用材、再生材を検討しながら進めていく計画です。

野球、サッカーでできることを、他のプロリーグとの協業にも生かす所存です。

(2) お箸知育教室

お箸知育教室・マイ箸作りの様子

これまで20年以上もの間、お箸知育教室を開催し、折れたバットを活用した箸製作キットを使いながら、お箸に関しても知識や持ち方を子どもたちに伝えてきました。全国から教室開催の要望を受ける機会が増え、日本箸文化協会とも連携しながら多くの方に受講いただいています。

・ 幼児教育に関わりを持つ方々との協業、教育の場の提供を進めています。

・ 児童から幼児へ、教室の内容を低年齢向けに調整していくことで、保育園での対応もできるように準備を進めています。

(3) はしながおじさんプロジェクト

児童養護施設の子どもたちに新しいお箸をプレゼントすることを目的とした「はしながおじさんプロジェクト」。

日本全国に約600の児童養護施設があり、様々な理由で約3万人の子どもたちが生活しています。そしてその多くは、サイズが合わなくなったり剥げたりしていても、はじめに手にしたお箸を使い続けています。お客様が対象商品を購入することで購入数の「新しいお箸」をプレゼントする、そんなちょっとしたことが、児童養護施設の子どもたちの笑顔に繋がると信じて活動しています。

「はしながおじさん」対象商品

8 自治体との連携の可能性について

　企業と企業間での広がりだけではなく、企業と地域・自治体への広がりや連携についても可能性があると考えています。

　これまでの兵左衛門の取り組み事例を使って、各自治体のSDGs活動を推進する新しいメニューを作ることが可能になります。職人が箸を1膳ずつ、丁寧に手作りしている企業だからこその小回りの利いた活動が具現化されてきています。

①各自治体で有する材を使った箸作り
・各自治体で有する間伐材（箸に適した材についてはお問い合わせください）での取り組み
・端材、再利用可能な材での取り組み

②各自治体内での箸使い教室やお箸知育教室の開催

③はしながおじさんプロジェクトの協業

　　自治体内で当該商品を販売し、自治体内の施設に箸を寄贈する仕組み

　いずれの事例も取り組みやすい、小さなことを積み重ねる事柄で、継続の難易度が高くない、持続可能な開発目標として取り組みすいものになっていると考えます。

　意外に思われますが、日本のように箸を使いこなす国民は世界にはなく、日本の箸使いは、その所作の美しさを含めて、日本固有の伝統文化と言えます。

　一方で、指先は第二の脳とも言われ、幼少期から箸を操ることで、脳の発達を促すと言われています。また、年齢を重ねてからは、箸を使いこなすことが脳の活性化を促し、脳の活動の停滞を防ぐとも言われています（いわゆるボケ防止に適していると言われています）。

　毎日使うものだから、上質な箸を使うことは、食事の時間、空間を豊かなものにし、同じ料理でも美味しく感じることができると言われます。また、箸を使う食卓を囲むことそのこと自体が幸せを感じる瞬間で箸を使う効用だとも言われています。

　SDGsの取り組みに、箸をツールとして使うことで、新たな活動の可能性のバリエーションを広げていけると考えます。

対馬里山繋営塾／対馬グリーン・ブルーツーリズム協会におけるSDGsの取り組み

対馬里山繋営塾／対馬グリーン・ブルーツーリズム協会　代表　**川口 幹子**

1　はじめに

　九州と韓国との間に飛び石的に存在する長崎県の離島、対馬。日本本土よりも韓国のほうが近いという、まさに国境の島である。この地理的な特徴から、太古より大陸と日本との交流の中継地としての役割を担ってきた。漢字や仏教、稲作などの日本文化の伝来を中継したのも対馬であれば、朝鮮通信使の歴史に代表されるように、外交の中枢を担うのも対馬であった。地層からは、大陸から分裂して形成された日本列島誕生の様子を垣間見ることができるし、生物相からは、島国日本となってからの進化のプロセスを紐解くことができる。

　歴史好きのみならず、私のような理系人間の心もガッチリ捉えて離さないのが、この対馬であり、日本の地史・生物相・文化風習のルーツを探るという意味でも極めて面白い場所である。

　出身は青森、大学時代は北海道、就職は宮城という私が、地縁も血縁もない対馬に移住したのは2011年。あの東日本大震災が起こった年だ。地域おこし協力隊（対馬では「島おこし協働隊」）として着任した。私が移住した10年前、対馬の人口は36,000人であった。御多分に漏れず、この対馬も急速な人口減少に悩んでいる。毎年700人弱減少し、とうとう3万人を切ってしまった（2021年3月末現在29,089人）。地元男性と結婚したのち、長男を出産。2020年ようやく次男を授かり、純増3人ということで、わずかながら

一応私も人口の維持に貢献したかもしれない。

2　研究者からの転身

　島おこし協働隊として私に与えられた役職は「生物多様性保全担当」。ツシマヤマネコをはじめとする対馬の貴重な動植物の保全に繋がる地域づくりを行う、というのがミッションだ。移住する前、私は大学で生態学の研究者をしていた。持続可能な社会の実現のために、環境の変化に対する生物や生態系の適応力をどのように人間社会に応用していこうか、というのが、私が所属していた研究プロジェクトの大命題だった。詳しい内容はさておき、このプロジェクトに関わりながら、生物学や生態学は、これからの社会に求められているのだと実感できたし、大学というフィールドだけではなく、企業や自治体、様々な現場に活躍の場があることも知った。と同時に、自分も現場に出たい、自分のフィールドを持ちたいという思いを強くしていた。

　そんなころに、たまたま生態学関連のメーリングリストで、対馬市島おこし協働隊生物多様性保全担当の募集について知り、悩んだ末、応募を決意した。募集要項に記載されていた「ツシマヤマネコ等の自然資源の保全に資する産業振興」という文言に、心を奪われた。ヤマネコを守るために、産業振興が必要だと考えている自治体。なんて先進的で、本質的なところに目を向けているのだろう。いったいどんな人が担当者なのだろう。募集内容から垣間見ることができる対馬市の思想に魅力を感じたのが、「現場に出るなら今だ」という私の決断を後押しした。

3　ヤマネコ保全に資する地域振興

　さて、ヤマネコの保全に資する地域振興、と言っても、果たして何に取り組もうか。初年度は、まずは対馬を知る、ヤマネコを知るところから始めた。手当たり次第にヤマネコと名の付く会議や団体の活動に参加し、本を読んだ。

その過程で、ヤマネコは決して人里離れた原生林に棲むのではなく、人々が山で木を伐り、田畑を耕し暮らしてきた、その歴史が作り上げる環境、すなわち「里山」に生活する生き物だということを知った。

　ツシマヤマネコの減少と過疎高齢化による離農、理系の問題と文系の問題、全く異なる分野に思える2つの問題は、根っこは同じ。人の暮らしと経済活動が自然から乖離してきたことが、地方の衰退と生物多様性の減少という、2つの問題を引き起こしている。地域の自然資源から地域にある豊かな森や海や川や田畑…そうした本来人間の（生物の）生命を支えてくれるはずの自然資源の豊かさと、年収などの金銭的価値で測られる経済的な豊かさとが一致していないことが原因なのではないかと思う。

　こういうことを考えていると、生物多様性保全担当として、最初に取り組むべきは、そうした関連性を現場で伝え、考えてもらう場を作ることなのだと思った。その時に「ツシマヤマネコ」は、格好の教材だった。ヤマネコというアイテムを使って、対馬の生態系の特徴、対馬の産業や文化との関係、そして、それが今崩壊しかけていること。そういう一連の流れを説明するのに、とても都合がよかった。

4　地域課題を現場で学ぶ

　そこで最初に始めたのが、対馬というフィールドを舞台に、生物多様性保全や地域振興を学ぶ合宿型のセミナー開催だ。2012年から始めたこの「島おこし実践塾」は、毎年対馬市主催で開催されるようになり、2020年で8回目を数えた。大学生・大学院生を対象として始めたが、4年目の2015年度からは地元の高校生にも参加の枠を広げ、高校生を中心とした入門編と、大学生・社会人を対象とした専門編の年2回の開催となった。他地域の地域おこし協力隊隊員が研修として参加してくれたり、実践塾の参加者の中から対馬市、あるいは他の自治体の地域おこし協力隊になったりするパターンも見られている。地域おこし、という分野の扉を開けさせてしまう、そのきっかけ

には、現場を見せる、目の前に現実的に生じている課題を直視し、徹底的にディスカッションをするという「島おこし実践塾」は、ショック療法なのか何なのか、大いに効果があるようである。

島おこし実践塾のプログラム作成の過程や参加者の反応などから、気づいたことがある。それは、対馬の「学びのフィールド」としての価値の高さである。前述したように、ツシマヤマネコは、生物多様性保全と地域振興との関連性を学ぶ教材として非常に便利である。そのほかにも、対馬の生物相から進化の過程を学ぶ、地層から日本列島の成り立ちを学ぶといった、学術的な実習フィールドも用意できる。国境の島として国防の最前線に立たされてきた対馬の歴史、そしてその中でも隣国と交流を仲立ちし、様々な文化や風習、技術を取り入れてきた対馬の人々の生きざま、そうしたものは、平和学習や国際交流を学ぶ上でも価値ある教材である。対馬の魅力、資源は「学び」なのだと確信した。「学びの島・対馬」を目指して、教育資源をお金に換える方法を考えようと思った。

そして、実践塾を開催する中での最大の収穫は、農林漁業体験民宿（いわゆる民泊や農泊と呼ばれるもの）のポテンシャルに気づいたことである。実践塾を開催するに当たり、より現場感、リアリティを出したかった私は、実習フィールドとして市街中心部ではなく、いわゆる農村、漁村地域を選んだ。当然ホテルや旅館はない、レストランもない。そこで仕方なく、農家さんのお宅に何人かに分かれて泊まってもらうことにした。ところが、開催後のアンケートで最も高評価を得たのは、他でもない「ホームステイ」だった。地域の人の暮らしに入り、地域の人とダイレクトに交流することが、壇上での講師の話よりもよっぽどリアルに、参加者の心をつかんだのだ。

5　着地型観光の推進と教育・交流プログラムの開発

　この経験から、私は対馬での活動の軸足を、農林漁業体験民宿（以下民泊）を活用したグリーンツーリズム・エコツーリズムの推進、教育・交流プログラムの開発に置くことにした。民泊については、対馬にもともと存在していた「対馬グリーン・ブルーツーリズム協会」の事務局運営を担わせてもらい、事務局が情報発信を行ったり、お客様からの問い合わせ窓口となったり、宿泊斡旋をしたりできる体制を整えた。ホームページのリニューアルで個々の民泊への予約ができるようにしたり、旅行会社等との連携によりパッケージプランに民泊が組み込まれた商品を造成したりという取り組みを行った。また地域限定旅行業の登録を行い、オリジナルの旅行商品の企画・販売にも取り組んだ。ここでも「学べる観光」をコンセプトとした。オリジナルツアーでは、ヤマネコを取り巻く問題や解決に向けた市民活動などの取り組みを学んだ上で探索に出かけたり、そば打ち体験や原子神道の解説などを通して日本文化のルーツを探れる旅にしたりと工夫を凝らしている。

　夏休み等の長期休暇期間には、小中学生向けの農林漁業体験プログラムの提供も行っている。海・山・里の三拍子がコンパクトに存在し、歴史的に半農半漁半林の生活を送ってきた対馬の人たちは、まさに周りの自然の恵みを余すところなく活用し、自然の中で楽しむすべを知っている、暮らしと遊びの達人たちだ。その農家さん、漁師さんに子どもたちを丸投げし、子どもたちに自由に対馬での過ごし方を考えてもらう。これしたい、あれしたいと、様々なアイディアが出てくるが、大体の要望に対応できるのだから、対馬の達人たちはすごい。

　そうこうしているうちに、子どもに農山漁村体験をさせるなら、やっ

ぱり通年での受け入れをしなければ、という思いが強くなった。種をまいてから収穫するまでの一連のプロセスを理解するためには、やはり年間を通して体験しないと意味がないとも思ったからだ。そこで始めたのが、離島留学の受け入れである。1年間親元を離れて、対馬で暮らしながら、対馬の小学校中学校へ通学する。学校の統廃合阻止や複式学級の解消、小規模校での教育の質の向上のため、今は多くの過疎自治体が山村留学や離島留学に取り組んでいるが、対馬市も同様の制度がある。しかしなかなか里親を引き受けてくれる家庭が増えないという悩みがあったが、法人として受け入れ体制を作ることで、ある程度の人数を引き受けることができるようになった。留学生の宿舎は、空き家となっていた古民家を活用した。週末は、周囲の環境を生かして、耕作放棄を活用して畑を開墾したり、釣りに出たり、子どもたちプレゼンツ企画に地域の人を招いたりと、様々な活動をしている。

　こうした「学び」を事業として提供する組織を作るため、2019年に社団法人を設立した。自然の仕組みを熟知し、そこから恵みをいただく技術と、その中で育まれてきた共生の知恵。そうして脈々と受け継がれてきた「営み」を後世に「繋ぐ」という意味を込めて、対馬里山繋営塾（けいえいじゅく）と名付けた。現在、代表である私も含めてスタッフは9名。根っからの対馬人2名、Uターン1名、Iターン6名という異色の法人である。スタッフのうち6名が20代という、若い職場というのも特徴だ。

　主な収入源は、民泊への宿泊斡旋手数料やツアー収入（ガイド料やコーディネート料）といった観光収入と、離島留学の里親委託料、そしてグリーンツーリズム推進や大学連携等の中間支援組織としての行政からの委託事業である。しかし、まだまだ6名分の人件費を事業費で賄うには至っておらず、人件費

の補填ができる補助金や交付金を探し、応募し、何とか採択を受けるという綱渡り経営であることは否めない。ビジネス感覚をもって地域づくりに取り組むというのが、今の私の課題であり、ちゃんと事業計画を立て、それを達成しうる組織に成長できるよう、日々精進しているところである。

6　「繋がり」を感じられる場の提供─持続可能な社会の実現に向けて

　昨今、巷でも至る所で目にするようになった「SDGs」や「持続可能」という表現。自分も、一貫して「持続可能な社会をつくる」ことを目指して活動しているつもりである。しかしこの「持続可能な社会」というのは、実に広範で、定義が難しい概念である。

　自分は生態学者だったので、そういう視点で考えると、「生態系が健全に再生産可能な状態で維持され、生態系の循環のスピードを超えない範囲で資源を利用すること」となるのだが、じゃあ具体的にはどういう状態？というと、なかなか難しい。私は、持続可能な社会とは、地域で再生産される資源に依存した経済活動がしっかりと行われている状態だと思っている。具体的には、農林水産業が持続的に成り立つ状態である。

　前述したように、今の社会構造は、その土地で生産されるうる資源の豊かさと、経済活動がリンクしていない。自然豊かな場所で人が豊かに暮らせる、という関係性が崩壊したことで、地方での離農、過疎、そして都市への過度な集中が生じたのだ。

　そのような世の中で、人々は自分たちが食べているものが、どこで、誰によって、どのように生産されているのかを知らずに過ごしている。子どもたちは、自分の命が何によって支えられているのか、何によって生かされているのか、実感が持てないまま大人になる。そうやって育った子どもたちが大人になった時、果たして周囲にある自然資源を守ろう、残そう、活かそうという思考になるのだろうか。農林水産業を守ろう、残そう、という発想は起こるのだろうか？

持続可能な社会を作るために、私が選んだアプローチ、それは、自分が誰のおかげ、何のおかげで生きているのか、ということを認識できる場を作ることだ。自分の命を支えている人やモノとの繋がりが見えることは、生きている安心感にも繋がる。それは逆に、自分が誰かの命を支える繋がりの一部であるとの認識でもある。社会における自分自身の役割、存在意義を自覚できることは、生きる希望である。

　グローバル化、分業化と巨大な流通網の発達で、この「繋がり」の鎖は長く長くなっていった。それによって都市へ集中して人が居住することが可能になった。しかし、皮肉なことに、今回のコロナ騒動により、大都市への過度な集中と、グローバル化の歪みがあらわになった。

　繋がりの鎖があまりにも長く、複雑な世の中では、自分が誰のおかげ、何のおかげで生きているのか実感できない。そしてその鎖のどこかが切れると簡単に日常が崩壊する。

　地域社会の特徴は、繋がりの鎖が短く、その代わり、多数であるという点だ。恩恵をもたらしている人や物を認識しやすい。そして、どれか1つが切れても、バックアップがたくさんある。

　地域で暮らし、地域で学ぶ。そこから世界を眺めると、世の中の色々な仕組みや矛盾が見えてくる。目の前に見えている現象ではなく、そのことが生じている原因を前へ前へと探っていく。その現象が要因で発生しうる問題を先へ先へと想像する。そういうことができる人が増えてほしい。それができる人とは、様々な関係性、繋がりを感覚的に知っている人だと思う。

　自分は、グリーンツーリズム・エコツーリズム、そしてそれを手法とした教育活動において、そのような「繋がり」を感じられる場の提供をしたい。それが、持続可能な社会の実現のために、自ら考えて行動する人、自ら情報収集して自分の意見を持つ人を増やす第一歩だと信じている。

共に生き、共に働く、持続可能な地域づくり

――協同労働×SDGs

特定非営利活動法人ワーカーズコープ埼玉事業本部　本部長　**藤谷　英樹**

1　はじめに

　日本労働者協同組合（ワーカーズコープ）は、働く人や市民が出資し、民主的に経営し、責任を分かち合って、生活と地域に応える仕事を協同でおこす「協同労働の協同組合」である。

　協同労働とは、「共に生き、共に働く社会をめざして、市民が協同・連帯して、人と地域に必要な仕事をおこし、よい仕事をし、地域社会の主体者となる働き方」（日本労協連原則）であり、戦後の失業対策事業の後処理的な事業を担うところから始まり、40年余りの歴史の中で様々な試行錯誤を経て生み出された新しい労働のあり方である。

　1980年代に欧州のワーカーズコープに学んで自らを労働者協同組合と位置づけて、「協同組合間の協同」による病院清掃や建物総合管理、生協の物流センターの仕事を拡大していく中で、「いかに雇われ者意識を克服し、全ての組合員の主体的な経営参加を実現するか」を課題に据えたころまでが草創期とされている（1992年に連合会が国際協同組合同盟（ICA）に加盟）。

　その後、2000年の介護保険制度施行を契機に全国でヘルパー養成講座を連続開催し（約4万人養成）、受講生や市民と共に「市民主体のコミュニティケアの拠点を創ろう」と、「地域福祉事業所」を全国に約300ヵ所設立。さらに2003年の地方自治法改正―指定管理者制度導入を機に、公の施設の運営の「市民化・地域化」こそが公共を持続可能ならしめるという考えのもと、

利用者・市民が主体者となる、コミュニティ施設、学童保育クラブや児童館・保育園等の子育て、高齢者、障害者などの公共施設の管理運営を実施するようになったのが第2期である。

　高齢者等のケアや公共サービスに続いて、リーマンショック後は地域若者サポートステーション事業や生活保護受給者、生活困窮者の自立支援事業（相談・就労等）に取り組む中で、社会的困難にある人たちをワーカーズコープの事業所に迎え入れて（一般就労として）「共に働く」実践が全国で広がった。さらに、障害者総合支援法に基づく就労継続支援や生活介護といった事業と地域の居場所をかけ合わせた事業所を、当事者や家族、地域住民と一緒に立ち上げる取り組みも各地に広がり、働く者・利用者・地域が共に担う「社会連帯経営」へと発展を遂げたのが第3期である。2011年の東日本大震災を契機に、地域循環型産業の創造を方針化したところから、第一次産業やバイオディーゼル燃料精製、自伐型林業の取り組みも始まり、より多様な就労の場をつくることが可能になったことにより、「持続可能な地域づくり」が各事業所の中でより具体的な取り組みとして現れるようになったのもこの時期である。

　ワーカーズコープの原理・原則は、①出資をして組合員となることにより一人一票の議決権（対等平等の関係の基礎）と経営に対する参加意識の自覚を持ち、自立した経営基盤を確保する、②職場の自治と民主主義を基盤に、生活と地域に必要な仕事をおこし、よい仕事（社会連帯経営）へと高めていく、③一人ひとりの人間的成長と発達（市民・労働者として）、持続可能な地域づくりをめざして共に働く、ということに集約され、前述した40年余の歴史の中でそれぞれ不規則に発展と停滞を重ねながら現在の水準に至っている。

2　「労働者協同組合法」の成立の意味と法施行後の可能性

(1) 日本における労働者協同組合の実態と他国との比較

　日本にはワーカーズコープ以外にも「協同労働」で働く人々と組織が存

在し、およそ10万人が就労し、1,000億円の事業規模があると言われている。一番近い関係では、生活クラブ生協などの運動から女性たちの社会貢献の事業として出発したワーカーズ・コレクティブ・ネットワークジャパン（WNJ）があり、全国で500団体が活動している。その他、障害のある人たちの就労創出に取り組む団体や、農村女性ワーカーズ（農産物の加工、直売所、レストラン等を起業）、住民出資による「協同売店」がある。

　しかしながら、日本には労働者協同組合に相応しい法律がなく、主に企業組合法人や特定非営利活動法人といった法人格を便宜的に活用し、事業活動を行っている。

　世界では1,115万人が労働者協同組合（社会的協同組合なども含む）に参加しており、欧州では15ヵ国で130万人の労働者を雇用する5万の労働者協同組合企業が存在する。隣の韓国でも2012年に協同組合基本法が施行され、2018年度までに新たに1万の協同組合が設立され、約3万人の雇用を創出した（うち4％が労働者協同組合）。

(2)「労働者協同組合法」の成立の意味

　労働者協同組合の法制化を求める運動は、1998年に始まった。2007年に法制化市民会議会長に笹森清氏（元連合会長、労働者福祉中央協議会会長）が就任し、運動が本格化。同年12月北本市の議員発議による法制定を求める意見書決議を皮切りに、早期制定を求める意見書決議が全国の自治体で採択され、現在その数は950を超えている（埼玉県では全国に先駆けて県議会を含む全議会で採択）。

　その後「地方創生」「一億総活躍社会」等の政策の中で「労働者協同組合」に対する期待が高まり、2016年に「与党協同労働の法制化に関するワーキングチーム」で法案作成作業が始まった。当事者団体の代表もワーキングチームの実務者会議に参加して議論に加わり、2020年6月に与野党・全会派での法案合意を経て同月12日に衆議院に提出され、同年12月の臨時国会で「労働者協同組合法」が成立、同11日に公布となった。

全国1,741自治体のうち954議会で早期制定を求める意見書が採択され、国会では全会一致で法案が可決されたことの意味について考えてみたい。

東日本大震災後、社会の脆弱性をいかに克服していくか、とりわけ人口減少と都市一極集中による地方消滅論をきっかけに、「地域の持続可能性」ということが広く議論されるようになった。それはそのまま2015年6月に改定された「協同労働の協同組合の原則」にも大きく影響しているので、ここで紹介しておきたい。但し紙幅の都合上、7つの大項目のみとさせていただく。

1. 仕事をおこし、よい仕事を発展させます
2. 自立・協同・連帯の文化を職場と地域に広げます
3. 職場と地域の自治力を高め、社会連帯経営を発展させます
4. 持続可能な経営を発展させます
5. 人と自然が共生する豊かな地域経済をつくり出します
6. 全国連帯を強め、「協同と連帯」のネットワークを広げます
7. 世界の人びととの連帯を強め、「共生と協同」の社会をめざします

これは全国の事業本部の代表者が集まって1年以上かけて議論し、全国総会で採択した原則であり、プロセスも含め全事業所の組合員に周知された。

法制化に当たっては、多くの国会議員（会派を問わず）や厚生労働省官僚が全国のワーカーズコープの事業所に視察に訪れ、営利企業における雇用労働とは異なる、この7つの原則に基づいた働き方に実際に触れることにより、その必要性を確信していただいたことが非常に大きな要因となった。それは、法の第1条の内容と照合していただくと更に分かりやすいのではないかと思うので、以下に抜粋する。

「第1条　この法律は、各人が生活との調和を保ちつつその意欲及び能力に応じて就労する機会が必ずしも十分に確保されていない現状等を踏まえ、組合員が出資し、それぞれの意見を反映して組合の事業が行われ、及び組合員自らが事業に従事することを基本原理とする組織に関し、設立、

管理その他必要な事項を定めること等により、多様な就労の機会を創出することを促進するとともに、当該組織を通じて地域における多様な需要に応じた事業が行われることを促進し、もって持続可能で活力ある地域社会の実現に資することを目的とする。」

(3) 法施行後の可能性

　労働者協同組合法では、3人以上の発起人が集まれば準則主義（届け出制）で労働者協同組合を立ち上げることができ、労働者派遣事業を除く全ての領域で事業を行うことができる。

　地域課題の解決やコミュニティの創造、第一次産業や地域産業の継業（廃業問題）、エッセンシャルワークの社会的価値を高め働く環境をもっと充実させたい等、一人ひとりがこうありたいと願う暮らしや地域を、資金も労力も持ち寄って自分たちの手で作り出せる働き方が社会の制度となるということで、多くの人々の注目を集めている。「与党協同労働の法制化に関するワーキングチーム」座長で厚生労働大臣の田村憲久衆議院議員からは、2021年1月25日の「労働者協同組合法成立記念フォーラム」において、「この法律が社会に広がっていくことによって、社会がどう変わっていくか、とても楽しみです」というメッセージを寄せていただいた。

3　協同労働とSDGs

(1) 社会連帯の運動の上に成り立つ「協同労働運動」

　労働者協同組合は、「共に働く」という大原則を通じて全ての事業所がSDGsの1・5・8・10の目標達成に直接貢献しているが、その上で、個々の事業所が事業活動や地域活動の中で6・9を除くいずれかの目標達成にも直接貢献している。一つひとつの事業所、一人ひとりの組合員の「こうありたい」と地域のニーズが経営に反映される働き方であるため、融通無碍な取り組みが生まれることが協同労働の特徴であり、法施行によりこの働き方が広

がることでSDGsが多様性を伴って着実に地域に根付いていくことが期待される。ここでいう「地域活動」とは、労働者協同組合として行う事業活動の基礎となる「社会連帯」の運動であり、全ての事業所・組合員は「一般社団法人 日本社会連帯機構」の一員として地域住民とともに地域に必要とされる様々な活動に取り組むことが方針づけられている。

(2) 具体的な実践事例

ア 「ふじみ野そらまめ地域福祉事業所」—社会連帯による仕事おこし

点灯式（2020年3月22日）

市内で学童クラブの仕事をしていた組合員が、東日本大震災後に福島からの被災者を支援するために「社会連帯グループにんじん」を立ち上げ、「土に触れたい」という願いに応えて地域の農家の協力を得て農作業を始め、居場所サロンも開始した。被災者の一人がふじみ野市への移住を決心したことにより働く場が必要となり、「親を預けるならこんなデイサービス」という理念を共有して皆で出資し合い、地域の人たちにも協力債を呼びかけて資金を集め、農地付きの高齢者デイサービスを立ち上げた。

デイサービスのプログラムとして農作業を行い、収穫した野菜を使って昼食を提供している（自給率は70％）。野菜を切るのも利用者が行う「働くデイサービス」である。また事業所の一画を地域の居場所にしており、農作業のボランティアや近隣住民がランチとコーヒーを目当てに集まってきて家族や健康や地域の話に花を咲かせている。更に、近所の高齢者の「ちょっと困った」を支える生活支援も30分750円で行っている。

ワーカーズコープ連合会は2020年1月に「環境・気候非常事態宣言」を発し、再生可能エネルギーの普及を促進している。そらまめでは2020年3月に、埼玉県の助成金と地域住民や仲間からの寄付、NPO法人埼玉自然エネルギー

協会からの借り入れをもとに太陽光パネルを設置した。市民共同発電事業として、緊急時の電源を確保して地域の人に提供することを想定している。県内では4月に「深谷原郷地域福祉事業所」で太陽光パネル設置工事を予定しており、今後も広がる予定である。

イ　「埼玉北部地域福祉事業所」を中心とした埼玉北部エリア

　生協の物流現場の事業が縮小となり、働く場を失う危機に見舞われた組合員たちが仕事おこしを決心して、県産大豆100％使用の美味しい豆腐づくりを始めたという歴史を持つ事業所で、3年前に移転をして「とうふ工房」と障害者就労継続支援事業を一体的に行なっている。

「深谷とうふ工房」移転後のオープンイベント

　「とうふ工房」の仕事から高齢者向け配食サービス、ヘルパー講座開講、高齢者訪問介護、同通所介護、居宅介護支援、短期入所介護（ショートステイ）と仕事を拡大し、地域若者サポートステーション事業や生活困窮者自立相談支援事業（深谷市委託事業）、深谷市立学童クラブ3ヵ

埼玉北部エリアの多世代による稲作の取り組み

所（指定管理）、障害者一般相談支援事業（深谷市委託事業）、発達障害者就労支援事業（埼玉県委託事業）と、総合的に事業を展開しており、単体の事業から仕事おこし・拡大を続けて発展した典型的な事例となっている。

　拡大した高齢者福祉の事業に特化せず、そこでリーダーを担った組合員が新規事業所で協同労働を伝えながら次世代を育成したこと、就労困難な若者や障害者、生活困窮者の支援の中で、就労体験から一般就労までを全ての事

業所で受け入れてきたことは、協同労働の普遍性を証明する取り組みと言えよう。とりわけ「とうふ工房」の大豆栽培と味噌づくり、稲作といった第6次産業の中での農福連携の実践は貴重で、いきいきと作業に取り組む若者たちの姿に、自給・循環する地域づくりの可能性を見出すことができる。

4　最後に

「協同労働」を決定づけるのは、労働者協同組合の基本原理のうちの「意見反映原則」である。ワーカーズコープではこれを「合意形成」という表現を用いてきたが、皆が考えを口に出せる「話し合いの作法、文化」をどう事業所の中に根づかせることができるかがとても重要となる。そして出された意見から原則に則ってどのような合意をつくり出すことができるか。「一人ひとりの生活と人生を受け止め合える関係をつくります。」とも原則にはあり、生半可な民主主義では辿り着けない隘路とも見えるが、そこがこの働き方の醍醐味でもあり、「誰一人取り残さない」を実現させる王道であるとも考えられよう。

第4章 持続可能な地域創造ネットワークの
プロジェクトの進捗状況

環境自治体会議から
持続可能な地域創造ネットワークへ

──自治体ネットワークの発展と期待

持続可能な地域創造ネットワーク　事務局

元　環境自治体会議　事務局長　**小澤 はる奈**

　1992年の誕生から長きに渡り、環境政策・持続可能なまちづくりに取り組む自治体のネットワークとして機能してきた環境自治体会議は、2020年6月26日をもって解散し、同日に新組織「持続可能な地域創造ネットワーク」に移行した。環境自治体会議が自治体のみで構成されていたのに対し、持続可能な地域創造ネットワークは自治体の他、NGO/NPO、研究者や教育関係者に次世代グループ、民間企業も参画するものであり、組織形態の大きな変革であった。本稿では主に環境自治体会議から新組織への移行までの経緯と、新組織の概要や活動について紹介する。

1　新組織への移行

（1）環境自治体会議の沿革

　環境自治体会議は、1992年に開催された「環境自治体会議　池田会議」からその歴史が始まった。自治体政策のあらゆる分野に環境への配慮を取り入れた「環境自治体」を目指す自治体同士が、情報交換や相互交流、研究・実践活動を進める場として創られたネットワーク組織である。国連地球サミットの開催もあり、環境問題および地域環境政策への関心と熱量が高まった時期のことであった。

　1996年に常設機関として発足し事務局を設置、その後1999年には主に会員自治体の環境政策の支援や調査研究等を目的として、「環境自治体会議環

境政策研究所」を設立した（環境政策研究所は2000年にNPO法人化している）。年1回の全国大会や各種セミナー、意見交換会の開催やニュースレターの発行、専門委員会による政策モデル立案と実践などを重ね、環境問題に関心を持つ人々のネットワークづくりを促進してきた。毎年の全国大会のテーマや各年の主要トピックについては、過去の本書でも特集を組むなどして紹介してきた。

　23自治体の参加から始まった組織は順調に会員数を拡大し、最大で71（2003年）の市区町村が参加するに至った。しかしその後は、新規入会と退会の出入りがありつつ会員数の減少傾向が続き、2015年度には50を下回ることとなった。

　ここにはいくつかの要因があると考えている。自治体の状況としては、第1に財政状況の厳しさがある。会費・負担金という支出項目への査定が厳しくなり、年会費の予算を確保できず退会していく自治体は多かった。第2に環境部局に十分な人員を配置できなくなったことがある。この背景には、行政の人員削減の他、発足当時にあった"環境ブーム"の落ち着きもあると見ている。社会的状況としては、類似のネットワーク組織の誕生や、国が先行自治体の情報を集約・発信する機会が増えたことを始めインターネットによる情報開示が進み、環境政策に関する情報へのアクセスが容易になってきたことがある。

　無論、こうした逆風にあっても組織自体の魅力やメリットが会員内外に認知されていれば、会員の減少に歯止めをかけることができたであろう。しかし事務局は人手不足が常態化しており、会員自治体のニーズを的確に捉えそれに応えることが十分にできていなかった。会員継続の判断材料として、満足のいく会員サービスを提供できなかったことは、当時の事務局スタッフとして大いに反省し、責任を痛感するところである。

　会員の減少傾向を踏まえ、2015年度には準会員制度を導入した。正会員自治体や事務局の推薦により、3年間は年会費なしで会員サービスを受けられるものである。このことにより一時的に会員総数は回復したが、前述の自

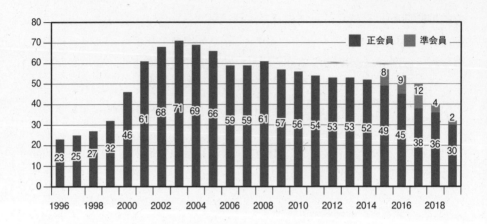

図 環境自治体会議会員数の推移

治体を取り巻く状況とフォロー体制不足により、2019年までに準会員から正会員に昇格する自治体は現れなかった。

(2) 組織改革論議の本格化

会員数の減少に加え、スタッフの事情により事務局体制の困窮が見込まれた2016年度総会において、中口毅博事務局長（当時）により「設立以来の存亡の危機」として組織および事務局体制の抜本的な見直しが会員に提起された[1]。総会後の懇親会において環境首都創造ネットワークとの連携が浮上し、このことが有力な案の1つであることが翌日の首長昼食会にて確認された。この年のうちに本案を含む組織改革の選択肢を示して会員アンケートを実施、多数支持を得たことをもって環境首都創造ネットワークとの連携を検討していくこととなった。

環境首都創造ネットワークは、2001年から10年間に渡り実施された環境首都コンテストを契機として生まれた団体であり、自治体と環境NGO等を

---

1) 環境自治体会議・環境自治体会議平成28年度総会議案書, 2016年5月

メンバーとする組織であった。環境自治体会議と重複して参加していた会員もあり、その1つであった長野県飯田市の牧野光朗市長（当時）が両組織の事務局を橋渡しする形で、連携に向けた協議を進めることとなった。

　事務局間協議と前述の会員アンケート結果を踏まえ2017年2月に開催した環境自治体会議の幹事会では、環境首都創造ネットワークと早急に統合するのではなく、事業レベルの統合・連携を実施して判断すべきとの方向性が合意された。両組織の成り立ちが異なることや、互いに活動実態を十分に理解していないことが危惧されたものである。同年5月の2017年度総会でこのことが承認された際にも、同様の意見が出された。やや慎重な結論にも見えるが、別組織との多面的な連携活動を実施したことはこれまでになく、組織にとっては大きな変革であった。ここに至ったのは、当時の中口事務局長による奔走が実を結んだものである。

　この2017年度総会には、環境首都創造ネットワークの事務局担当者によるオブザーバー参加を得た。出席首長の求めに応じて環境首都創造ネットワークの概要説明や、環境自治体会議と目指す方向性を共有していることなどを直接発言していただいたことが、信頼感の醸成に少なからず貢献したものと思っている。

　これ以降、全国大会（環境首都創造フォーラム）や研修会への相互参加、自治体の政策評価と先行事例調査など、いくつかの連携事業を実施しながら相互理解の促進に努めた。同時に事務局間協議を複数回に渡り実施し、収支構造を含めた活動実態について情報の共有を図った。これらの経過を含めて幹事会での検討を重ね、一時は環境自治体会議を単独で継続する方向に流れかけたものの、2019年3月の幹事会で新組織の設立を合意した。

　この合意の背景には、SDGsへの関心の高まりが少なからず影響した。以前から総会や幹事会で「自治体だけでなく企業の参画も必要」との意見が複数の会員首長から出されていた。2019年3月幹事会では、「環境自治体会議がこれまで取り組んできた環境施策はSDGsと重なる部分が多い」、「SDGsをキーワードとして掲げることでより多くの自治体や企業等の参画が期待で

きる」といった意見が出され、企業の参画を求める従来からの意見に呼応する形でSDGsの"有用性"が再確認されたように思う。またこの議論の中で強調されたのは「"統合"でなく"新組織設立"」であった。旧来の組織形態に拘泥せず新たな動きを起こすことで、社会に対するインパクトを生み出せるのではないか、といった期待感が幹事の間で共有されていき、新組織設立という結論に至ったと認識している。

(3) 新組織設立に向けた協議

同年5月、環境自治体会議は2019年度総会において「2020年度に新組織を設立する」旨を決議した。環境首都創造ネットワークでも6月の運営委員会において同様の方針が承認され、ここから新組織の設立に向けた準備が加速していく。

両組織が合同で「新組織設立準備会」を開催、組織発足に必要な手続きや基本事項の取り決めを進めた。両組織の事務局協議にて各準備会に提案する議題の詳細を検討し、準備会での議論をもとに提案内容を絞り込みまたは修正し、両組織の会員にメール審議や投票を依頼する、というサイクルで進めた。

新組織の名称は、まず名称に含むべきキーワードを特定しこれを両組織の会員に報告、同時に名称案を募集した。応募された名称案から事務局が3案に絞り込み、両組織の会員投票によって仮名称を決定した。この1つを取っても、既存の2組織の会員意見を最大限に反映して物事を決めていくことは、当初の想像よりも時間と労力のかかることであった。組織名称のキーワード決めは、2019年11月に京都で開催した第2回設立準備会にて出席者の全員参加で作業したものであるが、ある参加者からは「一自治体の職員である自分が、こんな重要な場面に参加するなど思っていなかった」との感想が聞かれた。こうした稀な体

名称キーワード決めの様子

表1　新組織設立準備の経過

会合等	決定事項等
内閣府との協議 2019年5月24日（金）	内閣府地方創生推進事務局を訪問し、新組織設立についての情報提供とSDGs地方創生官民連携プラットフォームとの関係についての意見交換を行った。
第1回準備会 2019年9月5日（水） →9月13日〆でメール審議	1. 新組織設立・準備のスケジュール 2. 新組織の年会費 3. 初年度の主要な活動
関係者意見交換会 2019年10月9日（水）	環境自治体会議と古くから関わりのある方たちに新組織への移行を説明、新組織に期待する役割等について意見を出していただいた。
第2回準備会 2019年11月6日（水） →12月13日〆でメール審議	0. 新組織の目的・位置づけ 1. 新組織の活動内容 2. 会員資格、意思決定機構 3. 新組織の名称 4. 設立趣意書、呼びかけ人
名称案候補の公募（メール） 2019年11月27日〆	会員投票にかける新組織の名称案を会員から募集した。
名称案への投票（メール） 2019年12月20日〆	公募結果から3案に絞り、会員にメールでの投票を依頼した。
新組織設立意見交換会 2020年1月17日（金）	1. 新組織の仮名称の決定 2. 組織概要（位置づけ、活動、意思決定機関、会員資格） 3. 設立趣意書
設立趣意書への意見、呼びかけ人承諾、勧誘先（メール） 2020年2月14日〆	1/17意見交換会での意見を踏まえて修正した設立趣意書案を示し、再修正意見と組織代表者の「呼びかけ人」としての記載承諾、新規勧誘先の候補について意見を求めた。
第3回準備会 2020年4月24日（金） →5月15日〆でメール審議	1. 会員資格 2. プロジェクト制度の導入 3. 設立総会及び設立記念大会 4. 規約・役員選出・ロゴマーク決定等のスケジュール
同日	加入登録フォームの運用開始、プロジェクト募集開始

出典）持続可能な地域創造ネットワーク設立総会議案書

験を通じて、会員が新組織を自分事として捉えてくれることが事務局の狙いの1つであったため、手間を惜しまず丁寧に進めることを心掛けた。

　2019年3月には設立趣意書を、5月には会員の資格要件等を決定し、加入申し込みの受付を開始した。

（4）環境自治体会議の解散と新組織設立

　2020年6月26日午前、環境自治体会議として最後の総会を開催した。本来ならば可能な限り参集で開催したかったが、新型コロナウイルス感染症対策のため東京都内に最小限の会場を設け、会員自治体はZoomで参加する形

設立総会の会場

リモート併用の記者発表

式をとった。7自治体の首長が出席し、2自治体の職員がオブザーバー参加、13自治体の委任状提出をもって総会は成立し、2019年度および2020年度活動・決算報告の承認の後、解散を決議した。

2020年4月1日時点で環境自治体会議会員であった22自治体のうち、21自治体が新組織に会員資格を移行し、1自治体は保留（後に正式加入）となった。

昼休憩を挟み同日午後、同会場にて持続可能な地域創造ネットワーク設立総会を開催した。現地会場には来賓の内閣府および環境省を含め18名が参集し、Zoomでは30名が参加する会となった。設立総会では、新組織の規約や活動計画・予算の承認と役員選出が行われた。また、「ポスト・コロナ社会に向けた緊急提言及び行動宣言」[2]が採択された。

設立総会終了後には記者発表会も実施した。新聞、雑誌、ウェブメディア各社が参加し、YouTubeライブ配信を視聴した記者もいたようである。記者発表会では、設立総会で共同代表に就任した牧野光朗・長野県飯田市長（当時）がビデオメッセージを披露し、久保田后子・山口県宇部市長（当時）が設立趣旨を、杦本育生・NPO法人環境市民代表理事が活動概要を説明し、中口毅博・芝浦工業大学教授によるプロジェクト紹介があった。記者発表会の開催もリモート併用での会議も初めてのことであったが、後日いくつかのメディアで新組織設立が報じられたことが、各地の会員から報告された。

---

2) 持続可能な地域創造ネットワークウェブサイトに全文掲載。(https://www.lsin.net/works/?post_type=works&p=1428)

2　持続可能な地域創造ネットワークについて

(1) 組織の概要、会員の資格

　持続可能な地域創造ネットワークは、「持続可能な社会を地域から実現することを目的」とし、このために「自治体とNGO/NPO、教育研究機関、次世代のパートナーシップを深め、互いをエンパワーメントするネットワーク」（持続可能な地域創造ネットワーク，2020a）としての位置づけを持って誕生した。27自治体を含む108の団体・個人を会員としてスタートし、2021年4月末現在で137の団体・個人が加入している。

　会員種別は表2に示す4種類であり、全ての会員は自らの活動等に関する情報発信を行うこと、相互の活動に参画するために事務局によるマッチング支援を受けることができる。また、正会員は団体のセクターや規模、団体／個人に関わらず総会において1団体（人）1票の議決権を有している。

表2　会員種別

会員種別		議決権	年会費	大会参加費
正会員	基礎自治体	あり	5万円[※1]	2人目から有料
	NGO/NPO		5千円/3千円[※2]	1人目から有料[※3]
	専門家・教育関係者		3千円	1人目から有料
学生団体会員		なし	なし	1人目から有料[※3]
パートナーシップ会員[※4]		なし	なし	1人目から有料
賛助会員 （都道府県・企業等）		なし	一口5万円~	1人目から有料

※1　大会参加費1名分を含む。また、請求費目の全部ないしは一部を「会議参加費」とするなど自治体の状況に応じて柔軟に対応することを検討する。
※2　年間収入が1000万円以上の団体は5千円、1000万円未満の団体は3千円とする。
※3　運営補助への参加などによる大会参加費の減免を検討する。
※4　正会員の市区町村により推薦を受けた、持続可能な地域づくりに取り組む団体。正会員（NGO/NPO）への移行を意図し、有効期間を設定する。
出典）持続可能な地域創造ネットワークPR資料

（2）基本的活動

　持続可能な地域創造ネットワークが目指す地域社会像の一端が、設立趣意書に示されている。

　　「私たちは、地域固有の環境と人類の生存基盤としての地球環境の崩壊を防ぐため、これらと共生する社会・経済システムを各地で確立していきます」

　この地域社会像を実現するための基本的活動として、次の5点が規定されている。

①持続可能な地域づくりの実施状況調査とフォローアップ

　会員による取り組みの実践状況について調査を実施し、この結果をもとに自己診断や先行事例の相互参照ができる仕組みについて検討を進めている。調査結果は全国大会や研修会のテーマ選定や、会員同士のマッチングに活用することをも意図している。

②人と情報の交流

　年1回の全国大会を開催するほか、研修会やWebミーティングの開催、会員による情報発信等を活発に行い、先駆的な施策や活動のノウハウを共有したり、相互にコンタクトを取れる関係性を築いていく。

　2020年10月にはZoomとYouTubeライブ配信を併用した設立記念大会を開催し、会員内外から106名の参加を得た。

③自治体における政策立案の支援

　上記①の調査結果をもとに、例えばある自治体で脱炭素化に向けた民生業務部門での対策が不足していた場合、NGO/NPO会員や専門家会員が自らの知見・経験を活かして施策パッケージを考案するなどの動きに繋げることを想定している。

④協働プロジェクトの実施

　会員の抱えている地域課題（ニーズ）や事業・活動の得意分野や興味関心（シーズ）に関する情報を集約し、これを活用して事務局が会員間のマッチングを支援することで協働取り組みを生み出すことを想定している。また、協働取り組みを促すもう1つの手法が手挙げ式の「プロジェクト」であり、事項で紹介する。

⑤政策提言

　組織の目的達成のため、国やその他の関係機関に対して必要に応じて政策提言や要望活動を実施することもある。前述の「ポスト・コロナ社会に向けた緊急提言及び行動宣言」では、コロナ禍からの回復において持続可能性の観点から重視すべき点を指摘するとともに、"言いっぱなし"にしないよう自らの活動指針も含むものとして取りまとめた。

　これらの活動が順に実践されることで、会員による活動と組織力の双方がスパイラルアップで向上していくことを狙っている。

（3）プロジェクト

　発足から間を置かずに協働取り組みの実践を促すため、正会員が個別具体のテーマを扱う「プロジェクト」を立ち上げ、他の会員に参加を呼びかけることができる制度を設けた。各会員は呼びかけに応じて任意に関心のあるプロジェクトに参加することができる。2020年度に立ち上がったプロジェクトは下記の通りであり、この一部については本章次節以降で紹介する。

①ESD推進による地域創生拠点形成プロジェクト（ESD自治体会議）

　先進地の事例報告会や現地視察を行うとともに、ESD研究所（立教大学）と覚書を締結した自治体のESD・地域創生活動や効果測定を研究所員が支援する。

②ユース主体のSDGs実践プロジェクト

　中高生や大学生などの若い世代が中心となり、地域や国際社会の課題解決のためのプロジェクトを実践する。

③SDGsツーリズム研究プロジェクト

　修学旅行やゼミ旅行で、SDGsに関して学べる場所やメニューをそろえ、現地の若い世代がガイドし、交流する地域を形成する。

④SDGs商店街プロジェクト

　商店街がSDGs商店街宣言をして、商店街の先進事例の情報交換をしなが

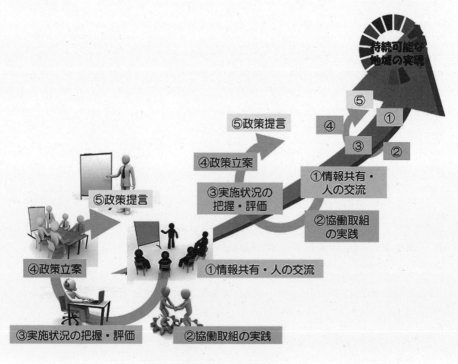

図　基本的活動の展開イメージ

ら、環境配慮やバリアフリーなどを進め、同時に活力ある商店街づくりを推進する。

⑤地域分散型小規模低学費大学プロジェクト

若者を地域にとどめ、さらに大都市圏の若者を地域に吸引するために、地域分散型小規模低学費大学の具体的な開設構想を、SDGsの理念に基づき、PBLやフィールドワークを軸に追究する。

⑥ゼロカーボン地域づくりプロジェクト

2050年CO_2排出ネットゼロを目指す地域をNGOと専門家が支援し、実現のための現実的な経路を自治体ごとに想定、温暖化対策実行計画（区域施策編）への反映を含む政策への実装に取り組む。

⑦気候変動適応地域プロジェクト

地域主導の気候変動への適応策づくりのための手法や仕組みを、自治体や地域・団体などと連携して開発し普及を目指す。

⑧自治体の持続可能性評価指標づくりプロジェクト

持続可能な社会づくり、SDGsの視点からの自治体の評価軸の検討とその評価軸を用いての自治体評価を試行する。

（以上、持続可能な地域創造ネットワークウェブサイト（https://www.lsin.net/）より引用）

3　まとめ

新組織の設立までには、母体組織の経緯や意思決定の仕組み、民間企業の参画に対する考え方など様々な差異があり、調整を要する場面や会員内外から懸念が示されることがあった。しかし、環境自治体会議も実際には多様なステークホルダーが集うプラットフォームであったのだ。

実は、設立準備の最中の2019年7月、環境自治体会議の立ち上げを全国の首長に呼びかけ初代事務局長を担った須田春海さんが逝去された。10月に開催された「須田春海さんの意志を受け継ぐ会」には、環境分野に限らず市民活動を強力に牽引してきた氏を偲んで200名以上の参加があった。この機に、環境自治体会議と古くから関わりのある方に声掛けして意見交換会を開催した。新組織への移行に当たって示唆をいただきたいと依頼したところ、現職・元職の自治体首長、市民活動家、各分野の専門家など多様なメンバーの参加を得た。多くが古参の関係者で、各々と環境自治体会議の関わりを振り返りつつ新組織への期待や協力意志を表明してくださった。このことが、環境自治体会議の実像を表すものであったと感じている。

　環境自治体会議は自治体のネットワークを標榜しつつ、全国大会は首長、自治体職員だけでなく、開催地内外の市民団体、専門家がそれぞれに情報や悩みを開示し、議論し、交流する場であったし、自治体と市民・市民団体の協働による優れた環境施策の事例が数多く生まれ、波及するためのハブともなっていた。この稀有なプラットフォームは、様々なセクターによる垣根のない議論を呼び、日本の基礎自治体における環境政策の成熟に一定の貢献をしたと評価して良いのではないか。

　現在、環境を始め地域が抱える様々な課題は複雑さを増し、自治体による優良な施策のみでは解決が難しくなっている。今般のコロナ禍が、地域の疲弊と分断を加速した側面は否めない。一方で、コロナ禍は身近な地域に目を向けそこに価値を見出す契機ともなった。地域にとって明るい兆しは確かに見えている。この社会の大きな転換期をしなやかに乗り越え、地球環境と調和した社会・経済システムを確立するため、我々は新たなパートナーシップを築くこととした。

　設立から9ヵ月が経過し、各プロジェクトを中心に専門家とNGOの連携、若者と自治体の連携など、様々な協働取り組みが始動している。2021年度以降はこれらの新たな活動をより充実すべく、会員拡大を含む組織基盤の強化と会員情報の集約・発信に注力していきたい。実践活動の状況を今冬

内外に示すことで、ネットワークの魅力が高まると考えている。地域からのSDGs達成、持続可能な地域づくりをリードする存在として発展するため、多くの方のご参加・ご支援をいただきたい。

地域分散小規模低学費大学プロジェクト

——その基本構想と2020年度の活動による進展

アクティブ・ラーニング研究会　**諏訪　哲郎**

1　プロジェクトの基本構想

　本プロジェクトは、地方に分散した小規模低学費大学の設立可能性と、どのような理念や構想に基づくことが適切であるかを探ろうとするものである。分散型低学費大学の設立は、地域の再生に大きな役割を果たすのみならず、SDGsの核心である「革新」を高等教育にもたらすものでもある。

　まず、2020年6月21日に環境自治体会議のウェブ講演会で述べた基本構想を紹介する。

2　地方分散型低学費大学の必要性

　地方から首都圏への社会移動が今も進行している。その大きな原因の1つが、大都市圏に集中する大規模大学の存在である。大学進学を機に、大学生の送り出し県から東京を中心とする受け入れ都府県に数十万人が移動し、戻ってこないことが、地域の活力減退に拍車をかけている。

　大都市の危険性は今回のコロナ禍でも明らかになった。首都圏は直下型地震の発生による大きな被害も予想されている。南海トラフ地震に連動して富士山が噴火する説も存在する。出生率は大都市圏ほど低く、大都市に若者が集まるほど人口減少も進行する。若者を地方に留める政策の実行が求められている。

　非正規雇用などの増加で、平均給与は低下傾向にあるが、大学の学費は上

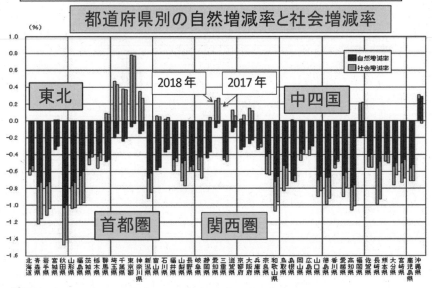

原図：http://www.stat.go.jp/data/jinsui/2018np/index.html

図1　人口減少と若年層の動向

がり続けてきた。仕送り額も大きく減少している。政府は2020年度から大学等修学支援費を計上し、高等教育の無償化を目指したが、今回のコロナ禍で税収の激減が見込まれ、今後の修学支援水準の維持には不安がある。改めて低学費大学が求められている。

　人口の都市への集中は20世紀後半から顕著になり、この傾向は今後も続くと予測されてきた。しかし近年、大都市圏から地方への「田園回帰」が若年層にも波及し始めている。コロナ禍によって、脱人口集中地域の動きが加

首都直下地震は30年以内に70%

1923年の関東大震災
から間もなく100年

建物の耐震化は進ん
だが、主要インフラの
劣化は著しい

南海トラフ地震に連
動した富士山噴火説
も有力視されている

国による
首都直下地震の
被害想定

https://www.asahi.com/articles/ASN
1G4T7JN18PLZU00R.html

震度
4以下 5弱 5強 6弱 6強 7

都心南部
直下地震
(M7.3)

様々な震源のうち、
被害や首都中枢機

		関東大震災タイプの地震(M8.2)の場合
死者	2万3千人	7万人
建物全壊・焼失	61万棟	133万棟
経済被害	95兆3千億円	160兆円
要救助者	7万2千人	18万人
負傷者	12万3千人	24万人

図2　大学の大都市集中の危険性

大都市圏の合計特殊出生率は低い

平成大合併以前の市町村別合計特殊出生率

大都市に若者が集まるほど
人口減少は加速

https://www.mhlw.go.jp/www1/toukei/toukeihp/hc-cwtv_8/images/tfr.gif

図3　市区町村別合計特殊出生率

速する可能性が生まれている。その状況下で、移住希望者のニーズに応える
ためにも、また、地域の活性化の中核的な役割を果たすにも、地元に密着し
た高等教育機関が必要となっている。

3　「地域系」学部学科の実態

　地域の活性化には「地域系」の学部学科の存在が望ましく、国公立大学を
中心に徐々に誕生してきた。しかし、設置されているのは全都道府県の半数
程度である。また、大学設置基準の大綱化で必修から外れた旧一般教育担当
教員を軸に改組して誕生したものが多く、「地域」と無縁の教員が多い大学
も存在する。
　「地域系」学部学科の卒業生、在学生の満足度は高い。特に課題解決型の

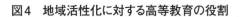

図4　地域活性化に対する高等教育の役割

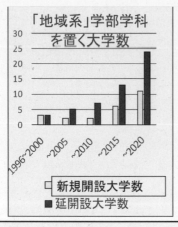
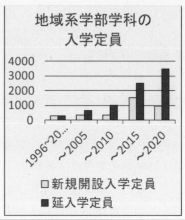

開設大学数では、国公立が8割以上で私学は少ない
地域活性化の必要からという面もあるが、
1991年の設置基準大綱化以後の改組で徐々に誕生

図5　「地域系」学部学科の増加

プロジェクトやフィールドワークの充実に対する評価が高い。地域に出て学ぶ機会が多いことや、地域の方々との時間の共有、あるいは地域に関わるイベントの企画に参画できるなど、課題解決型の演習を高く評価しているものが少なくない。また、高知大学地域協働学部のカリキュラムは人材育成のイメージが明確で地域に産業を興すアントレプレナーや地域協働リーダーを育成するという明確な方針が用意されている。鳥取大学地域学部は「地域フィールド演習」や「地域調査プロジェクト」で地域にどっぷりとつかり、3，4年生で専門性を高め、実践力を深化させるカリキュラムとなっており魅力的である。

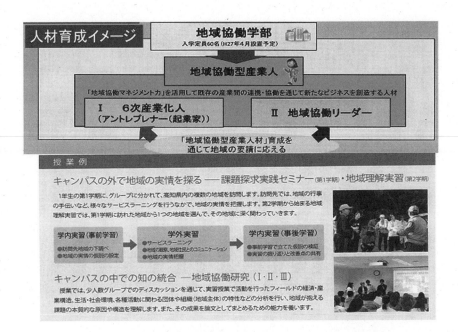

図6　高知大学地域協働学部のカリキュラム

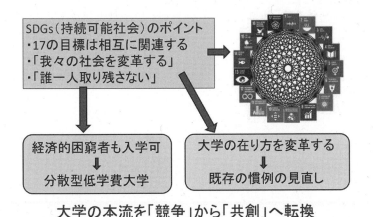

図7　「競争」から「共創」というSDGsの理念

4　分散型低学費大学の理念と構想

　低学費大学の目的は、持続可能な社会の構築に貢献する人材の育成で、「我々の世界を変革する」「誰一人取り残さない」というSDGsの理念が柱になるが、具体的には、地域に新たな産業を興す起業家と、地域の課題解決を実現できる人材の2方面に焦点を当てる必要がある。

　地域に新たな産業を興すにしても、地域の課題解決を実現するにしても、意見を異にする人々との粘り強い交渉能力などが求められる。したがって、「社会人基礎力」の育成や、豊かな教養に基づく「思慮深さ」を育むカリキュラムも求められる。今後の多文化共生社会を前提とすると、地球市民的なリーダーも必要とされるし、「地域とともにある学校」を目指すには、学校と地域を繋ぎ多忙な教員をしっかりとサポートできるプロのコーディネーターも求められている。

　地域課題解決を目指す分散型低学費大学のカリキュラムは、PBL（Problem-based Learning）、フィールドワーク、簡略版ABD（アクティブ・ブック・ダイアローグ）、MOOCs（大規模公開オンライン講座）の活用の4本柱とすべきである。とりわけ、PBLは、「現実の問題」を通して学習者を深い理解へと導き、「チーム」での活動が新しい知の創造を引き起こし、本物の課題解決能力を育む手法として重要である。フィールドワークは地域の現実を体感する基本である。

5　低学費大学実現の諸方策

　大学の支出の約3分の2は人件費であるため、低学費大学の実現には、人件費の圧縮は避けられない。そのためインテリ・リタイア層を低年俸で雇用するなどの「新しい働き方」を取り入れる必要がある。地域住民による志願

> 持続可能な地域社会の構築
> に貢献できる人

- 地域に新たな産業を興す起業家
 「田園回帰」をさらに促すためにも、地域には新たな産業が求められる。6次産業化以外にも。
- 地域の課題解決を実現できる人材
 医療・福祉、買い物、交通、耕作放棄地、獣害、山林荒廃等々。地域には有り余るほどの課題がある。
- 多文化共生社会へ導く地球市民的リーダー
 高齢化と労働人口減少に伴う海外からの人材導入は進行しているが、受け入れ態勢は整っていない。
- 学校と地域をつなぐプロのコーディネーター
 「地域とともにある学校」へと進んでいるが、そのために不可欠な統括的なコーディネーター育成は進んでいない。

図8　育成したい人材

> 1. PBL：Problem-based Learning
>   (or Project-basedLearning)
> 2. フィールドワーク
> 3. 簡略版ABD
>   （アクティブ・ブック・ダイアローグ）
> 4. 厳選されたMOOCs

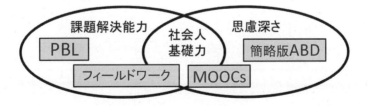

図9　カリキュラムの4つの柱

低学費大学実現には人件費の圧縮は必然

「新しい働き方」に基づく運営

「新しい働き方」の具体例
1. インテリ・リタイア層の低年俸採用
2. 地域住民による志願型フィールドワーク指導
3. 「半農半X」志向移住者の短時間労働提供
4. 地元協力企業の社員派遣・実習生受け入れ
5. メンター的な上級生による助言・指導
Etc.

図10　地域人材、リタイア人材の参画とメンター

設置基準の校地・校舎規定は地域系には不向き

地域全体が校地、地域内の全施設が校舎

例えば
1. 統廃合後の学校
2. 平成大合併後の重複・余剰施設
3. いたるところにある空き家、耕作放棄地

施設分散による不便もネット環境が解消
在宅勤務比率向上でコストダウンも可能

障壁は時代遅れの許認可制度と所有権意識

図11　地域の資源（施設や空間、空き家）の活用

型フィールドワーク指導、「半農半X」志向移住者の短時間労働提供、地元協力企業の社員派遣・実習生受け入れなどを導入することでも、人件費支出を圧縮することは可能である。地域の人材は様々な問題を熟知しており、学生とともに本気で課題解決に取り組むことも期待できる。また、メンター的な上級生による助言・指導もこれからの大学には不可欠である。

　地域社会には利用可能な施設や空間が有り余るほど存在している。現在の大学設置基準の校地校舎についての規定は、地域系大学のような新たなコンセプトの大学は想定されていない。地域系大学にとっては、地域全体が校地で、地域内の全施設が校舎といっても過言ではない。

6　どうすれば新構想大学を作れるか?

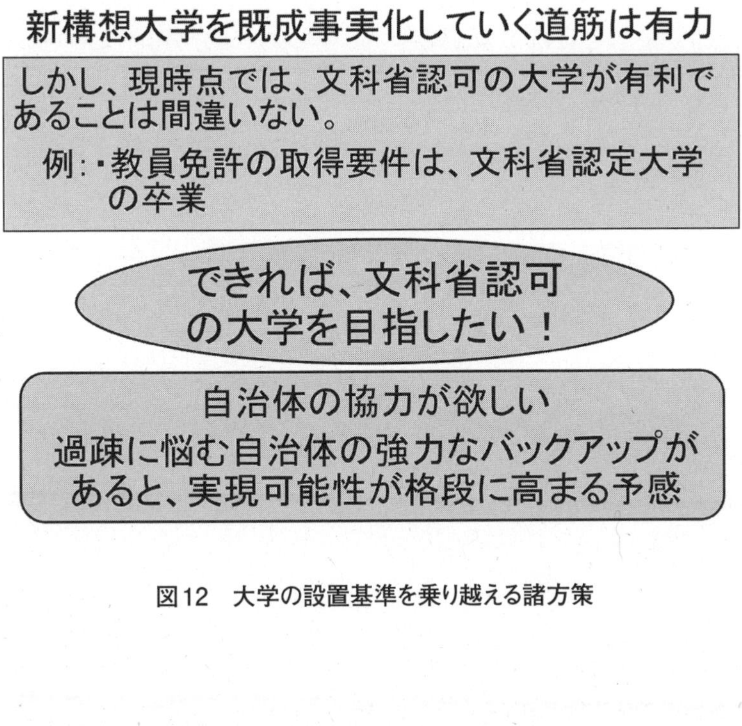

新構想大学を既成事実化していく道筋は有力

しかし、現時点では、文科省認可の大学が有利であることは間違いない。
　例：・教員免許の取得要件は、文科省認定大学の卒業

できれば、文科省認可の大学を目指したい!

自治体の協力が欲しい
過疎に悩む自治体の強力なバックアップがあると、実現可能性が格段に高まる予感

図12　大学の設置基準を乗り越える諸方策

1. 「地域系」大学、「地域系」学部学科を大学設置基準の例外とする。（例えば、全国知事会が政府に強く要求することで実現可能か）
2. 文科省認可の大学とは別の、都道府県知事認可の大学という新たなカテゴリーを設ける。

「持続可能な地域社会」の構築には地方への様々な権限移譲が不可欠。地域系大学の設置認可もその一つ

　新構想大学を作るには、時代遅れの大学設置基準をクリアしなければならない。その方策として「特区」がある。しかし、ハードルは高い。そこで、学校教育法の定める大学ではない無認可の「大学」を既成事実化するのも一つの方法である。オンラインの座学と地域でのフィールドワークからなる「さとのば大学」の例は参考になる。

　「大学」である必要はないという考え方もある。しかし、教員免許制度など、「大学卒」は有利であるので、当面は「大学」を目指したい。地域系の大学の設置認可を都道府県が担うなどの権限移譲があると新構想大学の実現可能性が高まる。

　実際に大学を作ろうとした場合、卒業後の進路はどうなかについての見通しが求められる。地方の場合、しばしば「大学を出ても公務員か教員ぐらいしか就職先がない」といわれてきたが、「田園回帰」に加え、社会の変化に対応したこれまでの地域社会にはなかった仕事が求められるようになっている。

7　2020年度の活動によるプロジェクトの進展

　上記の2020年6月21日のウェブ講演会で述べた基本構想の提案では、諏訪が八ヶ岳山麓という比較的条件の良い場所で最初に成功事例を作る提案を行った。それに対し、森良から各地に次々と大学が誕生し、相互にWebを通して授業を公開して単位を互換できる制度を設けることや、相互の国内留学・相互訪問が有効であるとの意見が出された。

　9月7日に開催したプロジェクトのWeb研究会では、中口毅博より、文科省の認可を前提としたモデルカリキュラム案が示され、活発な意見交換によってブラッシュアップがはかられた。また、「さとのば大学」についての信岡良亮氏からの説明を受け、文科省無認可であっても、放送大学で同時に

図14　アウトプットを重視するこれからの大学構想

大学卒業の資格を取得するハイブリッド方式が有効ではないかとの意見が高木幹夫より出された。

　10月11日の「持続可能な地域創造ネットワーク」設立記念のウェブグループセッションでは、伊藤通子より「本物の問題・現実の場」での経験を通したアウトプットを重視するこれからの大学構想（図14）が提案された。さらに12月11日に芝浦工業大学次世代SDGs月間への協賛企画として公開研究会を開催し、前述の諏訪、伊藤の提案に加え、森良から「スケールの大きな人材を育てる武蔵野知恵大学」構想が示された。

　これからは、構想を実現することに重点を移したい（研究会メンバーの敬称は略）。

マイSDGs宣言キャンペーンと
ユース主体のSDGs実践プロジェクト

一般社団法人インパクトラボ　**戸簾 紗弥香・中西 優奈・上田 隼也**

1　マイSDGs宣言登録サイトの運営

(1) マイSDGs宣言とは

「マイSDGs宣言」とは、全国の学生・自治体が取り組みたい、または取り組んでいるSDGsの取り組みを可視化するプラットフォームである。そこでは、参加者から集めた情報をもとに地域の特性や学生・自治体の興味・関心を可視化したワードクラウド（テキストデータを視覚化する手法）を公開している。

(2) マイSDGs宣言の目的

学生・自治体の興味・関心を解析しそれぞれの特徴を可視化することで、学生・自治体に対して、今後の取り組みの支援やアプローチが分かりやすくなる。また、時代の変化に伴い社会が求めている課題や問題点を明確化することができる。

(3) 実施内容

マイSDGs宣言を集計するプログラムの修正、公開するサイトの大型メンテナンスを行った。同時に、大学の授業やSDGsに関するイベントで宣言の集計を行った。また、宣言内容をWEBへ反映し、問い合わせへの対応やマイSDGsキャンペーンに関するプロモーション告知を実施した（https://impactlab.jp/project/mysdgs-2）。

図1　ワードクラウド（学生）　　　図2　ワードクラウド（自治体）

(4) 登録数と結果

　登録数は、累計で1,149件（2021年3月30日時点）であり、内訳として、学生・生徒の宣言が870件、自治体の宣言が279件となった。宣言内容の頻出単語をもとに作成したワードクラウドを学生と自治体と分けて作成した。宣言内容を見てみると、学生・生徒と自治体では興味・関心を持っているSDGs番号が異なっているが、取り組みたい事柄のワードを比較すると、環境問題が共通していることが分かった。

2　ユース主体のSDGs実践プロジェクト

(1) 芝浦工業大学びわ湖SDGsツアー

ア　実施内容

　2020年8〜9月に、芝浦工業大学システム理工学部環境システム学科の2年生24名を対象に滋賀県でのSDGs実践の取り組みを取材し、記事化して発信するプロジェクトを実施した。取材をする上での必要なスキルやSDGsに

関することをレクチャーし、
参加者が取り組みやすい環境
を作った。 同プロジェクト
では、新型コロナウイルスの
影響で現地に行くことができ
ない参加者に向けたオンライ
ンでの体験ツアーを実施した。

また成果報告会として滋賀県職員を招き、滋賀県のSDGsやツーリズムについて議論した（実施報告（note）:https://note.com/impactlab/n/n205cee3853bc）。

イ　オンライン体験ツアー先

体験ツアーでは、琵琶湖博物館、彦根城、森の健康、大津市・自動運転、空き家改修プロジェクトの5つをオンライン上で参加者に体験してもらった。この中から、3つの体験ツアーを紹介する。

①琵琶湖博物館

琵琶湖博物館は、滋賀県の南部に位置する烏丸半島にある。ここでは、湖と人間のよりよい共存文化を目指す入り口となるよう、様々な展示を展開している。例えば、暮らしに繋がる自然としてヨシ原の展示とヨシを使った松明が展示されている。水族展示室では、琵琶湖に生息する魚について学ぶことができる。これらのような琵琶湖博物館の展示をSDGsとの関連性を考えながら巡ることで、自分の興味があるSDGs番号に気がついたり、社会問題について考えるきっかけを持つことができるツアーとなった。

②彦根城

彦根城は、ゆるキャラで有名な「ひこにゃん」に出会うことができる。そこでは、記念撮影をするだけでなく、ガイドと「ひこにゃん」で彦根城やその周辺について街を見下ろしながら説明してくれるイベントがある。また、彦根城の中に入るとガイドが様々な場所に立っているため、疑問に感じたことや知りたいこと、歴史についてなど聞くと、詳しくその場で教えてくれる。

体験ツアーではこうしたガイドの説明を聞いたり、昔の建造物を中と外から見学することで、当時の時代背景やそこから生まれるSDGsや社会問題、疑問を感じることができた。

③さしおと365プロジェクト

さしおと365プロジェクトは、滋賀県高島市にあると空き倉庫を学生中心に改修作業をした取り組みである。体験ツアーでは、取り組みの背景や周りの状況、実際に改修作業をしたところを参加者に伝えた。参加者と同世代の方が改修プロジェクトをしているため、刺激を受けながら自分は何をするべきかを考えさせられる時間となった。

ウ　成果報告会：びわ湖から考えるSDGs

これまで実施してきた取材・記事のレクチャーやオンライン体験ツアーをもとに、参加が興味・関心を持った事柄について共有しながら、各グループで1つの記事を作り上げた。この記事を社会に発信するとともに、記事の内容をブラッシュアップするべく、成果報告会を実施した。ここでは、講師として滋賀県琵琶湖環境部琵琶湖保全再生課の一伊達哲さんを招き、芝浦工業大学びわ湖SDGsツアーに参加した大学生と意見交換をする機会も設けた。成果報告会を実施することで、新しい発見や価値観が生まれ、学生にとって学べる機会を増やすことができた。

(2) 近江八幡未来づくりキャンパス2020

ア　実施内容

滋賀県近江八幡市で高校生を対象に実施した、地域で取り組むSDGsや、まちの魅力を発見・取材し、発信していくプロジェクトを行った。近江八幡

を舞台にした「コロナ禍でのSDGsツーリズム」をテーマとしたツアープランを作成し、発表する機会を設けた。

　フィールドワークでは、4グループに分かれて、それぞれが興味・関心のある事柄を取り上げながら現地の方の話を伺い、SDGsツーリズムの企画を考えた。各グループに大学生メンターが入り、高校生の学びのサポートをしながら報告会までの約1ヵ月でプランを作り上げた（実施報告（note）:https://note.com/impactlab/m/mee9cfc9f5c4b）。

イ　成果報告会「近江八幡未来づくりキャンパスONLINE」

　2021年2月13日に開催した成果報告会では、近江八幡市長を招き、高校生のSDGsツーリズムの発表や市長と高校生との対談を実施した。約1ヵ月で作り上げたSDGsツーリズムを実現可能なものにするべく質問コーナーも用意し、関係者と意見交換する時間となった。また、近江八幡には古き良き建造物や守り続けられている街並み、伝統文化の1つであるヨシを使った松明などの地域資源がある。本企画では、魅力溢れる街の中にどのような学びや課題があるかを若い視点で探すことで、高校生が主体的に行動するきっかけとなった。

SDGs商店街プロジェクト

──商店街を活用したSDGs推進と地域活性

特定非営利活動法人 SDGs Spiral 代表　**森川 妙**

1　商店街プロジェクト概要

　商店街や地域活性に向けた先進的な取り組みの共有により、それぞれの持ち味を活かした活気ある商店街を目指しながら、SDGs達成のための担い手の創出を目的に活動している。現在は、クラブハウスやZoomを活用したオンライン勉強会、魚町商店街（福岡県北九州市）視察受け入れなどを行っている。

2　商店街の今

　昭和時代、商店街は市民の生活に即した場として重要な役割を持ち、その数を増やしながら発展してきた。また、様々なセールや祭りの開催の場として地域活性の担い手、地域コミュニティの形成する場としても大きく貢献している。

　しかし、1998年に成立された「大規模商売店舗立地法」の登場により、百貨店、ショッピングモールの地方出店が進み、ネットショッピングなどの消費の選択肢が増えたことにより、残念ながら、商店街の活気は年々低下している傾向にある。

3　時代に合わせて進化し続ける魚町銀天街

　福岡県北九州市小倉地区の中心地にある魚町銀天街では、時代に合わせた

街づくりが行われてきた。大学機関
と連携し、新規事業者向けに実践型
カリキュラムの「リノベーションス
クール」を開講し、多くの新規事業
者を輩出して商店街の活性に成功し
ている。また、NPOや行政との協
力により多世代交流の場づくりや子

魚町銀天街

育て世代を応援する託児スペース、多機能トイレを設置するなど、誰もが利
用しやすい商店街を目指すことで地域に貢献している。また、「得する街の
ゼミナール」では、商店街の店主が講師となり、イベントを行うことでお店
のファンを増やす取り組みなどを行っている。

　2018年には「SDGs宣言」を行い、月に一度SDGsイベントを開催するなど、
産学官を巻き込んだ新たな取り組みが加速している。その実践的な姿は、第
3回ジャパンSDGsアワード・SDGs推進本部長（内閣総理大臣）賞を受賞した。

4　商店街のSDGs達成に向けた取り組みとは？

　商店街におけるSDGsの取り組みのポイントは、大きく分けて2つある。
まず、消費者・利用者に寄り添う視点。地元の食材を活用した商品、フェア
トレード商品、被災地応援商品などの販売やサービスの提供、規格外やリユー
スなどの活用、脱プラスチックやなどを意識した環境への配慮など、商品や
サービスの提供を通じて消費者・利用者の行動変容を促すことができる。次
に、個店やその従業員に向けた視点では、従業員や企業に向けた学びの場の
提供や働きやすい環境づくりなど、商店街の運営側がSDGsの理念に沿った
意識や行動を取れるように働きかけることも重要だ。商店街を利用する方の
ニーズや地域課題をSDGsの視点と合わせて改善に取り組むことで、より良
い地域が生まれると思う。

　大型店やネットショッピングにない良さ、商店街の最大の魅力は「人」で

ある。地域近郊にある魅力と商店街の魅力を最大限に活かしたオリジナリティ溢れる商品の開発と、地域に愛される「人」づくりが、地域の活性とSDGs達成に向けた取り組みに繋がると考えている。

5　コロナ禍での活動

　オンラインセミナーなどの需要の高まりに合わせ、WEBセミナーやオンラインの個別相談などの機会が増えた。また、クラブハウスを活用して、地域創生やSDGsをテーマにしたルームの開設を積極的に行っている。こうした新しいツールを活用することにより、全国の地域創生に関わる20代〜40代の若い世代の方々と交流する機会が増え、各地域の取り組みや課題の共有などを行うことができている。

6　今後の展望

　地域の定義について聞かれることがある。街、区、市…人それぞれ、その答えは違っていて良いと思うが、今の筆者にとって、地域は「日本」を指す言葉である。全国の持続可能な未来に向けて考え行動する方々とパートナーシップを組んで、SDGs達成に向けて取り組みができたらと思っている。そのハブ的な存在の1つに「商店街」という枠組みがあれば面白い。また、多世代が集える場所づくり、ネットを活用した情報共有にも力を入れていきたい。ゆっくりではあるが、皆さんと楽しみながらより良い地域づくりができれば嬉しく思う。

ゼロカーボン地域づくりプロジェクト

特定非営利活動法人環境自治体会議環境政策研究所　理事長　小澤 はる奈

1　プロジェクトの背景と目的

　不可逆的な気候変動を回避するため、2050年ネットゼロ（温室効果ガスの排出を実質ゼロに）が求められている。2020年10月の菅首相の所信表明演説でこのことが語られたのは大きな1歩であるが、政府による脱炭素化の動きが加速しているとは言い難い。鍵を握るのはやはり自治体であり、自治体がドラスティックな目標を掲げ、かつ実現可能な道筋を描いて施策事業に実装する必要がある。

　環境省が主導する「ゼロカーボンシティ」宣言は勢いに乗っており、すでに多くの自治体が表明している。今後はこの実現に向け、地域の特性・状況に応じて社会経済の転換に踏み込むシナリオが求められる。

　本プロジェクトは、2050年ネットゼロを目指す地域をNGOと専門家が支援し、実現のための現実的な経路を自治体ごとに想定してゼロカーボン戦略を策定する。さらに、環境基本計画や温暖化対策実行計画（区域施策編）への反映を含む政策への実装に取り組むものである。

2　ゼロカーボンに向けた目標の考え方

　最新の公表によれば、386自治体（40都道府県、226市、6特別区、95町、19村）が「ゼロカーボンシティ」を表明し、これらの自治体の合計人口は約1億1,011万人に上る（環境省）。当ネットワークの会員自治体も、8自治体がすでに

表明している。しかし、会員自治体の内外からは「宣言したは良いが、具体的にどうしていけばよいのか」といった悩みも聞こえてくる。

　ゼロカーボンシティを表明した自治体では、2050年までの排出削減をどのように描いているか。1つの切り口として環境省公表資料の記述から2030年度削減目標を比較してみたところ、2021年2月までに表明した自治体のうち、2030年度目標を明確に設定していたのはわずか6自治体であった。これらの自治体のうち、札幌市は「IPCC1.5℃特別報告書」の記述から設定されており（バックキャスティング）、米沢市と京都市については対策の効果を積み上げることで算出されていた（フォアキャスティング）。

　ゼロカーボンシティは単独あるいは複数の自治体が各々で実質排出「ゼロ」を目指していくものであるが、温室効果ガスの排出量は自治体が実施しうる施策でのみコントロールできるものではない。

　現在、第3次環境基本計画の策定を進めている茨城県東海村では（本稿執筆時点でパブリックコメント実施中）、村内でコントロール・把握可能な要因とそれ以外の要因を組み合わせ、2030年の目標設定を試みた。まず、部門ごとに人口予測や製造品出荷額などの将来予測値を設定し、村内の変動要因とした。これに、国のエネルギー基本計画におけるエネルギーミックスが達成された場合のエネルギー起源排出量を反映し、排出量の将来予測値、つまり現状以上の削減対策をしなくても期待できる排出量を求めた。さらに、部門ごとに実施しうる各種対策を最大限実施した場合に可能な削減率を乗じ、2030年の排出目標を2013年比マイナス44.3％と設定した。今後は、部門ごとの対策実行をどのように促すか、どの対策を重点的に実施していくかなど、より具体的な道筋を検討していくことになる。

3　プロジェクトの進め方

　本プロジェクトは2021年度から活動を本格化する。

　具体的には、ゼロカーボンに向けた地域の取り組みについて情報収集や

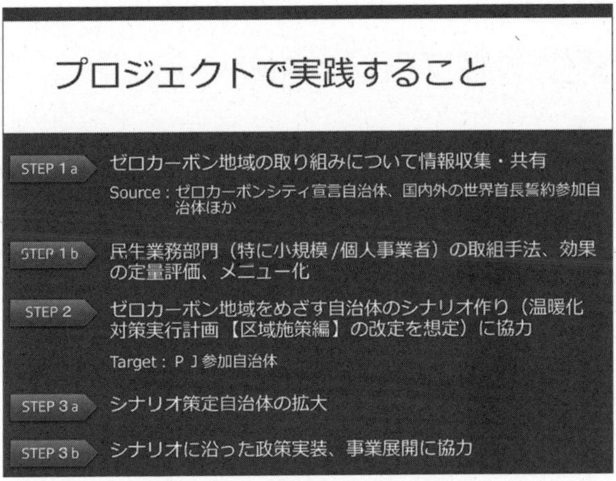

図1　プロジェクトの進め方

意見交換を実施しながら、特に民生部門の対策について取り組み手法のメニュー化を図る。自治体の地球温暖化対策実行計画において特に具体策に欠けているのは民生部門であり、中でも個人経営の小規模事業所を含む民生業務部門への処方箋が必須と考えるためである。

　並行して、会員自治体の中からモデル自治体を設定し、NGO/NPO会員や専門家会員とチームを構成してゼロカーボン戦略を策定する。このプロセスを通じて、戦略策定に必要なリソースとその調達手法の整理も進めたい。翌年度以降はモデル自治体を増やし、ゼロカーボン戦略の策定、戦略に基づく施策の実行までサポートする体制を構築することを目指す。

　ゼロカーボンシティの宣言をした、または関心のある自治体と、省エネ・再エネ等脱炭素に関わる技術や制度に関する知見を持つ、または関心のある専門家やNGOなど、多くのご参加をいただきたい。

参考:
環境省ウェブサイト「地方公共団体における2050年二酸化炭素排出実質ゼロ表明の状況」, 2021年5月14日閲覧, https://www.env.go.jp/policy/zerocarbon.html
茨城県東海村「第3次環境基本計画パブリックコメント」

気候変動適応プロジェクト

特定非営利活動法人環境市民　副代表理事　**下村 委津子**

1　はじめに

　気候変動による影響は、日本各地で様々な形で現れ年々増大している。最大限の緩和策（二酸化炭素の排出削減等）でも避けられないその影響を少しでも軽減し、レジリエンスを高めていくことが必要となっており、2018年12月に気候変動適応法が施行され、自治体では適応策を計画に組み入れ実施していこうとしている。

　しかし、その実状は、従来からの温暖化対策実行計画に「適応策」の章を加えただけの内容が多く、具体的な地域住民等の参加と学習による適応策の推進は不十分であると言える。特に、適応策は行政による公助だけでなく、地域住民等による自助や互助が不可欠であるが、そうした視点での検討も不十分であると言わざるをえない。

　そこで、気候変動適応プロジェクトでは、これまで緩和策において自治体の具体的な行動計画とともに、地域住民や地元NPO等が主体者として取り組み、効果を広げてきたのと同様に、適応策においても地域の特性を踏まえた上で、自治体や地域住民、事業者が主体となって実践し、その成果や効果を広げ展開していくことを目的として、活動を始めた。

2　取り組み事例の収集と情報共有

　2020年度の取り組みは、先行している実践例を収集し、情報共有するこ

「気候変動の地元学」とは？

地域住民等が、地域における気候変動の影響事例を調べ、
それらを共有し、自分達でできる適応策を話し合うことで、
気候変動問題を地域の課題、あるいは自分の課題として捉え、
適応策への行動意図と適応能力の形成を図り、
適切な適応策の実施につなげる環境学習及び計画の手法

出典）白井信雄プロジェクトリーダー作成資料より

図1　「気候変動の地元学」とは？

とから始めた。そして、それらの事例を10月の設立大会のグループディスカッションにおいて発表してもらうとともに情報交流と意見交換を行った。

　当プロジェクトリーダーである山陽学園大学教授の白井信雄氏からは、適応策の取り組み方として提案・実践されてきている「気候変動の地元学」の理念や方法と、公民館が主体となって進める岡山県岡山市の富岡公民館の事例が紹介された。

　また、「気候変動の地元学」をもとに、地域住民が主体となって参加と学習を進め、地域課題を見出し、地域の自然的特性、社会的・文化的特性に応じた適応策を検討し実践へと発展させている神奈川県相模原市の藤野地区からの発表や、長野県に設置された信州気候変動適応センターからは、子どもたちを対象に現状への気づきに効果を上げている「セミの抜け殻調査」、地元高校生が、気候変動による地域の変化や、気候変動が地域に与えている影響を実感できるようにと行っている高校生による「影響聞き取り調査」につ

いての報告があった。

　静岡県温暖化防止活動センターの「適応策を見出す小学生への出前授業」、静岡県適応センターとの連携による「対策アイデア出しワークショップ」など、県内の様々なセクターとのコラボレーションで気候変動適応への意識を高めていっている事例等も発表された。

3　適応策の基本と気候変動の地元学が学べる教材制作

　本プロジェクトでは、本来なら「気候変動の地元学」を実践する地域でシンポジウムや学習会等の開催や、学習とワークショップを繰り返すことにより参加者の認識を深め高めていくことを想定していたが、コロナ禍で訪問が難しくなった。

　このため、動画による教材を作成し学習に活用してもらうこととした。気候変動の進展と地域への影響、気候変動への2つの対策:緩和と適応、「気候変動の地元学」の考え方と実践事例、「気候変動の地元学」のポイントを講師が解説する内容である。また、実践者の生の声をまとめたインタビュー動画集も作成するべく、地域の実態について取材を重ねている。

　これらの教材は、2021年度から当ネットワークの会員に活用していただけるように準備している。

4　今後の展開

　都道府県に設置された気候変動適応センターでも、気候変動による地域への影響事例を集約するとともに、その情報を地元住民や事業者へ伝え具体的な適応策に反映することを期待している。今後は、そのような情報をうまく活用しながら、当ネットワークの会員を中心に「気候変動の地元学」の理念や手法を活かしたプログラムを実施する自治体や地域を募集し実践していく予定である。

第5章　市区町村別
次世代活動ポテンシャル指標の算定

芝浦工業大学・環境自治体会議環境政策研究所　中口毅博

市区町村別次世代活動ポテンシャル指標算定の目的と方法

1 次世代活動ポテンシャル指標の必要性と目的

(1) 社会的な背景

　第1章で述べたように、全ての自治体が「地方創生総合戦略」を策定し、その第1期である5ヵ年が経過した。しかし、コロナの影響で鈍化したものの、地方都市から大都市圏への人口流入の流れはこの5年間で止まらなかった。

　持続可能な地域づくりの担い手は、人口減少の状況では限られたパイの奪い合いになり、勝ち組と負け組が出てしまう。そこで筆者は第1章において、全国の全ての自治体で持続可能な地域づくりを同時成立させるためには、物的・人的資源の分かち合いが必要であり、そのためには移住一辺倒ではなく社会活動に参加する人、すなわち「活動人口」を維持するべきであると主張した[1]。

　すなわち自治体は、地方創生総合戦略や総合計画などにおいて、政策目標として「常住人口」でも「交流人口」でも「関係人口」でもない、「活動人口」の数値を目標とすることを期待したい。この「活動人口」を維持し増やすためには「外の力」だけでなく、地域の中でこれまで社会活動に関わっていない層が参画する必要があり、特に次世代に注目すべきと主張した。次世代がリアルタイムで地域づくりの主役となって活動することにより、地域における様々な課題解決＝地域レベルのSDGsが達成されると考える。

---

[1]　これは総務省の言う「関係人口」とは若干定義が異なる。関係人口というと、単に観光目的で村を訪れた人（＝交流人口）も入ってしまう。「活動人口」は当該地域の持続可能な地域づくりに貢献する社会活動を伴った人を指している。

(2) 指標開発の必要性と目的

　筆者はすでに、次世代がどれくらい持続可能な地域づくりに向けた学び
や社会活動を実践しているかを数値化した「ESD活動指標」と「地域創生活
動指標」を岡山市と福岡県大牟田市を例に試算したが[2]、実績だけではなく、
次世代の地域創生活動の実施可能性を表す尺度が必要である。なぜなら、例
えば日本政府が表明した「2050年カーボンニュートラル宣言」の達成のた
めには[3]、現状で最良の状態を目標にするトップランナー方式、すなわち既
存技術の積み上げや制度の活動だけでは達成が困難であり、再生可能エネル
ギーのポテンシャルを把握した上でバックキャスティングアプローチが必要
であることに示されるように、地域創生活動においても潜在能力がどれくら
いあるのかを把握することが不可欠であるからである。

　そこで本章では、次世代の潜在能力を数値化した「次世代活動ポテンシャ
ル指標」を算定し、地域創生活動の潜在的な実施可能性を数値で表すことで、
持続可能な地域社会形成に向けての次世代中心の協働活動促進に資するもの
とする。

　以上の社会的背景と次世代活動ポテンシャル指標の関係を次頁図1に示し
た。

(3) 指標の位置づけ（評価構造モデル）

　次頁図2に次世代活動ポテンシャル指標の位置づけを示した。筆者は、評
価の断面をベースライン→インプット→アウトプット→アウトカムのサイク

---

2)　中口毅博（2020）ESD地域創生に関する評価指標．立教大学ESD研究所「ESDによる地域創
　　生の評価とESD地域創生拠点の形成に関する研究成果報告書」,p86-106. https://www.rikkyo.
　　ac.jp/research/institute/esd/qo9edr0000005n6d-att/mknpps0000018d2x.pdf

3)　2021年5月27日時点で390自治体（40都道府県、229市、6特別区、96町、19村）が、いわゆる「カー
　　ボンニュートラル都市宣言」＝2050年までに二酸化炭素排出実質ゼロを表明しており、表
　　明自治体の総人口は約1億1千万人に及んでいるが、達成のための目標数値を設定している
　　自治体はまだ少数である。また、改正温暖化対策推進法では中核市以上に再生可能エネルギー
　　の目標設定が義務づけられた。

- そこで、次世代がどれくらい地域創生活動に実践しているかを数値化し、行政計画等の目標やローカライズしたSDGsの達成状況や課題解決の実態を把握することが必要→地域創生活動指標として提案・試算済
- それだけではなく、次世代の地域創生活動の実施可能性を表す尺度が必要
- なぜなら、温室効果ガス8割削減などは、既存技術の積み上げや制度の活動だけでは達成が困難であり、バックキャスティングアプローチが必要だが、トップランナー方式（現状で最良の状態を目標にすること）ではバックキャスティングアプローチに対応できない

次世代活動ポテンシャル指標の目的

次世代の地域創生活動の実施可能性を数値で表すことで、持続可能な地域社会形成に向けての次世代中心の協働活動促進に資する

図1　社会的背景と次世代活動ポテンシャル指標の関係

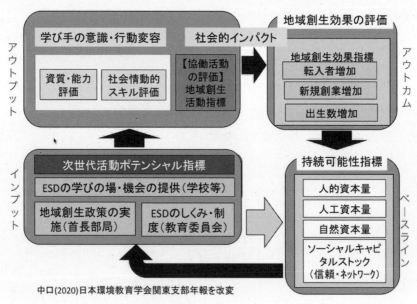

中口(2020)日本環境教育学会関東支部年報を改変

図2　次世代活動ポテンシャル指標の位置づけ

ルで構成することを提案しているが[4]、次世代活動ポテンシャル指標はインプットの部分に位置づけられる。活動の実績は図に示すようにアウトプットに相当し、活動の成果はアウトカムに相当するが、本指標は学校や行政が活動や学びのチャンスをどれだけ提供したか＝政策や制度と同じ部分に相当する。例えると政策や制度は"道路"であり、次世代活動ポテンシャルは"道路を利用する可能性のある"人であり、アウトプットは実際に"道路を利用した"人である。

2　指標算定の前提・仮説

ここでは指標算定の前提や仮説について述べる。

(1) 前提

前述のように、算定するのはポテンシャルであるので、実績でなく可能性＝「潜在能力」を評価する。実績の算定であれば、自治体の政策方針や実施体制、キーパーソンの存在いかんで取り組み状況は左右されるが、ここではそれは考慮しない。

一方、次世代の担い手がいたとしても、ニーズがなければ次世代による地域創生活動は成立しないことから、次世代の活動可能量だけではなく、需要の量を推計し需要の大きさを考慮してポテンシャルを算定する。すなわち指標値を「需要係数」×「供給量」で算定する（後述）。

(2) 指標算定の単位

まず、本書は基礎自治体のSDGs促進に寄与する書籍であることから、指標算定の単位は市区町村とする。ただし区については統計データが存在しないものが見受けられるが、その場合は政令指定都市全体のデータから人口按

---

4)　中口毅博・阿部治（2020）ESD が地域創生に及ぼす効果の定量化に関する研究－ESD 地域創生指標の開発.日本環境教育学会関東支部年報14.　p9-14.

分によって推計する。またSDGs促進に寄与する観点から、<u>SDGsの17の目標別に指標値を算定する</u>。

(3) 活動可能人口の推計範囲

次世代の活動可能量を示す指標として、ここでは「活動可能人口」を採用した。活動可能人口は、1日に活動可能な次世代の最大人数と定義する。次世代には本来職に就いている者も含まれるが、統計データの入手の容易さを考慮し、ここでは学校に通う若い世代とする[5]。

(4) 活動可能人口算定の対象

算定の対象は幼稚園児、保育園児、こども園児と、小学生、中学生、義務教育学校生、高校生、大学生とする[6]。これは園児から大学生までが地域創生活動の担い手になり得るとの考え方による。しかし園児は高齢者との交流など、関与できる地域創生活動が限定される。すなわち、校種によって活動内容が異なるものとする。

(5) 校種ごとの活動内容

校種ごとの活動内容は、次世代が担うことが可能な具体的な地域創生活動を整理した上で、そのいずれについて活動が可能かを整理する。例えば、幼稚園児は高齢者との交流は可能であるが、「企業や商店・公共施設での就労活動」は困難である。地域創生活動と校種ごとの活動可能性の整理の方法については後述する。

---

5) 大学などでは近年30代以上の社会人学生も在籍しているが、全体の割合から見るとわずかでありしかも除外するのは困難であるのでそのまま含めるものとした。

6) 高専生、専門学校生、短大生、特別支援学校生については、データの制約から、今回は算定の対象としない。

表1　SDGs目標別の地域創生活動の種類　中口（文献2）を一部改変

SDGs No	SDGs分野		取り組みの内容	SDGs No	SDGs分野		取り組みの内容
1	貧困	ア	居場所の設置、食事・生活用品などの提供（貧困高齢者）	11	住環境	ア	自転車・歩行者の安全走行・歩行や利用促進
		イ	居場所の設置、食事・生活用品などの提供（子ども）			イ	公共交通利用促進やマイカー利用抑制
		ウ	居場所の設置、食事・生活用品などの提供（ひとり親）			ウ	道路・公園など共有空間の清掃・補修・維持管理
		エ	居場所の設置、食事・生活用品などの提供（途上国貧困層）			エ	道路・公園、集会所の清掃・補修など共有資源の維持管理
2	食・農	ア	農作業			オ	地域の安全性調査(防災マップ・防犯マップ製作など)
		イ	農産物の加工			カ	防災・防犯グッズの提供・製作
		ウ	農産物・加工品の販売			キ	災害発生時の避難・救護・復旧活動
		エ	飲食店・コーナー運営			ク	花や木の栽培・植樹や手入れ
		オ	農家民泊	12	生産・消費	ア	書籍・文具・服・靴など不要品の収集・提供
		カ	食品の送付・配布			イ	生産・流通過程で発生する廃棄物や不要品の有効活用
		キ	途上国の農業支援			ウ	余り食材・賞味期限切れ前食材の有効利用
3	健康・福祉	ア	健康づくり活動（対象：高齢者）			エ	生ごみなど食品廃棄物の減量・リサイクル
		イ	健康づくり活動（対象：障がい者）			オ	フェアトレード商品（環境や人権に配慮して生産された商品）の購入・販売
		ウ	居場所の提供・話し相手（対象：高齢者）	7,13	エネルギー、気候変動	ア	エネルギー使用量の把握
		エ	居場所の提供・話し相手（対象：障がい者）			イ	省エネ活動
		オ	居場所の提供・話し相手（対象：ひとり親家庭）			ウ	再生可能エネルギー設備の製作・出資(種類：太陽光)
		カ	居場所の提供・話し相手（対象：子ども）			エ	再生可能エネルギー設備の製作・出資(種類：風力)
		キ	料理・遊びなどの共同活動（高齢者）			オ	再生可能エネルギー設備の製作・出資(種類：小水力)
		ク	料理・遊びなどの共同活動（障がい者）			カ	再生可能エネルギー設備の製作・出資(種類：木質バイオマス)
		ケ	料理・遊びなどの共同活動（ひとり親家庭）			キ	再生可能エネルギー設備の製作・出資(種類：その他)
		コ	料理・遊びなどの共同活動（乳幼児）	14	海洋資源・生物保護	ア	海や海辺の生物観察
		サ	料理・遊びなどの共同活動（その他）			イ	海辺の清掃・維持管理
		シ	途上国の人々の医療・健康・福祉支援			ウ	プラスチック製品の不使用
4	教育	ア	子ども（下級生）の学習活動支援			エ	海洋生物保護
		イ	途上国の子どもへの文房具などや教育物資支援			オ	途上国などの海洋生物保護支援
5	ジェンダー	ア	働く女性の生活支援	15	陸上資源・生物保護	ア	野生生物の観察・生態調査
		イ	女性の人権擁護活動			イ	野生生物の保護・飼育
6	水・衛生	ア	河川・水路・池・側溝等の清掃・補修			ウ	野生生物の生息空間（ビオトープ）の製作・修復・清掃
		イ	水道やトイレの設置・管理			エ	途上国などの陸上生物保護支援
		ウ	雨水などの未利用水の有効利用	16	平和	ア	平和維持・反戦活動
		エ	途上国の上下水道設備設置支援			イ	国際紛争地域に住む人々や難民との対話
8	経済・労働	ア	企業や商店・公共施設での就労活動			ウ	国際紛争地域に住む人々や難民の生活支援
		イ	歴史的遺産・建築物の保護	17	協働	ア	住民や企業との連携の場の設定
		ウ	空き家や空き教室の活用や維持管理・修復			イ	多世代交流の場や機会の設定
		エ	地場産品や伝統工芸品などの開発・販売			ウ	住民組織のビジョンや事業計画づくり
		オ	観光拠点やガイドツアーの企画・運営			エ	多機能型の地域拠点の設置、維持管理
		カ	地域情報発信媒体（新聞・放送・Webサイト等）の企画・運営				
		キ	地域活性化イベントの企画・運営				
		ク	不当労働行為をなくす運動				
10	人権・平等	ア	いじめや差別、LGBTへの偏見をなくす活動				
		イ	途上国の支援（衣食住、教育、防災、健康福祉、環境など）				
		ウ	外国人の日本の生活・文化体験				
		エ	諸外国の生活・文化体験活動など異文化理解				

(6) 次世代の活動範囲

　中学校までの活動範囲は同一市区町村内に留まるが、高校や大学は他市区町村や他都道府県での活動も可能とする。また、一定期間内に廃校になった学校を拠点とした活動も可能とする。

　また、ユネスコスクールなどのESDに熱心に取り組んでいる学校は一般校よりも活動ポテンシャルが高いと考えられるが、将来の可能性を推計するものであるので、特にウエイトを高くすることはしない。

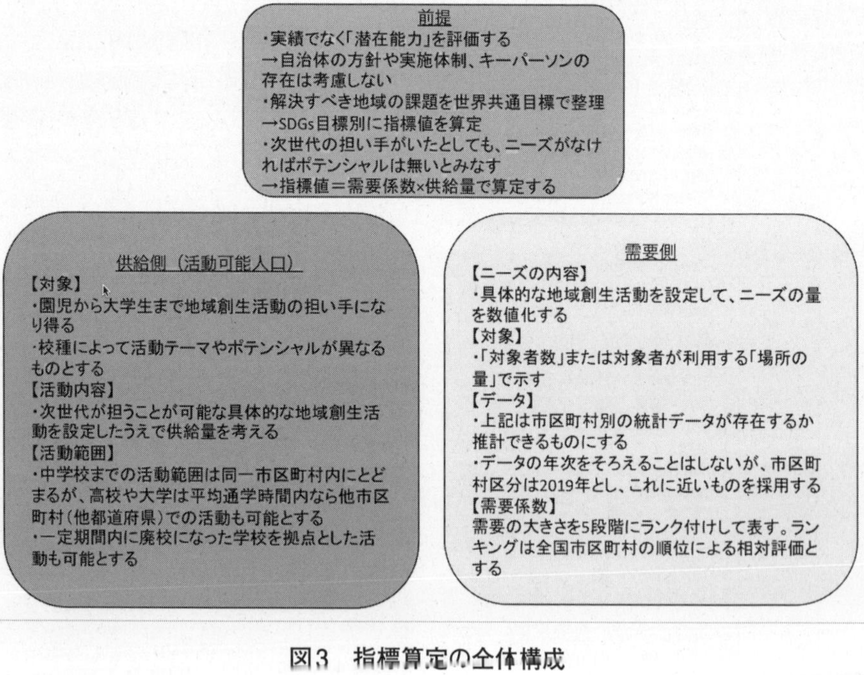

<u>前提</u>
・実績でなく「潜在能力」を評価する
→自治体の方針や実施体制、キーパーソンの存在は考慮しない
・解決すべき地域の課題を世界共通目標で整理
→SDGs目標別に指標値を算定
・次世代の担い手がいたとしても、ニーズがなければポテンシャルは無いとみなす
→指標値＝需要係数×供給量で算定する

<u>供給側（活動可能人口）</u>
【対象】
・園児から大学生まで地域創生活動の担い手になり得る
・校種によって活動テーマやポテンシャルが異なるものとする
【活動内容】
・次世代が担うことが可能な具体的な地域創生活動を設定したうえで供給量を考える
【活動範囲】
・中学校までの活動範囲は同一市区町村内にとどまるが、高校や大学は平均通学時間内なら他市区町村（他都道府県）での活動も可能とする
・一定期間内に廃校になった学校を拠点とした活動も可能とする

<u>需要側</u>
【ニーズの内容】
・具体的な地域創生活動を設定して、ニーズの量を数値化する
【対象】
・「対象者数」または対象者が利用する「場所の量」で示す
【データ】
・上記は市区町村別の統計データが存在するか推計できるものにする
・データの年次をそろえることはしないが、市区町村区分は2019年とし、これに近いものを採用する
【需要係数】
需要の大きさを5段階にランク付けして表す。ランキングは全国市区町村の順位による相対評価とする

図3　指標算定の全体構成

3　地域創生活動の種類

　活動ポテンシャルは次世代が担うことが可能な具体的な地域創生活動を設定した上で算出する。表1（前頁）に本稿で想定したSDGs目標別の地域創生活動の種類を示した。例えば農作業などを本格的に次世代が行うことは困難であるが、少しでも可能性があるものは取り扱うものとした。

4　指標算定の方法

（1）全体構成

　以上のような前提条件を踏まえた指標算定の全体構成を図3に示す。大きく供給側と需要側に分けることができる。以下、詳しく解説する。

（2）供給側

①次世代人数の把握

　表2に示した統計から人数を把握するものとする。

表2　次世代人数の統計一覧

校種	項目	年次	資料名称	発行者
保育園	在所児数	2017	統計で見る市区町村のすがた2020	総務省
幼稚園	園児数			
こども園	園児数			
小学校	児童数		学校基本調査	文部科学省
中学校	生徒数	2015		
高等学校	生徒数			
特別支援学校	生徒数			
専修学校	生徒数			
各種学校	生徒数			
大学	学生数	2021	大学受験案内2021年度	晶文社

②空間位置の把握

　学校の位置のデータについて高校生までは国土地理院「国土数値情報」より2008年の位置データ（シェープファイル）を取得した。大学はこの情報だけでは不十分であるため、キャンパスや附属研究期間の住所を把握し、郵便番号より位置を同定した[7]。大学の学生数は公表されている数値が大学全体しかないため、キャンパスが複数ある場合、大学全体の学生数を割り当てることにした[8]。

③活動ポテンシャルウエイトの算定

　芝浦工業大学システム理工学部の学生209名に表1の地域創生活動を示し、「小学校時代に経験した」「中学校時代に経験した」「高校時代に経験した」「大学1年生のうちに実践したい」ものを選んでもらった。同時に「小学校時代に経験したかった」「中学校時代に経験したかった」「高校時代に経験したかった」「現在関心がある」ものを選んでもらった。芝浦工業大学学生は首都圏で生まれ育った者だけでなく、地方出身者も一定数いることから、この活動経験割合をウエイトとして採用し、SDGs目標別に合計した。幼稚園については調査が不可能であるので、「3健康・福祉」「4教育」でそれぞれ4、3と仮定した。

　その結果、活動ポテンシャルウエイトの合計は幼稚園・保育園8.0、小学校256.0、中学校260.0、高校238.0、大学274.5となった。

④活動可能日数の推計

　小学校、中学校については、学習指導要領で示されている総合的な探求の時間の時数70時間と、特別活動の時数35時間が活動に使えるものとし、合計105時間を活動可能日数とした。これをSDGsの17の目標に配分する。す

---

7)　その郵便番号の中心点の経緯度に同定されているので、やや精度が低いが、本稿の分析には支障のないものと思われる。

8)　キャンパスごとの学生数の把握は、各大学のホームページを見ても全て把握できない。問い合わせるには膨大な作業量がかかる。本稿はポテンシャルを算定するものであるので、小さな研究施設であってもそこに拠点があれば必修科目を設け全学生が活動する可能性もゼロではないと仮定した。

表3　活動可能日数と活動ポテンシャルウエイト

SDGs No	SDGs分野	活動可能日数					活動ポテンシャルウエイト				
		幼稚園・保育園	小学校	中学校	高校	大学	幼稚園・保育園	小学校	中学校	高校	大学
1	貧困	0.0	1.0	2.0	2.0	4.9	0.0	2.5	5.0	4.5	7.5
2	食・農	0.0	15.2	11.1	7.5	8.9	0.0	37.0	27.5	17.0	13.5
3	健康・福祉	4.0	15.2	9.7	7.1	7.2	4.0	37.0	24.0	16.0	11.0
4	教育	3.0	15.4	13.7	12.6	13.8	3.0	37.5	34.0	28.5	21.0
5	ジェンダー	0.0	0.2	1.4	2.9	3.3	0.0	0.5	3.5	6.5	5.0
6	水・衛生	0.0	3.7	4.2	2.6	8.9	0.0	9.0	10.5	6.0	13.5
8	経済・労働	0.0	4.1	10.5	10.8	20.3	0.0	10.0	26.0	24.5	31.0
9	産業・インフラ	0.0	0.4	1.4	3.1	7.9	0.0	1.0	3.5	7.0	12.0
10	人権・平等	0.0	4.9	7.9	11.0	14.1	0.0	12.0	19.5	25.0	21.5
11	住環境	0.0	19.9	15.8	17.9	21.6	0.0	48.5	39.0	40.5	33.0
12	生産・消費	0.0	5.5	4.8	5.3	10.2	0.0	13.5	12.0	12.0	15.5
7,13	エネルギー・気候変動	0.0	3.5	5.0	7.3	12.8	0.0	8.5	12.5	16.5	19.5
14	海洋資源・生物保護	0.0	5.1	6.1	4.9	12.8	0.0	12.5	15.0	11.0	19.5
15	陸上資源・生物保護	0.0	9.4	3.6	3.1	13.1	0.0	23.0	9.0	7.0	20.0
16	平和	0.0	0.0	4.2	2.6	5.6	0.0	0.0	10.5	6.0	8.5
17	協働	1.0	1.4	3.4	4.4	14.8	1.0	3.5	8.5	10.0	22.5
	合計	8.0	105.0	105.0	105.0	180.0	8.0	256.0	260.0	238.0	274.5

なわち小学校の「1.貧困」の場合、貧困のウエイト2.5÷全ウエイト合計256×活動可能日数105 = 1.0となる。高校については3単位が活動に使えるものとし、1単位35時間として合計105時間を活動可能日数とした。大学については授業日数を週6日×15週×前後期2 = 180日として計算した。

⑤活動可能人口

　活動範囲は、中学校までは学区内が最も可能性が高いが、学区外にまで活動が及び事例も多いことから、活動可能人口は同一市区町村内の園児・児童・生徒数とした。

　高校については2016年の社会生活基本調査で通学時間の全国平均が61分であり、距離に換算すると約10kmであることから、同一市区町村内かどうかに関係なく直線距離で10kmとした[9]。高校の活動範囲について、そのイメー

---

9)　直線距離にすると山を挟んで県境も越えた市区町村まで含まれる例も存在してしまうので、本来は道路や鉄道で到達圏を考えるべきであるが、作業が膨大となるため、今後の課題としたい。

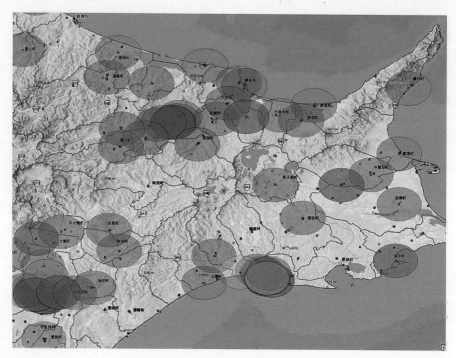

図4　高校の活動範囲のイメージ

ジを図4に示した。

　大学は、日本学生支援機構（JASSO）2018年度学生生活調査によれば[10]、自宅通学の学生のうち120分を超える通学時間の学生は5.6％であることから、大学生の活動範囲は所在地から120分以内＝20km圏内（時速10km/sとする）とし、20km圏内大学生数を市区町村別に算定した。それだけではなく、キャンパスの所属する都道府県内であれば遠方でも活動可能性があるとした。

　距離が遠くなるほど活動可能性は下がると思われるので、市町村ごとに活動ウエイトを変えることもありうるが、市区町村の大小や大学からの距離に関わらず、今後は平等に関与する可能性があると仮定し、都道府県内学生数

10）　日本学生支援機構（2020）平成30年度学生生活調査

表4　SDGs別の需要量データ一覧

SDGs No	SDGs分野	データ
1	貧困をなくそう	推定被保護実世帯数
		ひとり親世帯数
2	飢餓をゼロに	耕地放棄面積
		直売所数
3	すべての人に健康と福祉を	高齢者世帯数
		障がい者施設在所者数
4	質の高い教育をみんなに	幼保・義務教育子ども数
		ひとり親世帯数（再掲）
5	ジェンダー平等を実現しよう	20〜40代女性人口
		母子世帯数
6	安全な水とトイレを世界中に	河川延長
8	働きがいも経済成長も	宿泊・飲食サービス事業所数
		農家数
9	産業と技術革新の基盤をつくろう	廃業事業所数
10	人や国の不平等をなくそう	外国人人口
11	住み続けられるまちづくりを	道路面積
		交通事故発生件数
		災害危険区域面積
12	つくる責任 つかう責任	1人1日当たりごみ排出量
		域内生産額
7,13	気候変動に具体的な対策を	世帯当たり光熱費
		再エネ可採量
14	海の豊かさを守ろう	プラスチック排出量推計値
		海浜面積
15	陸の豊かさも守ろう	植生自然度9以上面積率
16	平和と公正をすべての人に	刑法犯認知件数
17	パートナーシップで目標を達成しよう	協働活動拠点数

を当該市区町村の数で割った値、すなわち「都道府県市区町村当たり大学生数」を算定した。

最終的には、20km圏内大学生数と都道府県市区町村当たり大学生数の大きい方を当該市区町村の最大活動可能大学生数とした。

⑥次世代活動可能人日と供給ポテンシャル指標

以上の活動可能人口に活動可能日数を乗じたものを次世代活動可能人日とし、これを年間日数365で割った値を「供給ポテンシャル指標」とした。

(3) 需要側

①需要算定のためのデータ

　需要側の算定に当たっては、表1に示したように具体的な地域創生活動を設定して、ニーズの量を数値化する。また、数値は「対象者数」または対象者が利用する「場所の量」で示すものとする。表4に本稿で収集したSDGs別の需要量データ一覧を示した。これで十分ではないが、データは市区町村別の統計データが存在するか推計できるものになるとどうしても限られてしまった。収集年次を揃えることは難しいので、市区町村の区分は2019年時点のものとし、これに近いものを採用した。

②需要量当たり労働力人口

　持続可能な地域づくりは、通常は"動ける大人"が担い手になるとすると、既存統計では「労働力人口」が"動ける大人"に相当すると考えられる。逆に言えば、"動ける大人"が少ない地域ほど、次世代の支援のニーズが高い。そこで各分野の需要量を労働力人口で割った値＝需要量1単位当たりの労働力人口をニーズの大きさとした。すなわち、1人の"動ける大人"が担う量が大きいと、その大人の負担が増えるので、次世代の助けが必要になるという意味である。

③データの統合とランク付け

　SDGsの目標ごとに複数のデータからなるので、これを統合しなければならないが、需要のデータは単位が異なるのでそのままでは統合することはできない。正規化することもできるが、ここでは各データを5段階にランク付けし表す。ランキングは全国市区町村の順位による相対評価とし、A～Eの5つに分類した。

　表5は、愛媛県の農産物直売所を例に、需要量と需要量当たり労働力人口およびランクを示したものである。

表5　需要量と需要量当たり労働力人口およびランクの例（愛媛県の農産物直売所の例）

団体コード	都道府県名 （漢字）	市区町村名 （漢字）	市区町村名 （カナ）	直売所数	単位あたり就業人口	順位	ランク
38201	愛媛県	松山市	マツヤマシ	16	14,656	263	A
38202	愛媛県	今治市	イマバリシ	13	5,561	629	C
38203	愛媛県	宇和島市	ウワジマシ	5	7,334	516	B
38204	愛媛県	八幡浜市	ヤワタハマシ	2	8,529	445	B
38205	愛媛県	新居浜市	ニイハマシ	56	980	1,316	E
38206	愛媛県	西条市	サイジョウシ	7	7,297	518	B
38207	愛媛県	大洲市	オオズシ	5	4,178	764	C
38210	愛媛県	伊予市	イヨシ	6	3,052	938	D
38213	愛媛県	四国中央市	シコクチュウオウシ	4	10,523	364	B
38214	愛媛県	西予市	セイヨシ	7	2,582	1,016	D
38215	愛媛県	東温市	トウオンシ	4	4,048	788	C
38356	愛媛県	上島町	カミジマチョウ	4	725	1,371	E
38386	愛媛県	久万高原町	クマコウゲンチョウ	7	566	1,398	E
38401	愛媛県	松前町	マサキチョウ	0			A
38402	愛媛県	砥部町	トベチョウ	1	10,489	368	B
38422	愛媛県	内子町	ウチコチョウ	4	2,093	1,098	D
38442	愛媛県	伊方町	イカタチョウ	3	1,584	1,196	E
38484	愛媛県	松野町	マツノチョウ	0			A
38506	愛媛県	愛南町	アイナンチョウ	2	4,777	695	C

愛媛県市町の農産物
直売所の算定例

④需要係数

　A～Eの5つの分類のうち、最もニーズの高い方（順位の低い方）をE、最もニーズの低い方（順位の高い方）をAとして、需要係数をE:1.0、D:0.8、C:0.4、B:0.2、A:0.0とした。

（4）次世代活動ポテンシャル指標値の計算

　ある市区町村のSDGsの17の目標ごとの指標標値は、以下の数式によって算定した。

> SDGs○番目のゴールの「次世代活動ポテンシャル指標値」
> ＝SDGs○番目のゴールの「需要係数」平均値
> ×SDGs○番目のゴールの「供給ポテンシャル指標値」

　また、ある市区町村の次世代活動ポテンシャル指標総合値は、以下の数式によって算定した。

> 次世代活動ポテンシャル指標総合値＝SDGs1～17の指標値の平均値

次世代活動可能人口の算定結果

本節では、まず、地域創生活動の経験と体験意志について分析した上で、次世代の活動可能人日を示し、労働力人口に対する次世代活動可能人口の比率、すなわち次世代活動可能人口率について、全国や自治体種類、都道府県別に分析する。さらに個別の算定結果として、労働力人口千人当たりの幼稚園・保育園児、小学生、中学生、高校、大学生の活動可能人口を全国や自治体種類、都道府県別に分析する。

既に述べたように、ここでの次世代とは、統計データの入手の容易さを考慮して学校に通う若い世代である。すなわち算定の対象は幼稚園児、保育園児、子ども園児と、小学生、中学生、義務教育学校生、高校生、大学生としている。

1　地域創生活動の経験と体験意志

(1) 定義または算定方法

芝浦工業大学の2つの授業において、学生に「SDGsに関する学びのふりかえりと将来目標」として、小学校から高校に至るまでの地域創生活動の経験と体験意志及び大学生になってからの活動意思について一覧表から該当する活動のコードを全て列挙させた。回収数は209であった。

まず、84種類の地域創生活動ごとにその活動の選択数を総回答数209で割った値を回答比率として求めた。これをSDGsの17の目標ごとに合計して延べ回答比率を求めた。さらに地域創生活動の経験と体験意志の平均値を算定し、これを17の目標ごとの活動ウエイトとした。

例えば小学中時代における「海や海辺の生物観察」の経験者は11.8％、「海

辺の清掃・維持管理」は3％、「プラスチック製品の不使用」は1％、「海洋生物保護」が0％であることから、SDGsの14番目のゴール「海洋資源・生物保護」の延べ回答比率は11.8+3+1+0=15.8％となる。同様に活動があれば参加したかったと答えたSDGsの14番目のゴール「海洋資源・生物保護」の延べ回答比率は21.1％となり、活動ウエイトは15.8％と21.1％の平均で18.4となる。

(2) 地域創生活動経験の算定結果

表1に、SDGs目標別の地域創生活動経験と体験意志の回答比率を示した。全体としては、小学校での経験が最も多く、中学校、高校と進むにつれて活動の機会が減っていくと言える。

小学校時代に経験した活動で最も多いのは、「農作業」の49.3％であり、次いで「花や木の栽培・植樹や手入れ」35.4、「子ども（下級生）の学習活動支援」27.8、「野生生物の観察・生態調査」23.0、「近隣の学校との交流による学習活動」21.5、「自転車・歩行者の安全走行・歩行や利用促進」21.5の順となっている。

中学校時代に経験した活動で最も多いのは、「企業や商店・公共施設での就労活動」の23.0％であり、次いで「農作業」18.7、「子ども（下級生）の学習活動支援」18.7、「近隣の学校との交流による学習活動」15.8、「自転車・歩行者の安全走行・歩行や利用促進」15.3となっている。

高校時代に経験した活動で最も多いのは、「海外の学校との交流による学習活動」の17.7％であり、次いで「諸外国の生活・文化体験活動など異文化理解」13.9、「道路・公園など共有空間の清掃・補修・維持管理」12.9、「いじめや差別、LGBTへの偏見をなくす活動」11.5、「省エネ活動」11.0、「外国人の日本の生活・文化体験」11.0と国際理解教育の経験が多くなっている。

大学生のうちに経験したい活動で最も多いのは、「省エネ活動」の15.8％であり、次いで「企業や商店・公共施設での就労活動」9.6、「海外の学校との交流による学習活動」9.1、「エネルギー使用量の把握」9.1、「地域の安全

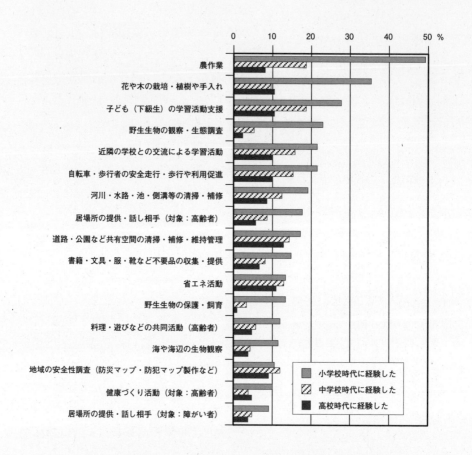

図1　地域創生活動の経験比率（小学校の経験比率の大きい順）

性調査（防災マップ・防犯マップ製作など）」9.1などとなっている。

　一方経験したかったものについては、年代別に上位3つを列挙すると、小学校時代が「海や海辺の生物観察」「近隣の学校との交流による学習活動」「海外の学校との交流による学習活動」であり、中学校時代が「海や海辺の生物観察」「近隣の学校との交流による学習活動」「海外の学校との交流による学習活動」「国際紛争地域に住む人々や難民との対話」、高校時代が「海外の学校との交流による学習活動」「観光拠点やガイドツアーの企画・運営」「国

表1　SDGs目標別の地域創生活動経験と体験意志の延べ回答比率

SDGsNo	SDGs分野	取り組みの内容		経験済み (%)				体験意思あり (%)			
				小学校時代に経験した	中学校時代に経験した	高校時代に経験した	大学生のうちに実践したい	小学校時代に経験したかった	中学校時代に経験したかった	高校時代に経験したかった	現在関心のある
1	貧困	居場所の設置、食事・生活用品などの提供（貧困高齢者）	ア	0	1	2	1	0	0	0	2
		居場所の設置、食事・生活用品などの提供（子ども）	イ	3	4	4	2	3	1	2	6
		居場所の設置、食事・生活用品などの提供（ひとり親）	ウ	0	0	0	1	1	0	0	2
		居場所の設置、食事・生活用品などの提供（途上国貧困層）	エ	2	2	2	1	1	1	0	5
2	食・農	農作業	ア	49	19	8	3	3	2	2	5
		農産物の加工	イ	8	3	4	0	3	1	0	2
		農産物・加工品の販売	ウ	2	2	1	1	1	1	0	3
		飲食店・コーナー運営	エ	1	4	8	3	5	6	3	3
		農家民泊	オ	2	14	7	2	9	7	7	3
		食品の送付・配布	カ	0	0	0	0	1	1	0	1
		途上国の農業支援	キ	1	0	0	3	1	2	2	4
3	健康・福祉	健康づくり活動（対象：高齢者）	ア	10	4	5	3	4	1	2	4
		健康づくり活動（対象：障がい者）	イ	4	3	2	0	1	2	1	1
		居場所の提供・話し相手（対象：高齢者）	ウ	18	9	6	2	2	1	1	1
		居場所の提供・話し相手（対象：障がい者）	エ	9	5	4	0	1	0	0	0
		居場所の提供・話し相手（対象：ひとり親家庭）	オ	0	0	0	0	0	1	0	1
		居場所の提供・話し相手（対象：子ども）	カ	6	8	6	3	2	3	3	2
		料理・遊びなどの共同活動（高齢者）	キ	12	6	5	0	4	2	1	0
		料理・遊びなどの共同活動（障がい者）	ク	5	4	2	0	1	0	0	0
		料理・遊びなどの共同活動（ひとり親家庭）	ケ	0	0	0	0	0	1	0	2
		料理・遊びなどの共同活動（乳幼児）	コ	4	7	3	2	3	2	2	2
		料理・遊びなどの共同活動（その他）	サ	5	2	0	0	0	1	0	0
		途上国の人々の医療・健康・福祉支援	シ	2	1	2	2	1	2	3	6
4	教育	子ども（下級生）の学習活動支援	ア	28	19	11	8	5	8	4	9
		近隣の学校との交流による学習活動	イ	22	16	10	2	10	10	3	4
		遠方の国内の学校との交流による学習活動	ウ	2	3	5	2	7	7	2	5
		海外の学校との交流による学習活動	エ	4	8	18	9	10	9	9	12
		途上国の子どもへの文房具など教育物資支援	オ	5	4	5	3	5	4	3	6
5	ジェンダー	働く女性の生活支援	ア	0	1	2	3	0	3	5	6
		女性の人権擁護活動	イ	0	1	3	3	1	3	6	6
6	水・衛生	河川・水路・池・側溝等の清掃・補修	ア	19	12	9	0	2	4	2	3
		水道やトイレの設置・管理	イ	1	1	0	1	0	0	0	2
		雨水などの未利用水の有効利用	ウ	2	0	0	2	1	5	1	6
		途上国の上下水道設備設置支援	エ	0	0	1	2	1	2	1	5
8	経済・労働	企業や商店・公共施設での就労活動	ア	4	23	6	10	4	3	5	11
		歴史的遺産・建築物の保護	イ	1	1	2	5	4	5	7	13
		空き家や空き教室の活用や維持管理・修復	ウ	0	1	2	9	3	2	8	14
		地場産品や伝統工芸品などの開発・販売	エ	0	3	2	2	2	1	5	3
		観光拠点やガイドツアーの企画・運営	オ	0	2	1	6	4	5	3	9
		地域情報発信媒体（新聞・放送・WEBサイト等）の企画・運営	カ	0	1	2	4	0	1	2	5
		地域活性化イベントの企画・運営	キ	2	4	6	9	4	6	4	11
		不当労働行為をなくす運動	ク	0	0	0	0	0	0	0	2
9	産業・インフラ	ベンチャーやコミュニティビジネスなどの起業	ア	0	0	0	7	1	5	6	16
		ITやAIを用いたシステム開発	イ	0	1	1	8	2	5	9	13
10	人権・平等	いじめや差別、LGBTへの偏見をなくす活動	ア	7	13	11	8	6	6	8	9
		途上国の支援（衣食住、教育、防災、健康福祉、環境・衛生など）	イ	2	0	1	1	1	1	3	5
		外国人の日本の生活・文化体験	ウ	5	7	11	4	8	8	7	5
		諸外国の生活・文化体験活動など異文化理解	エ	5	8	14	8	3	6	8	11

SDGs No	SDGs分野	取り組みの内容	経験済み (%)				体験意思あり (%)			現在関心のある
			小学校時代に経験した	中学校時代に経験した	高校時代に経験した	大学生のうちに実践したい	小学校時代に経験したかった	中学校時代に経験したかった	高校時代に経験したかった	
11 住環境		ア 自転車・歩行者の安全走行・歩行や利用促進	22	15	10	6	2	4	3	5
		イ 公共交通利用促進やマイカー利用抑制	0	0	1	4	1	2	2	4
		ウ 道路・公園など共有空間の清掃・補修・維持管理	17	14	13	5	1	3	5	6
		エ 道路・公園、集会所の清掃・補修など共有資源の維持管理	4	5	4	4	1	2	2	7
		オ 地域の安全性調査（防災マップ・防犯マップ製作など）	11	12	9	9	5	3	7	11
		カ 防災・防犯グッズの提供・製作	2	4	3	4	4	4	4	6
		キ 災害発生時の避難・救護・復旧活動	8	9	7	5	2	2	5	7
		ク 花や木の栽培・植樹や手入れ	35	10	11	4	3	2	2	5
12 生産・消費		ア 書籍・文具・服・靴など不要品の収集・提供	15	8	7	3	5	3	2	4
		イ 生産・流通過程で発生する廃棄物や不要品の有効活用	1	1	1	1	0	0	0	3
		ウ 余り食材・賞味期限切れ前食材の有効利用	0	2	4	4	1	1	1	6
		エ 生ごみなど食品廃棄物の減量・リサイクル	7	4	5	3	3	2	1	2
		オ フェアトレード商品（環境や人権に配慮して生産された商品）の購入・販売	2	5	8	7	3	5	4	9
7 13 エネルギー、気候変動		ア エネルギー使用量の把握	2	6	10	9	1	5	6	9
		イ 省エネ活動	13	13	11	16	4	6	7	13
		ウ 再生可能エネルギー設備の製作・出資（種類：太陽光）	1	1	2	2	3	3	7	8
		エ 再生可能エネルギー設備の製作・出資（種類：風力）	0	0	0	1	1	1	4	7
		オ 再生可能エネルギー設備の製作・出資（種類：小水力）	0	0	0	1	0	1	2	5
		カ 再生可能エネルギー設備の製作・出資（種類：木質バイオマス）	0	0	0	1	0	1	2	5
		キ 再生可能エネルギー設備の製作・出資（種類：その他）	0	0	0	2	0	1	2	3
14 海洋資源・生物保護		ア 海や海辺の生物観察	11	4	4	5	12	10	7	8
		イ 海辺の清掃・維持管理	3	4	2	4	4	4	4	4
		ウ プラスチック製品の不使用	1	1	2	6	0	3	2	6
		エ 海洋生物保護	0	0	0	2	4	5	6	6
		オ 途上国などの海洋生物保護支援	0	0	0	0	0	1	2	2
15 陸上資源・生物保護		ア 野生生物の観察・生態調査	23	5	2	7	7	8	5	9
		イ 野生生物の保護・飼育	13	3	1	4	5	4	4	8
		ウ 野生生物の生息空間（ビオトープ）の製作・修復・清掃	7	0	0	3	3	5	3	4
		エ 途上国などの陸上生物保護支援	0	0	0	0	1	2	3	4
16 平和		ア 平和維持・反戦活動	1	6	4	5	3	7	7	10
		イ 国際紛争地域に住む人々や難民との対話	0	0	0	3	2	9	6	5
		ウ 国際紛争地域に住む人々や難民の生活支援	0	0	0	3	1	4	5	6
17 協働		ア 住民や企業との連携の場の設定	1	6	4	6	1	3	5	10
		イ 多世代交流の場や機会の設定	3	5	6	3	2	4	6	10
		ウ 住民組織のビジョンや事業計画づくり	0	0	0	8	0	2	7	11
		エ 多機能型の地域拠点の設置、維持管理	0	0	0	4	0	0	3	6
		その他	0	1	2	0	1	0	0	

やAIを用いたシステム開発」、現在（大学時代）は「ベンチャーやコミュニティビジネスなどの起業」「空き家や空き教室の活用や維持管理・修復」「ITやAIを用いたシステム開発」「省エネ活動」となった。小中時代は交流に関する項目が多く挙げられ、中学・高校になるにつれて国際交流に興味を持つようになり、さらに大学生に近づくにつれてビジネス的なものに関心が高くなってくることが分かる。

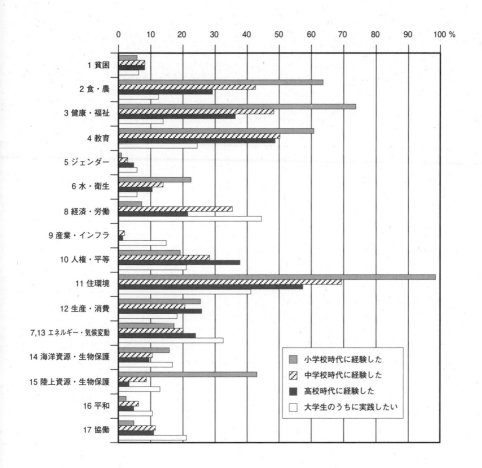

図2　SDGs目標別活動経験比率

　表2に、SDGs目標別の地域創生活動経験と体験意志の延べ回答比率を示した。延べ比率は小学校時代460.8％、中学校時代378.5％、高校時代334.4％と年代が進むにつれて活動経験が少なくなっている。

　小学校時代に経験した活動の比率上位5つを見ると、「11住環境」98.6、「3健康・福祉」73.7、「2食・農」63.6、「4教育」60.8、「15陸上資源・生物保護」43.1の順となっている。中学校時代の上位5つは、「11住環境」69.4、「4教育」

表2　SDGs目標別の地域創生活動経験と体験意志の延べ回答比率

SDGs No	SDGs 分野	経験済み (%)				体験意思あり (%)				幼稚園・保育園で取り組める
		小学校時代に経験した	中学校時代に経験した	高校時代に経験した	1年生のうちに実践したい	小学校時代に経験したかった	中学校時代に経験したかった	高校時代に経験したかった	現在関心のある	
1	貧困	6	8	8	6	6	3	4	14	0
2	食・農	64	43	29	12	24	21	15	21	0
3	健康・福祉	74	48	36	14	22	17	15	22	4
4	教育	61	50	49	24	37	37	22	35	3
5	ジェンダー	1	3	5	6	1	6	11	12	0
6	水・衛生	22	14	11	6	4	12	4	17	0
8	経済・労働	7	35	22	44	22	24	39	67	0
9	産業・インフラ	0	2	1	15	3	10	15	30	0
10	人権・平等	19	28	38	21	19	22	26	29	0
11	住環境	99	69	57	41	19	23	30	51	0
12	生産・消費	25	21	26	18	13	11	9	24	0
7,13	エネルギー・気候変動	17	20	24	33	11	18	30	51	0
14	海洋資源・生物保護	16	11	10	17	21	22	21	27	0
15	陸上資源・生物保護	43	9	3	13	19	17	16	26	0
16	平和	2	6	5	11	7	20	18	21	0
17	協働	5	11	11	21	4	10	22	36	1
合計		461	378	334	302	233	273	297	482	8

50.2、「3健康・福祉」48.3、「2食・農」42.6、「8経済・労働」35.4の順となっている。高校時代の上位5つは、「11住環境」57.4、「4教育」48.8、「10人権・平等」37.8、「3健康・福祉」36.4、「2食・農」29.2の順となっている。このように、全世代を通して「11住環境」の経験比率が最も高く、「4教育」「3健康・福祉」「2食・農」も高くなっていることが分かる。

2　年間活動可能日数

(1) 定義または算定方法

　次に年間活動可能日数をSDGsの17の目標ごとに求める。考え方としては校種ごとの授業日数が活動できる日数の最大値と仮定し、これをSDGsの17の目標で"山分け"する。そこでまず表2より、経験と体験意志の平均比率を求めた。

　授業日数は、1日1時間と分散して実施されると仮定し年間授業時間数＝

年間授業日数とした。校種ごとの授業時間数は、小学校、中学校については、学習指導要領で示されている総合的な探求の時間の時数70時間と、特別活動の時数35時間が活動に使えるものとし、合計105時間＝105日を稼働日数とした。また、高校については3単位が活動に使えるものとし、1単位35時間として合計105時間＝105日を稼働日数とした。さらに、大学については授業日数を週6日×15週×前後期2＝180日として計算した。

　例えば中学校の場合、「貧困」の経験と体験意志の平均比率は（8.1＋3.3）÷2=5.7であり、「食・農」以下を同様に求めると、「食・農」31.8、「健康・福祉」32.8、「教育」43.5、「ジェンダー」4.5…となり、17の目標の経験と体験意志の平均比率を合計した値は325.8となる。中学校の活動可能日数は105日であるので、この105日を17の目標で"山分け"したときの「貧困」の取り分は、5.7÷346.7×105＝1.9日となる。

(2) 年間活動可能日数算定結果

　年間活動可能日数と経験・体験意志の平均比率の算定結果を表3に示した。また、表4に小学校以上の年間活動可能日数を大きい順に示した。これによると、幼稚園・保育園の活動可能日数は「健康・福祉」が4.0日、「教育」が3.0であった。小学校で最も大きいのは「住環境」17.8で、以下「教育」14.8、「健康・福祉」14.6、「食・農」13.3の順であった。中学校は小学校と日数上位の目標が全く同じであり、「住環境」14.9、「教育」14.0、「健康・福祉」10.6、「食・農」10.3となった。高校では「住環境」14.5、「教育」11.8とここまでは小中学校と同じであるが、その後は「人権・平等」10.6、「経済・労働」10.1と続いた。大学は最も大きいのが「経済・労働」25.6になり、以下「住環境」21.2、「エネルギー・気候変動」19.1、「教育」13.7となった。

　さらに、年間活動可能日数の小学校から大学に至る順位の推移を図4に示した。「住環境」はどの時代も安定して上位におり、「食・農」「健康・福祉」「陸上資源・生物保護」などは年代が進むにつれて順位が下がる。一方「経済・労働」「エネルギー・気候変動」「協働」などは年代が進むにつれて順位が上

がるのが分かる。

表3　年間活動可能日数と経験・体験意志の平均比率の算定結果

No	SDGs分野	年間活動可能日数					経験・体験意志の平均比率				
		幼稚園・保育園	小学校	中学校	高校	大学	幼稚園・保育園	小学校	中学校	高校	大学
1	貧困	0.0	1.7	1.9	2.0	4.7	0.0	5.7	5.7	6.0	10.3
2	食・農	0.0	13.3	10.3	7.4	7.6	0.0	44.0	31.8	22.2	16.5
3	健康・福祉	4.0	14.6	10.6	8.6	8.1	4.0	48.1	32.8	25.8	17.7
4	教育	3.0	14.8	14.0	11.8	13.7	3.0	48.8	43.5	35.4	29.9
5	ジェンダー	0.0	0.4	1.5	2.6	4.1	0.0	1.2	4.5	7.9	8.9
6	水・衛生	0.0	4.0	4.2	2.5	5.3	0.0	13.2	12.9	7.4	11.5
8	経済・労働	0.0	4.5	9.6	10.1	25.6	0.0	14.8	29.9	30.4	55.7
9	産業・インフラ	0.0	0.4	1.9	2.7	10.2	0.0	1.4	5.7	8.1	22.2
10	人権・平等	0.0	5.8	8.0	10.6	11.5	0.0	19.1	24.9	31.8	25.1
11	住環境	0.0	17.8	14.9	14.5	21.2	0.0	58.9	46.2	43.5	46.2
12	生産・消費	0.0	5.8	5.2	5.7	9.7	0.0	19.1	16.0	17.2	21.1
7,13	エネルギー・気候変動	0.0	4.2	6.1	9.0	19.1	0.0	13.9	18.9	27.0	41.6
14	海洋資源・生物保護	0.0	5.6	5.2	5.1	10.0	0.0	18.4	16.3	15.3	21.8
15	陸上資源・生物保護	0.0	9.3	4.2	3.3	8.9	0.0	30.9	12.9	9.8	19.4
16	平和	0.0	1.4	4.2	3.8	7.1	0.0	4.5	13.2	11.5	15.6
17	協働	1.0	1.4	3.4	5.4	13.2	1.0	4.5	10.5	16.3	28.7
活動可能日数合計		8.0	105.0	105.0	105.0	180.0	8.0	346.7	325.8	315.8	392.1

表4　小学校以上の年間活動可能日数（大きい順）

小学校			中学校			高校			大学		
No	SDGs分野	日数	No	SDGs分野	日数	No	SDGs分野	日数	No	SDGs分野	日数
11	住環境	17.8	11	住環境	14.9	11	住環境	14.5	8	経済・労働	25.6
4	教育	14.8	4	教育	14.0	4	教育	11.8	11	住環境	21.2
3	健康・福祉	14.6	3	健康・福祉	10.6	10	人権・平等	10.6	7,13	エネルギー・気候変動	19.1
2	食・農	13.3	2	食・農	10.3	8	経済・労働	10.1	4	教育	13.7
15	陸上資源・生物保護	9.3	8	経済・労働	9.6	7,13	エネルギー・気候変動	9.0	17	協働	13.2
10	人権・平等	5.8	10	人権・平等	8.0	3	健康・福祉	8.6	10	人権・平等	11.5
12	生産・消費	5.8	7,13	エネルギー・気候変動	6.1	2	食・農	7.4	9	産業・インフラ	10.2
14	海洋資源・生物保護	5.6	14	海洋資源・生物保護	5.2	12	生産・消費	5.7	14	海洋資源・生物保護	10.0
8	経済・労働	4.5	12	生産・消費	5.2	17	協働	5.4	12	生産・消費	9.7
7,13	エネルギー・気候変動	4.2	16	平和	4.2	14	海洋資源・生物保護	5.1	15	陸上資源・生物保護	8.9
6	水・衛生	4.0	6	水・衛生	4.2	16	平和	3.8	3	健康・福祉	8.1
1	貧困	1.7	15	陸上資源・生物保護	4.2	15	陸上資源・生物保護	3.3	2	食・農	7.6
16	平和	1.4	17	協働	3.4	9	産業・インフラ	2.7	16	平和	7.1
17	協働	1.4	1	貧困	1.9	5	ジェンダー	2.6	6	水・衛生	5.3
9	産業・インフラ	0.4	9	産業・インフラ	1.9	6	水・衛生	2.5	1	貧困	4.7
5	ジェンダー	0.4	5	ジェンダー	1.5	1	貧困	2.0	5	ジェンダー	4.1

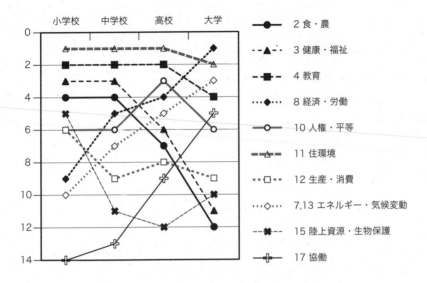

小学校　中学校　高校　大学

- ● 2 食・農
- ▲ 3 健康・福祉
- ■ 4 教育
- ◆ 8 経済・労働
- ○ 10 人権・平等
- △ 11 住環境
- □ 12 生産・消費
- ◇ 7,13 エネルギー・気候変動
- ✳ 15 陸上資源・生物保護
- ✛ 17 協働

図3　年間活動可能日数の順位の推移

3　次世代活動可能人日

(1) 定義または算定方法

　次に、年間活動日数に自治体別の活動可能人数を乗じて活動人日を校種別に求めた。まず、幼稚園・保育園児、小学生、中学生、高校生、大学生のそれぞれの活動人日の平均値をSDGsの目標別に算定し、これを平均したものを当該市区町村の1年間の「次世代活動可能人日」（人日：日数に人数を乗じたもの）とした。例えば札幌市のSDGs1「貧困」の活動人日は442人日となった。これは、活動人日幼稚園・保育園児0日、小学生9日、中学生9日、高校生83日、大学生632日に活動可能人数幼稚園・保育園児80,096人、小学生89,770人、中学生46,814人、高校生418,998人（10km圏内）、大学生1,285,564人（20km圏内か同一都道府県内いずれかの最大値）をそれぞれ乗じ、これらの合計を活動人口1,921,242人で割った値である。

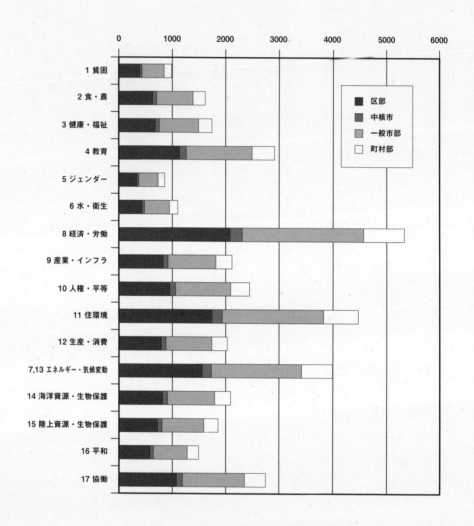

図4　年間活動人日のSDGs目標別算定結果

(2) 次世代活動可能人日算定結果

　全国の年間の活動可能人口は3,900万人日であり、1日当たりにすると10万6千人となった。1自治体当たりの平均にすると2万3千人である。自治体

表5　都道府県別年間活動人日

順位	都道府県名	稼働人日(千人)	順位	都道府県名	稼働人日(千人)	順位	都道府県名	稼働人日(千人)	順位	都道府県名	稼働人日(千人)
	全国	676.5	12	熊本県	10.1	24	山梨県	3.2	36	香川県	1.6
1	東京都	158.5	13	茨城県	9.9	25	富山県	3.0	37	新潟県	1.3
2	神奈川県	102.3	14	広島県	8.7	26	北海道	2.5	38	岩手県	1.2
3	埼玉県	77.6	15	栃木県	8.2	27	岡山県	2.4	39	秋田県	1.2
4	大阪府	50.0	16	静岡県	7.6	28	山口県	2.3	40	高知県	1.1
5	千葉県	40.8	17	和歌山県	6.4	29	石川県	2.0	41	青森県	1.1
6	京都府	40.2	18	岐阜県	5.7	30	山形県	2.0	42	鳥取県	1.1
7	愛知県	26.2	19	群馬県	5.2	31	三重県	2.0	43	愛媛県	1.0
8	奈良県	20.9	20	福島県	4.7	32	長野県	1.8	44	鹿児島県	1.0
9	滋賀県	14.9	21	佐賀県	4.6	33	徳島県	1.7	45	福井県	1.0
10	兵庫県	13.7	22	宮城県	4.1	34	沖縄県	1.6	46	島根県	0.6
11	福岡県	13.2	23	大分県	3.9	35	長崎県	1.6	47	宮崎県	0.6

区分別で見ると、区部（東京23区と政令指定都市の行政区の合計198）の平均が7万5千人日、中核市（58都市）が2万8千人日、一般市部（714都市）が2万2千人日、町村部（926都市）が6千人日となり、都市規模の多いほど活動ポテンシャルが高いことが分かる。

　17のSDGs目標別に見ると、最も多いのは経済・労働の534万人日で、次いで住環境の447万人日、教育291万人日、協働275万人日、人権・平等245万人日となった。一方、最も少ないのはジェンダーの85万人日で、次いで貧困99万人日、水・衛生の110万人日となった。このように教育現場の課題認識、あるいは旧学習指導要領の内容を反映した結果になっていると言える。

　都道府県別にSDGs全ての合計値を見ると、東京都が158.5千人で最も大きく、次いで神奈川県102.3、埼玉県77.6、大阪府50.0、千葉県40.8、京都府40.2となっており、首都圏と近畿地方に高い県が多い。逆に最も低いのは、宮崎県の0.55で、島根県0.61、福井県1.00、鹿児島県1.01、愛媛県1.05、鳥取県1.06の順となっており、九州・四国や北陸地方に低い県が多くなっている。

4 次世代活動可能人口率

(1) 定義または算定方法

「活動可能人口」を「労働力人口」で割ったものを、「次世代活動可能人口率」とする。例えば札幌市の小学生の活動可能人口89,770人を労働力人口844,313人で割ると10.6%となり、大学生の活動可能人口1,285,564人を労働力人口844,313人で割ると152.3%となる。つまり、小学生は働く世代の10分の1のポテンシャルしかないが、大学生は1.5倍のポテンシャルがあることを示している。

(2) 次世代活動可能人口率算定結果

全国の活動人口率の平均値は539％となった。これは現役で働いている世代の5倍以上のポテンシャルがあることを示している。自治体区分別で見ると、区部583％、中核市114％、一般市部が374％、町村部が648％となり、町村部が最も活動ポテンシャルが高く、中核市が最も低いことが分かる。町

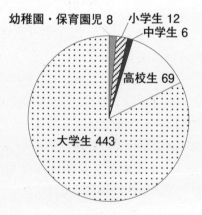

図5　次世代活動可能人口率の算定結果

表6　都道府県別次世代活動可能人口率

順位	都道府県名	活動人口率(%)	順位	都道府県名	活動人口率(%)	順位	都道府県名	活動人口率(%)	順位	都道府県名	活動人口率(%)
	全国	539	12	福岡県	321	24	徳島県	160	36	山口県	101
1	千葉県	1,762	13	兵庫県	278	25	宮城県	159	37	三重県	100
2	東京都	1,170	14	茨城県	275	26	静岡県	155	38	香川県	98
3	埼玉県	1,153	15	岐阜県	251	27	長野県	147	39	新潟県	94
4	神奈川県	1,038	16	福島県	236	28	山形県	142	40	長崎県	93
5	奈良県	1,030	17	佐賀県	236	29	大分県	136	41	鹿児島県	91
6	大阪府	906	18	山梨県	214	30	高知県	135	42	福井県	86
7	京都府	826	19	群馬県	212	31	岡山県	120	43	岩手県	84
8	愛知県	470	20	栃木県	207	32	富山県	114	44	秋田県	80
9	熊本県	383	21	北海道	202	33	石川県	105	45	愛媛県	71
10	滋賀県	338	22	沖縄県	201	34	青森県	103	46	宮崎県	66
11	和歌山県	329	23	広島県	200	35	鳥取県	102	47	島根県	66

村部は自分の地域内に高校がなくても、高校が広範囲に分散しているためその恩恵を受けることができるが、中核市は独立性が高く恩恵を受けることが少ないことがその理由と考えられる。

5　労働力人口

(1) 定義または算定方法

　2019年の労働力人口推計値は、2015年の国勢調査就業状態等基本集計[1] の市区町村別データを基本に、以下の式により求めた。

　労働力人口推計値　＝　2019年住民基本台帳人口　×　2015年労働力人口率（%）

---

1)　総務省統計局（2015）国勢調査就業状態等基本集計　第1-3表　労働力状態（8区分），男女別15歳以上人口及び労働力率 – 全国，都道府県，市区町村
https://www.e-stat.go.jp/stat-search/files?page=1&layout=datalist&toukei=00200521&tstat=000001080615&cycle=0&tclass1=000001095955&tclass2=000001095956&tclass3=000001097358&tclass4val=0

2015年労働力人口率　＝　労働力人口　÷　（　全人口　ー　労働力状態「不詳」）

　なお、福島県富岡町、大熊町、双葉町、浪江町は福島第一原発事故のため帰還困難区域となり、2015年度データが存在しないので、2010年の労働力人口率を使用した。

（2）算定結果

　2019年住民基本台帳人口は約1億2700万人であり、2015年労働力人口率の60.0％を乗じて2019年労働力人口を推計すると、推計値は7,668万人になる。自治体区分別の割合を見ると、区部が30％、中核市が17％、一般市部が45％、町村部が9％であり、住民基本台帳の人口割合とほとんど変わらない。

　2015年労働力人口率を比較すると、区部が61.9％で最も高いが、中核市、一般市部、町村部は59％台である。労働力が大都市に集中していることがうかがえる。都道府県別に見ると、東京都が63.5％で最も大きく、次いで愛知県62.7％、福井県62.4％、長野県62.0％となっている。逆に最も低いのは、奈良県の54.5％で、次いで山口県56.3％、徳島県56.6、秋田県56.8％の順となっ

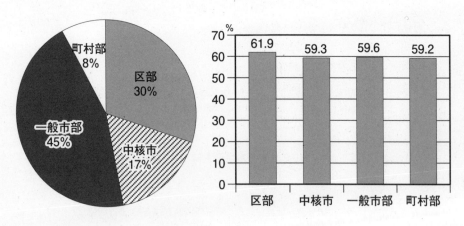

図6　自治体区分別労働力割合（2019年）と労働力人口率（2015年）

表7　都道府県別労働力人口率（2015年）

順位	都道府県名	2015年労働力率	順位	都道府県名	2015年労働力率	順位	都道府県名	2015年労働力率	順位	都道府県名	2015年労働力率
	全国	60.0	12	滋賀県	61.0	25	島根県	59.9	38	長崎県	57.4
1	東京都	63.5	13	富山県	61.0	26	広島県	59.4	39	高知県	57.4
2	愛知県	62.7	14	佐賀県	60.8	27	宮城県	59.4	40	愛媛県	57.3
3	福井県	62.4	15	群馬県	60.7	28	京都府	59.1	41	兵庫県	57.3
4	長野県	62.0	16	神奈川県	60.6	29	熊本県	59.0	42	和歌山県	57.1
5	静岡県	61.7	17	鳥取県	60.5	30	宮崎県	59.0	43	北海道	57.0
6	石川県	61.6	18	山形県	60.3	31	青森県	58.7	44	秋田県	56.8
7	栃木県	61.4	19	千葉県	60.2	32	岡山県	58.7	45	徳島県	56.6
8	沖縄県	61.2	20	福島県	60.2	33	福岡県	58.5	46	山口県	56.3
9	埼玉県	61.2	21	茨城県	60.1	34	大阪府	58.4	47	奈良県	54.5
10	岐阜県	61.0	22	岩手県	60.1	35	香川県	58.4			
11	山梨県	61.0	23	三重県	59.9	36	鹿児島県	57.6			
12	滋賀県	61.0	24	新潟県	59.9	37	大分県	57.6			

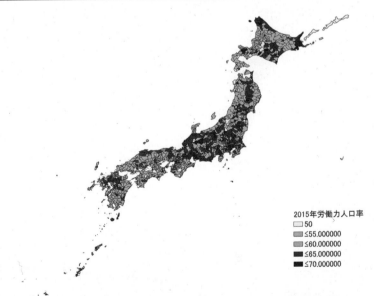

2015年労働力人口率
- □ 50
- ≤55.000000
- ≤60.000000
- ≤65.000000
- ≤70.000000

図7　市区町村別労働力人口率（2015年）

ている。

　市区町村別に労働力人口率を見ると、自治体によってばらつきが見られるが、関東、中部、北陸では比較的高い市区町村が多く、中国、四国、九州南部、東北の沿岸部で低い市区町村が比較的多くなっている。

6　幼稚園・保育園活動可能人口

(1) 定義または算定方法

　2017年の保育所等在所児数、2019年の幼稚園園児数、2019年のこども園園児数を市区町村別に合計した。以下これらを総称して「幼保」とする。

(2) 労働力人口千人当たり幼保園児数算定結果

　全国合計の幼保園児数は408万人であり、2019年労働力人口推計値の7,668万人で割ると、労働者千人当たり幼保園児数は53.2人となった。自治体区分別の割合を見ると、区部が49.5、中核市が57.0、一般市部が54.2、町村部が53.5であった。大都市圏では労働者が多いため園児の割合は相対的に下

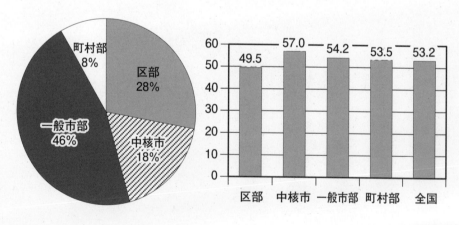

図8　自治体区分別幼保園児割合と労働力人口千人当たり幼保園児数(2017-2019年)

表8　都道府県別労働力人口千人当たり幼保園児数（2017-2019年）

順位	都道府県名	幼保園児数	順位	都道府県名	幼保園児数	順位	都道府県名	幼保園児数	順位	都道府県名	幼保園児数
	全国	53.4	12	滋賀県	62.7	24	岡山県	55.4	36	三重県	52.8
1	鳥取県	68.9	13	大分県	60.9	25	群馬県	55.1	37	愛知県	52.2
2	沖縄県	68.2	14	香川県	60.7	26	岩手県	55.1	38	和歌山県	51.8
3	福井県	67.5	15	富山県	59.8	27	兵庫県	55.1	39	宮城県	50.5
4	宮崎県	67.1	16	秋田県	58.9	28	静岡県	55.0	40	岐阜県	50.5
5	石川県	66.9	17	広島県	58.6	29	愛媛県	54.5	41	長野県	48.3
6	熊本県	66.6	18	高知県	57.4	30	山形県	54.3	42	神奈川県	48.1
7	佐賀県	65.9	19	福岡県	57.4	31	茨城県	54.3	43	埼玉県	47.7
8	長崎県	65.9	20	奈良県	56.8	32	山梨県	53.8	44	千葉県	47.6
9	鹿児島県	65.6	21	大阪府	56.6	33	栃木県	53.8	45	福島県	47.5
10	青森県	65.5	22	新潟県	56.6	34	山口県	53.4	46	北海道	46.6
11	島根県	64.9	23	徳島県	55.9	35	京都府	53.2	47	東京都	45.3

がるが、他の種別では都市規模が大きいほど園児割合も相対的に高くなる傾向があると言える。

　都道府県別に見ると、鳥取県が68.9で最も大きく、次いで沖縄県68.2、福井県67.5、宮崎県67.1、石川県66.9と続いており、子ども立県政策を進める鳥取県以外は、九州・沖縄と北陸の県が高くなっている。逆に最も低いのは、東京都45.3であり、次いで北海道46.6、福島県47.5、千葉県47.6、埼玉県47.7、神奈川県48.1の順となっており、首都圏の都県が多いことが分かる。

7　小学生活動可能人口

（1）定義または算定方法

　2019年の小学生数と、2019年の義務教育学校のうちの1～6年生を市区町村別に合計した。

（2）労働力人口千人当たり小学生数算定結果

　全国合計の小学生数は657万人であり、2019年労働力人口推計値の7,668

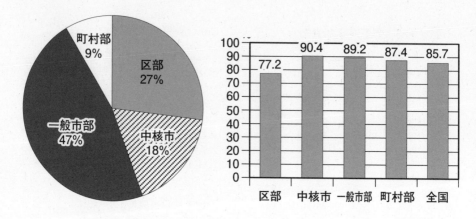

図9　自治体区分別小学生割合と労働力人口千人当たり小学生数（2019年）

表9　都道府県別労働力人口千人当たり小学生数（2019年）

順位	都道府県名	小学生数	順位	都道府県名	小学生数	順位	都道府県名	小学生数	順位	都道府県名	小学生数
	全国	85.9	12	福岡県	91.6	24	群馬県	88.0	36	山梨県	85.1
1	沖縄県	109.7	13	香川県	91.3	25	宮城県	87.8	37	新潟県	84.7
2	佐賀県	97.4	14	広島県	91.2	26	大阪府	87.6	38	岩手県	84.6
3	奈良県	97.0	15	茨城県	90.0	27	島根県	87.5	39	千葉県	84.5
4	鹿児島県	96.5	16	山口県	90.0	28	愛知県	87.5	40	福島県	84.1
5	滋賀県	95.8	17	岐阜県	89.7	29	石川県	87.4	41	神奈川県	84.0
6	宮崎県	94.5	18	愛媛県	89.6	30	長野県	87.3	42	富山県	83.6
7	兵庫県	93.5	19	三重県	89.6	31	栃木県	86.8	43	北海道	83.6
8	熊本県	93.4	20	鳥取県	89.4	32	徳島県	86.8	44	埼玉県	83.5
9	長崎県	93.4	21	和歌山県	89.0	33	山形県	86.1	45	青森県	82.6
10	岡山県	91.9	22	福井県	89.0	34	静岡県	85.9	46	秋田県	81.1
11	大分県	91.7	23	京都府	88.8	35	高知県	85.3	47	東京都	68.3

万人で割ると、労働者千人当たり小学生数は85.7となった。自治体区分別の割合を見ると、区部が77.2、中核市が90.4、一般市部が89.2、町村部が87.4であった。幼保園児と同様、大都市圏では労働者が多いため割合は相対的に下がるが、他の種別では都市規模が大きいほど割合も相対的に高くなる傾向があると言える。

　都道府県別に見ると、沖縄県が109.7で最も大きく、次いで佐賀県97.4、奈良県97.0、鹿児島県96.5、滋賀県95.8となっており、九州・沖縄と近畿地方に高い県が多い。逆に最も低いのは、東京都68.3で、秋田県81.1、青森県82.6、埼玉県83.5、北海道83.6の順となっており、北海道・東北と首都圏に低い道府県が多くなっている。

8　中学生活動可能人口

(1)　定義または算定方法

　2019年の中学生数と、2019年の義務教育学校のうち、1〜6年生を市区町村別に合計した。

(2)　労働力人口千人当たり中学生数算定結果

　全国合計の中学生数は348万人であり、2019年労働力人口推計値の7,668万人で割ると、労働者千人当たり中学生数は45.4となった。自治体区分別の割合を見ると、区部が40.4、中核市が48.0、一般市部が47.3、町村部が47.0であった。幼保園児及び小学生と同様の傾向が見られた。

　都道府県別に見ると、沖縄県が55.5で最も大きく、次いで佐賀県53.7、奈良県53.1、鹿児島県50.7、長崎県と和歌山県が50.6となっており、小学生同様、九州・沖縄と近畿地方に高い県が多い。逆に最も低いのは、東京都の35.9で、次いで神奈川県42.4、埼玉県43.3、千葉県43.5、新潟県44.8の順となっており、首都圏に低い都県が多くなっている。

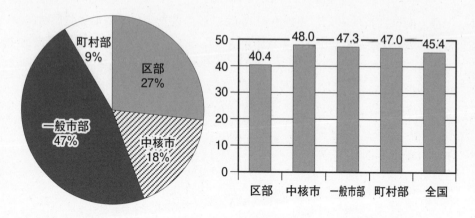

図10　自治体区分別中学生割合と労働力人口千人当たり中学生数（2019年）

表10　都道府県別労働力人口千人当たり中学生数（2019年）

順位	都道府県名	中学生数	順位	都道府県名	中学生数	順位	都道府県名	中学生数	順位	都道府県名	中学生数
	全国	45.5	12	熊本県	48.8	24	大分県	47.7	36	愛媛県	46.1
1	沖縄県	55.5	13	岐阜県	48.6	25	鳥取県	47.6	37	栃木県	46.1
2	佐賀県	53.7	14	青森県	48.4	26	大阪府	47.6	38	富山県	46.1
3	奈良県	53.1	15	三重県	48.2	27	岩手県	47.4	39	愛知県	45.7
4	鹿児島県	50.7	16	徳島県	48.1	28	広島県	47.4	40	静岡県	45.7
5	長崎県	50.6	17	福島県	48.1	29	群馬県	47.2	41	秋田県	45.1
6	和歌山県	50.6	18	山口県	48.0	30	長野県	47.2	42	北海道	45.0
7	滋賀県	49.9	19	山形県	48.0	31	高知県	47.2	43	新潟県	44.8
8	宮崎県	49.7	20	茨城県	47.9	32	山梨県	47.0	44	千葉県	43.5
9	兵庫県	49.2	21	京都府	47.8	33	福岡県	46.9	45	埼玉県	43.3
10	岡山県	49.2	22	島根県	47.8	34	宮城県	46.7	46	神奈川県	42.4
11	香川県	48.9	23	福井県	47.8	35	石川県	46.6	47	東京都	35.9

9　高校生活動可能人口

(1) 定義または算定方法

　2013年の国土数値情報の高校位置情報を用いて、ARCGISPROで10km圏内の円を描き、その円にかかる市区町村を抽出した。市区町村別の高校生徒数は学校基本調査で分かるが、高校別の生徒数は統計データからは不明である。そこで2019年の学校基本調査における市区町村別高校生数を高校数で除して、1校当たり生徒数を市区町村別に求め、これを各高校の生徒数とした。

　したがって、各市区町村の10km圏内の高校生徒数は、当該市区町村の10km圏内高校数×高校所在地のある市区町村の1校当たりの生徒数で求めた。

(2) 労働力人口千人当たり10km圏内高校生数算定結果

　全国合計の10km圏内の延べ高校生数は3,810万人であり、2019年労働力人口推計値の7,668万人で割ると、労働者千人当たり高校生数は498.3となった。自治体区分別の割合を見ると、区部が678.7、中核市が198.8、一般市

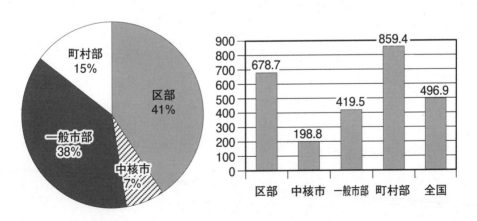

図11　自治体区分別高校生割合と労働力人口千人当たり高校生数（2019年）

表11　都道府県別労働力人口千人当たり高校生数（2019年）

順位	都道府県名	高校生数	順位	都道府県名	高校生数	順位	都道府県名	高校生数	順位	都道府県名	高校生数
	全国	498.3	12	群馬県	400.2	24	北海道	261.6	36	富山県	196.7
1	大阪府	1162.4	13	佐賀県	398.5	25	和歌山県	253.8	37	福島県	189.1
2	奈良県	976.2	14	千葉県	393.5	26	長野県	252.2	38	長崎県	182.4
3	京都府	819.3	15	兵庫県	381.0	27	静岡県	251.4	39	愛媛県	178.9
4	埼玉県	729.1	16	山梨県	353.2	28	山形県	237.2	40	鳥取県	167.9
5	東京都	722.1	17	徳島県	346.4	29	三重県	234.5	41	山口県	165.2
6	愛知県	658.2	18	宮城県	336.6	30	香川県	231.4	42	大分県	151.8
7	神奈川県	640.3	19	茨城県	329.0	31	新潟県	226.8	43	鹿児島県	151.0
8	沖縄県	523.9	20	広島県	320.8	32	福井県	212.5	44	岩手県	147.3
9	福岡県	517.7	21	滋賀県	301.3	33	石川県	207.0	45	宮崎県	137.3
10	岐阜県	510.5	22	岡山県	289.5	34	青森県	203.0	46	島根県	125.0
11	熊本県	407.5	23	栃木県	262.5	35	高知県	198.4	47	秋田県	110.0

部が419.5、町村部が859.4であった。労働者が多い区部を除くと、都市規模が小さいほど割合も相対的に高くなる傾向があり、町村部に大きなポテンシャルがあると言える。

　都道府県別に見ると、大阪府が1,162.4で最も大きく、次いで奈良県976.2、京都府819.3、埼玉県729.1、東京都722.1となっており、首都圏と近畿圏で高い都府県が多い。逆に最も低いのは、秋田県110.0で、島根県125.0、宮崎県137.3、岩手県147.3、鹿児島県151.0の順となっており、東北と九州地方で低い県が多くなっている。

10　大学生活動可能人口

(1) 定義または算定方法

　専門学校や短大はカリキュラムがタイトで在籍期間も短く、社会活動の時間的余裕がないと思われることから、活動ポテンシャルがあまりないと仮定し、4年制の大学のみを対象とした。

　規模の大きな大学のキャンパスは分散しており、所在地ごとの学生数の

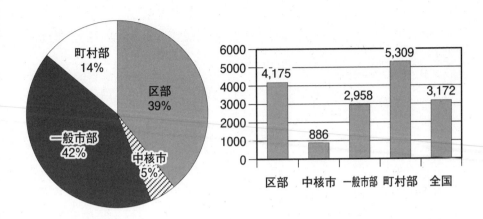

図12 自治体区分別大学生割合と労働力人口千人当たり最大活動可能大学生数（2019年）

データは存在しない。そこでキャンパスが複数ある場合、大学全体の学生数を割り当てた。これはキャンパスごとの学生数の把握には膨大な作業を要すること、また拠点があれば全学生が活動する必修科目を設ける可能性もゼロではないことを理由とする。

　活動範囲については、高校は10km圏内としたが、大学はさらに広範囲に及ぶ。日本学生支援機構（JASSO）の2018年度学生生活調査[2] において、自宅通学の学生のうち120分を超える通学時間の学生は5.6%であることから、大学生の活動範囲は所在地から120分以内＝20km圏内（時速10km/sと仮定）とし、20km圏内最大活動可能大学生数を市区町村別に算定した。

　しかし、特に国公立大学は所属する都道府県内の市区町村で地域貢献を行っている例が見られることから、キャンパスの所属する都道府県内であれば、遠方でも活動可能性があると考えられる。そこで、市区町村の大小にかかわらず、平等に関与する可能性があると仮定し、都道府県内学生数を当該市区町村の数で割った値、すなわち「都道府県市区町村当たり最大活動可能大学生数」を算定した。

　20km圏内最大活動可能大学生数と都道府県市区町村当たり最大活動可能

---

2) 日本学生支援機構（2019）2018年度学生生活調査.
　 https://www.jasso.go.jp/about/statistics/gakusei_chosa/2018.html

表12　都道府県別労働力人口千人当たり最大活動可能大学生数（2019年）

順位	都道府県名	大学生数	順位	都道府県名	大学生数	順位	都道府県名	大学生数	順位	都道府県名	大学生数
	全国	3,182	12	滋賀県	2,135	24	宮城県	853	36	石川県	447
1	埼玉県	7,624	13	茨城県	1,661	25	山形県	784	37	秋田県	389
2	奈良県	7,016	14	福島県	1,536	26	長野県	769	38	岩手県	380
3	東京都	6,981	15	兵庫県	1,499	27	大分県	757	39	長崎県	370
4	神奈川県	6,600	16	岐阜県	1,345	28	徳島県	751	40	三重県	369
5	京都府	6,085	17	佐賀県	1,307	29	高知県	674	41	鹿児島県	363
6	大阪府	4,772	18	栃木県	1,193	30	富山県	559	42	香川県	335
7	千葉県	3,972	19	山梨県	1,186	31	沖縄県	553	43	新潟県	292
8	熊本県	3,028	20	北海道	1,116	32	岡山県	518	44	福井県	286
9	愛知県	2,645	21	群馬県	1,113	33	山口県	485	45	島根県	227
10	和歌山県	2,221	22	広島県	1,093	34	鳥取県	463	46	愛媛県	211
11	福岡県	2,145	23	静岡県	987	35	青森県	452	47	宮崎県	179

大学生数の大きい方を、当該市区町村の「最大活動可能大学生数」とし、これをポテンシャルを表す尺度とした。

(2) 労働力人口千人当たり最大活動可能大学生数算定結果

　全国の大学数は800、大学施設数は1,900余り、学生数は262万人であった。

　合計の最大活動可能大学生数は延べ2,433万人であり、2019年労働力人口推計値の7,668万人で割ると、労働者千人当たり最大活動可能大学生数は3,182となった。自治体区分別の割合を見ると、区部が4,175、中核市が886、一般市部が2,958、町村部が5,309であった。大都市圏では大学数が多いため学生数も多いが、他の種別では都市規模が小さいほど割合も相対的に高くなる傾向があり、町村部で大きなポテンシャルがあると言える。

　都道府県別に見ると、埼玉県が7,624で最も大きく、次いで奈良県7,016、東京都6,981、神奈川県6,600、京都府6,085、大阪府4,772、千葉県3,972となっており、首都圏と近畿地方に高い県が多い。逆に最も低いのは、宮崎県の179で、愛媛県211、島根県227、福井県286、新潟県292、香川県335の順となっており、四国や北陸地方に低い県が多くなっている。

次世代支援ニーズのSDGs目標別算定結果

　ここでは、次世代支援のニーズ（需要）のSDGs目標別に尺度を選定し、推計・算定した結果について述べる。

　表0.aにデータの出典や算定方法の一覧を示した。また、表0.bに各データと地域創生活動との関連を示した。以下、データごとの算定結果の概要を自治体区分別と都道府県別に示す。

表0.a　データ出典・算定方法一覧

SDGs No	SDGs分野	データ	単位	年次	算定方法
1	貧困をなくそう	推定被保護実世帯数	世帯	2019	厚生労働省の被保護者調査の「被保護世帯数」を用いたが、これには都道府県、政令指定都市、中核市と各都道府県の市部全体と郡部全体のデータしかない。そこで2019年の住民基本台帳世帯数で割って、これらの被保護実世帯率を算出しておき、データの無い市町村は当該市町村の世帯数にその市町村が属する都道府県の被保護実世帯率を乗じて推計した。
		ひとり親世帯数	世帯	2015	国勢調査の値をそのまま用いた。
2	飢餓をゼロに	耕地放棄面積	ha	2014	都道府県・市区町村のすがた（社会・人口統計体系）の値をそのまま用いた（元は農林水産省統計）。
		直売所数	ヵ所	2012	国土地理院発行の国土数値情報地場産業関連施設データより、農林水産業の六次産業化に関する直売所、直営レストラン、体験施設（農林漁業体験民宿、市民農園）の位置、名称、種別を市区町村別に集計した。
3	すべての人に健康と福祉を	高齢者世帯数	世帯	2015	国勢調査における「65歳以上の世帯員のいる核家族世帯数」「高齢夫婦世帯数（高齢夫婦のみ）」「高齢単身世帯数」の3つを合計したものを「高齢者のいる世帯」、すなわちここでいう高齢者世帯数と定義した。
		障がい者施設在所者数	人	2017	障がい者支援施設と身体障がい社会参加支援施設の在所者数を合計したものとし、総務省統計局e-Statの社会・人口統計体系から算定した。2010年は施設数と在所者数の両方のデータが存在するが、2017年は施設数のみしかデータがなく、在所者数を推計する必要がある。そこで2017年在所者数＝2017年施設数×2010年施設当たり在所者数として算定した。ただし、2010年施設数が0で2017年の施設数が0でない市区町村は、所属都道府県の2010年施設当たり在所者数を採用した。
4	質の高い教育をみんなに	幼保・義務教育子ども数	人	2017, 2019	文部科学省の学校基本調査（2019年）より幼稚園園児数、こども園園児数（以下これらを総称して「幼保」とする）、小学生数、中学生数、義務教育学校の1～6年生徒数、義務教育学校の7～9年生徒数を合計して求めた。保育園については、統計でみる市区町村のすがた（元は厚生労働省の統計）から2017年の保育所等在所児数を取得した。
		ひとり親世帯数（再掲）	世帯	2015	国勢調査の値をそのまま用いた。
5	ジェンダー平等を実現しよう	20～40代女性人口	人	2019	住民基本台帳の年齢別人口より、20～24歳、25～29歳、30～34歳、35～39歳、40～44歳、45～49歳の女性の人口を合計して求めた。
		母子世帯数	世帯	2015	国勢調査の値をそのまま用いた。
6	安全な水とトイレを世界中に	河川延長	km	2006～2009	国土地理院が2012年に作成した国土数値情報の河川の地理情報（シェープファイル）からArcGisProを用いて市区町村別の延長を集計した。

SDGs No	SDGs分野	データ	単位	年次	算定方法
8	働きがいも経済成長も	宿泊・飲食サービス事業所数	事業所	2016	都道府県・市区町村のすがた（社会・人口統計体系）の値をそのまま用いた。
		農家数	戸	2014	都道府県・市区町村のすがた（社会・人口統計体系）の値をそのまま用いた。
9	産業と技術革新の基盤をつくろう	廃業事業所率	%	2016	経済センサスにおける廃業事業所数を事業所総数で割って算定した。
		支出からの生産への還流額	億円	2015	支出による生産への還流とは、民間消費、民間投資、その他支出のうち、流入と域内分を合計したもの。 内閣府が作成した地域経済分析システム（RESAS）の市区町村別推計値を取得した。
10	人や国の不平等をなくそう	外国人人口	人	2018	都道府県・市区町村のすがた（社会・人口統計体系）の値をそのまま用いた。
11	住み続けられるまちづくりを	空き家数	件	2018	住宅土地統計を用いた。しかしこれは市、区及び人口1万5千人以上の町村しか公開されていない。そこで1万5千人未満の町村の推計値は、国勢調査の世帯数を併用して、都道府県単位の世帯当たり空き家原単位を求め、これに2015年の町村の住居世帯数を乗じて推計した。
		交通事故発生件数	件	2008	都道府県・市区町村のすがた（社会・人口統計体系）の値をそのまま用いた。
12	つくる責任つかう責任	1人1日当たりごみ排出量	g/人日	2016	環境省の一般廃棄物廃棄物処理実態調査を用いた。政令指定都市の特別区のデータはないため、政令指定都市全体の値を一律に用いた。
		生産付加価値額	億円	2015	内閣府が作成した地域経済分析システム（RESAS）の市区町村別推計値を取得した。
7,13	気候変動に具体的な対策を	世帯当たり光熱費	億円	2000	太陽光エネルギー、太陽熱エネルギー、風力エネルギー、廃棄物エネルギー（可燃ごみのRDF化）、林業系バイオマスエネルギー、農業系バイオマスエネルギー、畜産系バイオマスエネルギーの7種の再生可能エネルギーに関して算定した。
		再エネ可採量	TJ	2020	総務省の家計調査の値を用いたが、これは県庁所在地都市、政令指定都市のデータしかない。そこでデータがない場合は、都道府県の値から推計した。具体的には電気代、ガス代、その他光熱費の世帯当たりの平均値を都道府県別に求め、これを市区町村の世帯当たりの電気代、ガス代、その他光熱費の原単位とした。2019年住民基本台帳の世帯数に、この原単位を乗じて当該市区町村全体の値を求めた。
14	海の豊かさを守ろう	プラスチック排出量推計値	t	2016	「環境自治体白書2018」で推計した値をそのまま用いた。すなわち、ごみ組成分析結果を公表している69自治体について、プラスチックごみの推計値を算出し、プラスチックごみ排出量を被説明変数、種類別ごみ排出量や地域特性を説明変数とする重回帰分析を行って推計式を作成した。この推計式に全国の市区町村の2016年の種類別ごみ排出量や地域特性の値を代入して推計した。
		海浜面積	km²	2009	国土地理院の国土数値情報の土地利用現況4次メッシュデータ（500m区画のデータ）をArcGisを用いて市区町村別に集計した。
15	陸の豊かさも守ろう	植生自然度7以上面積	km²	1992-1996	環境省生物多様性センターが行っている自然環境保全基礎調査の第5回基礎調査の植生3次メッシュデータ（1km区画のデータ）を用いた。
		自然公園面積	km²	2015	国土地理院の国土数値情報から2015年の自然保全地域と国立公園のポリゴンデータを抽出し、ArcGisProを用いて市区町村別に集計した。
16	平和と公正をすべての人に	刑法犯認知件数	件	2008	都道府県・市区町村のすがた（社会・人口統計体系、もとは警察庁のデータ）の値をそのまま用いた。
17	パートナーシップで目標を達成しよう	協働拠点数	カ所	2013	国土地理院国土数値情報の2013年の文化施設データの地点データ（シェープファイル）を市区町村別に集計して求めた。小中学校については、調査時点でグランド貸し出しをしているところが含まれているが、貸し出しを行っていなくても拠点としてのポテンシャルはあるため、市区町村別に集計した結果ゼロになってしまった市区町村のみ、その地域内に含まれる公立小中学校の全てを追加した。

表0.b　地域創生活動との関連

SDGs No	SDGs分野	データ	地域創生活動との関連
1	貧困をなくそう	推定被保護実世帯数	対象家庭の方々と交流ができる。また、子ども食堂や居場所などなどのリノベーションや運営の手伝いができる。
		ひとり親世帯数	
2	飢餓をゼロに	耕地放棄面積	農作業を手伝ったり活用方策を考えて実践することができる。
		直売所数	農産物・加工品の販売を手伝ったり、新商品を開発することができる。
3	すべての人に健康と福祉を	高齢者世帯数	健康づくりや遊び、食事を一緒にするなど高齢者や障がい者の方々と交流ができる。また、交流施設などのリノベーションや運営の手伝いができる。
		障がい者施設在所者数	
4	質の高い教育をみんなに	幼保・義務教育子ども数	子どもたちに勉強を教えたり、遊びや食事を一緒にするなどができる。また、子どもの居場所などのリノベーションや運営の手伝いができる。
		ひとり親世帯数(再掲)	
5	ジェンダー平等を実現しよう	20～40代女性人口	共働き家庭や母子家庭の子どもに勉強を教えたり、遊びや食事を一緒にするなどができる。また、子どもの居場所などのリノベーションや運営の手伝いができる。
		母子世帯数	
6	安全な水とトイレを世界中に	河川延長	河川・水路・池・側溝などの清掃や補修作業を行うことができる。
8	働きがいも経済成長も	宿泊・飲食サービス事業所数	インターンシップなどを通じての労力提供や観光ツアーの企画運営、イベント時の出店の手伝いを行うことができる。
		農家数	農作業を手伝ったり、農産物・加工品の販売を手伝ったり、新商品を開発することができる。
9	産業と技術革新の基盤をつくろう	廃業事業所率	廃業しそうな事業所や地元企業に対しインターンシップなどを通じての労力提供や新たな商品・サービスの提案や実践、ITを使ったPR、イベント時の出店の手伝いを行うことができる。また既存建築物のイノベーション拠点施設へのリノベーションや運営の手伝いができる。
		支出からの生産への還流額	
10	人や国の不平等をなくそう	外国人人口	在留外国人の方々の生活支援や生活情報の多言語化を行ったり、諸外国の生活・文化体験などの交流を行うことができる。また、交流施設などのリノベーションや運営の手伝いができる。
11	住み続けられるまちづくりを	空き家数	空き家の雑草やごみの除去活動や、学習・交流活動や経済活動の拠点施設へのリノベーションや運営の手伝いができる。
		交通事故発生件数	登下校時や遊び場周辺での子どもの見守り活動を行うことができる。
12	つくる責任つかう責任	1人1日当たりごみ排出量	道路やごみ集積場の清掃活動、余り食材・賞味期限切れ前食材のフードバンクへの寄付活動、フードロスや容器包装削減イベントなどの企画・運営を行うことができる。
		生産付加価値額	環境配慮型商品の企画・販売や、フェアトレード商品(環境や人権に配慮して生産された商品)の購入・販売
7,13	気候変動に具体的な対策を	世帯当たり光熱費	企業や行政、学校において省エネの呼びかけや点検活動(エコみまわり)を行うことができる。
		再エネ可採量	再生可能エネルギー設備や周辺の清掃活動、市民共同発電所への寄付を募る活動を行うことができる。
14	海の豊かさを守ろう	プラスチック排出量推計値	プラスチック製品やレジ袋など容器包装削減活動やイベントなどの企画・運営を行うことができる。
		海浜面積	海や海辺の生物観察や海辺の清掃・維持管理活動を行うことができる。
15	陸の豊かさも守ろう	植生自然度7以上面積	野生生物の観察・生態調査、貴重な生き物の保護・飼育、自然公園や里山における清掃や自然再生活動、野生生物の生息空間(ビオトープ)の製作・修復・清掃活動を行うことができる。
		自然公園面積	
16	平和と公正をすべての人に	刑法犯認知件数	登下校時や遊び場周辺での子どもの見守り活動を行うことができる。
17	パートナーシップで目標を達成しよう	協働拠点数	スポーツや文化芸術活動や日常生活を通じての多世代・多国籍の交流活動を行うことができる。また、既存建築物のイノベーション拠点施設へのリノベーションや運営の手伝いができる。

1 被保護実世帯数（SDGs1）

(1) 定義または算定方法

　厚生労働省の被保護者調査（2019年）の「被保護世帯数」を用いたが、これには都道府県、政令指定都市、中核市と各都道府県の市部全体と郡部全体のデータしかない。そこで住民基本台帳世帯数（2019年）で割って、これらの被保護実世帯率を算出しておき、データの無い市町村は当該市町村の世帯数にその市町村が属する都道府県の被保護実世帯率を乗じて推計した。例えば北海道ニセコ町の世帯数は2,769であるので、これに北海道郡部の被保護実世帯率2.9%を乗じた結果、被保護世帯数は81と推計される。

(2) 集計結果

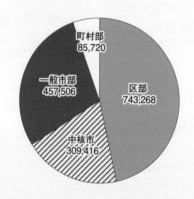

図1　自治体区分別被保護実世帯数

　全国での被保護実世帯数は160万世帯であり被保護実世帯率は2.8%であった。市部は3.2%、郡部は1.9%と市部の方が高くなった。自治体区分別に見ると、区部（自治体数198）が74万人、中核市（自治体数58）が31万人、一般市部（自治体数702）が46万人、町村部（自治体数898）が9万人と都市部に集中していることが分かる。

　都道府県別に見ると、東京都が39万人で最も多く、次いで大阪府32万人、神奈川県19万人、北海道16万人、福岡県13万人と大都市圏で多くなっている。

表1　都道府県別被保護実世帯数

順位	都道府県名	推定被保護実世帯数	順位	都道府県名	推定被保護実世帯数	順位	都道府県名	推定被保護実世帯数	順位	都道府県名	推定被保護実世帯数
	全国	1,595,910	12	静岡県	33,476	24	三重県	12,549	36	岐阜県	8,694
1	東京都	393,323	13	宮城県	32,590	25	大分県	12,403	37	長野県	7,789
2	大阪府	315,500	14	熊本県	28,267	26	奈良県	12,371	38	香川県	6,947
3	神奈川県	189,606	15	岡山県	26,608	26	高知県	12,371	39	滋賀県	6,931
4	北海道	157,482	16	沖縄県	24,988	28	宮崎県	11,700	40	佐賀県	6,525
5	福岡県	130,549	17	新潟県	22,969	29	福島県	11,387	41	山形県	5,358
6	兵庫県	104,061	18	茨城県	22,626	30	和歌山県	10,763	42	石川県	5,099
7	愛知県	90,833	19	鹿児島県	19,536	31	徳島県	10,432	43	山梨県	4,793
8	埼玉県	75,326	20	青森県	18,977	32	群馬県	10,364	44	鳥取県	4,102
9	千葉県	71,893	21	長崎県	17,437	33	山口県	10,100	45	島根県	3,657
10	京都府	69,235	22	愛媛県	14,588	34	秋田県	9,028	46	福井県	2,967
11	広島県	46,222	23	栃木県	13,829	35	岩手県	8,951	47	富山県	2,649

2　ひとり親世帯数（SDGs1、SDGs4）

(1) 定義または算定方法

　国勢調査（2015年）における母子世帯数と父子世帯数の合計値をひとり親世帯数とした。

(2) 集計結果

　全国でのひとり親世帯数は154万世帯であり世帯率は2.7%であった。自治体区分別に見ると、区部が70万人、中核市が31万人、一般市部が46万人、町村部が8万人と被保護実世帯数と似た結果になっており、都市部に集中していることが分かる。

　都道府県別に見ると、東京都が39万人で最も多く、次いで大阪府32万人、神奈川県19万人、福岡県13万人、兵庫県10万人と大都市圏で多くなっている。

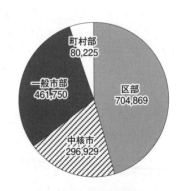

図2　自治体区分別ひとり親世帯数

表2　都道府県別ひとり親世帯数

順位	都道府県名	ひとり親世帯数	順位	都道府県名	ひとり親世帯数	順位	都道府県名	ひとり親世帯数	順位	都道府県名	ひとり親世帯数
	全国	1,543,773	12	静岡県	33,476	24	三重県	12,547	36	岐阜県	8,689
1	東京都	393,325	13	宮城県	32,588	25	大分県	12,403	37	長野県	7,792
2	大阪府	315,499	14	熊本県	28,264	26	高知県	12,372	38	香川県	6,947
3	神奈川県	189,605	15	岡山県	26,605	27	奈良県	12,369	39	滋賀県	6,931
4	福岡県	130,545	16	沖縄県	24,990	28	宮崎県	11,702	40	佐賀県	6,524
5	兵庫県	104,064	17	新潟県	22,969	29	福島県	11,386	41	山形県	5,361
6	愛知県	90,827	18	茨城県	22,630	30	和歌山県	10,764	42	石川県	5,099
7	埼玉県	75,326	19	鹿児島県	19,537	31	徳島県	10,431	43	山梨県	4,792
8	千葉県	71,896	20	青森県	18,977	32	群馬県	10,369	44	鳥取県	4,101
9	京都府	69,235	21	長崎県	17,436	33	山口県	10,099	45	島根県	3,655
10	北海道	66,954	22	愛媛県	14,591	34	秋田県	9,027	46	福井県	2,967
11	広島県	46,224	23	栃木県	13,830	35	岩手県	8,952	47	富山県	2,649

3　耕地放棄面積（SDGs2）

（1）定義または算定方法

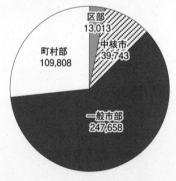

図3　自治体区分別耕地放棄面積

都道府県・市区町村のすがた（社会・人口統計体系、2014年）より取得したデータをそのまま用いた。

（2）集計結果

全国の耕地放棄面積は約41万haで、全耕地面積の約10％を占めている。自治体区分別に見ると、区部が1.3万ha、中核市が3.9万ha、一般市部が24.8万ha、町村部が11.0万haと一般市部と町村部に集中していることが分かる。

都道府県別に見ると、茨城県が2.4万haで最も多く、次いで福島県2.3万ha、千葉県1.9万ha、岩手県1.7万ha、青森県1.7万haと関東や東北地方で多くなっているが、これは東日本大震災の影響と思われる。

表3　都道府県別耕地放棄面積

順位	都道府県名	耕地放棄面積 (ha)	順位	都道府県名	耕地放棄面積 (ha)	順位	都道府県名	耕地放棄面積 (ha)	順位	都道府県名	耕地放棄面積 (ha)
	全国	410,222	12	岡山県	12,547	24	大分県	8,184	36	徳島県	3,902
1	茨城県	23,918	13	宮城県	12,274	25	福岡県	7,536	37	高知県	3,724
2	福島県	23,495	14	広島県	11,883	26	三重県	7,314	38	鳥取県	3,598
3	千葉県	19,478	15	新潟県	11,343	27	兵庫県	7,027	39	奈良県	3,591
4	岩手県	17,428	16	鹿児島県	10,720	28	島根県	6,971	40	京都府	3,258
5	青森県	17,321	17	長崎県	10,652	29	香川県	6,096	41	神奈川県	3,025
6	静岡県	17,245	18	栃木県	10,296	30	岐阜県	5,831	42	富山県	2,470
7	北海道	16,773	19	愛媛県	10,173	31	石川県	5,818	43	沖縄県	2,440
8	長野県	16,662	20	秋田県	9,530	32	宮崎県	4,772	44	滋賀県	2,276
9	群馬県	14,011	21	山口県	8,605	33	山梨県	4,760	45	福井県	1,952
10	埼玉県	13,051	22	愛知県	8,405	34	佐賀県	4,676	46	大阪府	1,684
11	熊本県	12,807	23	山形県	8,372	35	和歌山県	4,389	47	東京都	916

4　直売所数（SDGs2）

(1)　定義または算定方法

　国土地理院発行の国土数値情報地場産業関連施設データ（2012年）より、農林水産業の六次産業化に関する直売所、直営レストラン、体験施設（農林漁業体験民宿、市民農園）の位置、名称、種別を地理情報システムソフトウエア ArcGIS を用いて市区町村別に集計した。

(2)　集計結果

　全国の直売所は6,729ヵ所で、内訳は直売所3,781、直営レストラン851、農林漁業体験民宿335、市民農園1914で延べ合計が6,881となった。自治体区分別に見ると、区部が506ヵ所、中核市が684ヵ所、一般市部が3,942ヵ所、町村部が1,597ヵ所と一般市部と町村部に集中していることが分かる。

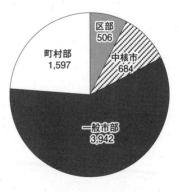

図4　自治体区分別直売所数

都道府県別に見ると、神奈川県が521ヵ所で最も多く、次いで北海道と長野県の386ヵ所、愛知県375ヵ所、東京都337ヵ所と東日本や中部地方で多くなっている。

表4　都道府県別直売所数

順位	都道府県名	直売所数	順位	都道府県名	直売所数	順位	都道府県名	直売所数	順位	都道府県名	直売所数
	全国	6,729	12	岡山県	187	24	熊本県	115	36	山口県	78
1	神奈川県	521	13	岩手県	182	25	秋田県	103	37	滋賀県	66
2	北海道	386	14	栃木県	175	26	京都府	98	38	香川県	65
2	長野県	386	15	福岡県	167	27	高知県	95	39	大阪府	60
4	愛知県	375	16	青森県	166	28	佐賀県	93	39	島根県	60
5	東京都	337	17	福島県	165	28	長崎県	93	41	沖縄県	58
6	千葉県	291	18	群馬県	160	30	山形県	86	42	鳥取県	57
7	埼玉県	283	19	宮城県	154	31	石川県	85	43	和歌山県	56
8	新潟県	253	20	岐阜県	153	32	三重県	84	44	徳島県	51
9	兵庫県	237	21	広島県	152	33	大分県	83	45	福井県	45
10	茨城県	233	21	鹿児島県	152	34	山梨県	81	46	富山県	44
11	静岡県	195	23	愛媛県	145	34	宮崎県	81	47	奈良県	43

5　高齢者世帯数（SDGs3）

(1) 定義または算定方法

国勢調査（2015年）において、「65歳以上の世帯員のいる核家族世帯数」「高齢夫婦世帯数（高齢夫婦のみ）」「高齢単身世帯数」の3つを合計したものを「高齢者のいる世帯」、すなわちここでいう高齢者世帯数と定義した。

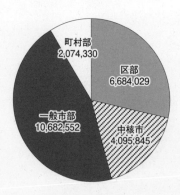

図5　自治体区分別高齢者世帯数

(2) 集計結果

全国の高齢者世帯数は2,354万世帯で、全世帯数の44％を占めている。自治体区分別に見ると、区部が668万世帯、中核市が410万世帯、　般市部が1,068万世帯、町村部が

2,074万世帯と一般市部と町村部に多いことが分かる。

　都道府県別に見ると、神奈川県が270万世帯で最も多く、次いで東京都241万世帯、大阪府234万世帯、愛知県165万世帯、北海道158万世帯、埼玉県154万世帯と大都市圏で多くなっている。

表5　都道府県別高齢者世帯数

順位	都道府県名	高齢者世帯数	順位	都道府県名	高齢者世帯数	順位	都道府県名	高齢者世帯数	順位	都道府県名	高齢者世帯数
	全国	23,536,756	12	広島県	776,986	24	栃木県	319,432	36	香川県	197,737
1	神奈川県	2,703,515	13	宮城県	534,178	25	福島県	304,552	37	秋田県	196,711
2	東京都	2,413,006	14	新潟県	512,155	26	愛媛県	303,960	38	沖縄県	193,803
3	大阪府	2,335,409	15	茨城県	494,603	27	奈良県	280,051	39	富山県	180,583
4	愛知県	1,648,877	16	岡山県	484,617	28	長崎県	273,749	40	山形県	170,046
5	北海道	1,584,951	17	熊本県	453,089	29	大分県	247,188	41	高知県	165,721
6	埼玉県	1,534,140	18	長野県	394,367	30	青森県	239,041	42	山梨県	144,826
7	兵庫県	1,448,702	19	鹿児島県	370,146	31	宮崎県	235,269	43	徳島県	144,043
8	福岡県	1,392,540	20	群馬県	360,041	32	岩手県	221,373	44	佐賀県	129,501
9	千葉県	1,320,782	21	岐阜県	345,398	33	滋賀県	219,900	45	島根県	128,919
10	静岡県	898,885	22	三重県	338,868	34	和歌山県	211,519	46	福井県	120,636
11	京都府	824,644	23	山口県	331,357	35	石川県	200,852	47	鳥取県	94,689

6　障がい者施設在所者数（SDGs3）

(1) 定義または算定方法

　障がい者支援施設と身体障がい者社会参加支援施設の在所者数を合計したものとし、総務省統計局e-Statの社会・人口統計体系から算定した。2010年は施設数と在所者数の両方のデータが存在するが、2017年は施設数のみしかデータがなく、在所者数を推計する必要がある。そこで2017年在所者数＝2017年施設数×2010年施設当たり在所者数として算定した。ただし、2010年施設数が0で2017年の施設数が0でない

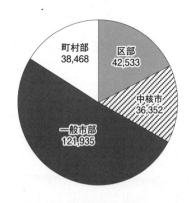

図6　自治体区分別障がい者施設在所者数

市区町村は、所属都道府県の2010年施設当たり在所者数を採用した。

(2) 集計結果

全国の障がい者施設在所者は24万人であった。自治体区分別に見ると、区部が4.2万人、中核市が3.6万人、一般市部が12.2万人、町村部が3.8万人と都市部に多いことが分かる。

都道府県別に見ると、神奈川県が2.4万人で最も多く、次いで北海道2.3万人、兵庫県1.3万人、千葉県1.2万人、大阪府1.2万人と大都市圏で多くなっている。

表6　都道府県別障がい者施設在所者数

順位	都道府県名	障がい者施設在所者数	順位	都道府県名	障がい者施設在所者数	順位	都道府県名	障がい者施設在所者数	順位	都道府県名	障がい者施設在所者数
	全国	239,287	12	広島県	6,616	24	京都府	4,166	36	奈良県	2,762
1	神奈川県	24,084	13	熊本県	6,523	25	秋田県	3,755	37	福井県	2,487
2	北海道	22,626	14	群馬県	6,318	26	長崎県	3,581	38	佐賀県	2,479
3	兵庫県	13,446	15	長野県	6,247	27	愛媛県	3,487	39	山梨県	2,464
4	千葉県	12,455	16	宮城県	5,615	28	岐阜県	3,397	40	富山県	2,401
5	大阪府	12,297	17	鹿児島県	5,591	29	大分県	3,359	41	香川県	1,944
6	福岡県	12,177	18	茨城県	5,380	30	石川県	3,206	42	高知県	1,845
7	埼玉県	12,100	19	岡山県	5,182	31	山口県	2,939	43	和歌山県	1,784
8	東京都	9,649	20	岩手県	4,805	32	山形県	2,862	44	三重県	1,691
9	愛知県	9,623	21	沖縄県	4,738	33	福島県	2,843	45	島根県	1,600
10	新潟県	8,527	22	青森県	4,481	34	宮崎県	2,805	46	滋賀県	1,223
11	静岡県	7,484	23	栃木県	4,249	35	徳島県	2,802	47	鳥取県	1,210

7　幼保・義務教育子ども数（SDGs4）

(1) 定義または算定方法

文部科学省の学校基本調査（2109年）より取得した、幼稚園園児数、こども園園児数（以下これらを総称して「幼保」とする）、小学生数、中学生数、義務教育学校の1〜6年生徒数及び義務教育学校の7〜9年生徒数を合計して求めた。保育園については、統計でみる市区町村のすがた（2017年、元は厚生労働省の統計）から保育所等在所児数を取得した。

（2）集計結果

全国の幼保・義務教育子ども数は1,398万人であった。自治体区分別に見ると、区部が381万人、中核市が250万人、一般市部が650万人、町村部が117万人であった。

都道府県別に見ると、千葉県が160万人で最も多く、次いで神奈川県159万人、大阪府135万人、東京都130万人、愛知県112万人と大都市圏で多くなっている。

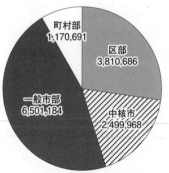

図7　自治体区分別幼保・義務教育子ども数

表7　都道府県別幼保・義務教育子ども数

順位	都道府県名	幼保・義務教育子ども数（人）	順位	都道府県名	幼保・義務教育子ども数（人）	順位	都道府県名	幼保・義務教育子ども数（人）	順位	都道府県名	幼保・義務教育子ども数（人）
	全国	13,982,529	12	京都府	430,490	24	福島県	198,667	36	山形県	123,965
1	千葉県	1,595,910	13	宮城県	368,167	25	鹿児島県	194,214	37	富山県	121,717
2	神奈川県	1,592,181	14	新潟県	341,024	26	滋賀県	180,291	38	香川県	115,782
3	大阪府	1,353,556	15	茨城県	332,274	27	長崎県	160,657	39	秋田県	104,778
4	東京都	1,298,617	16	熊本県	310,427	28	奈良県	153,593	40	佐賀県	103,388
5	愛知県	1,123,376	17	岡山県	300,672	29	愛媛県	149,650	41	和歌山県	101,733
6	埼玉県	928,608	18	長野県	236,993	30	青森県	149,184	42	福井県	99,342
7	福岡県	854,961	19	岐阜県	228,841	31	山口県	148,995	43	山梨県	89,588
8	兵庫県	791,536	20	群馬県	228,005	32	石川県	141,723	44	島根県	80,762
9	北海道	718,953	21	栃木県	226,219	33	岩手県	139,907	45	徳島県	78,934
10	静岡県	600,800	22	沖縄県	210,957	34	宮崎県	135,809	46	高知県	74,083
11	広島県	466,285	23	三重県	206,538	35	大分県	132,865	47	鳥取県	68,198

8　20～40代女性人口（SDGs5）

（1）定義または算定方法

住民基本台帳（2019年）の年齢別人口より、20～24歳、25～29歳、30～34歳、35～39歳、40～44歳、45～49歳の女性の人口を合計して求めた。

(2) 集計結果

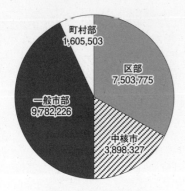

図8　自治体区分別
20～40代女性人口

全国の20～40代女性人口は2,280万人であり、全人口1億2,744万人の18%、女性6,527万人の35%を占めている。自治体区分別に見ると、区部が750万人、中核市が390万人、一般市部が978万人、町村部が160万人と都市部に集中していることが分かる。

都道府県別に見ると、東京都が295万人で最も多く、次いで神奈川県293万人、大阪府226万人、愛知県186万人、埼玉県163万人と大都市圏で多くなっている。

表8　都道府県別20～40代女性人口

順位	都道府県名	20～40代女性人口(人)	順位	都道府県名	20～40代女性人口(人)	順位	都道府県名	20～40代女性人口(人)	順位	都道府県名	20～40代女性人口(人)
	全国	22,789,831	12	広島県	716,132	24	沖縄県	274,822	36	富山県	172,200
1	東京都	2,949,477	13	宮城県	632,995	25	滋賀県	257,478	37	山形県	167,104
2	神奈川県	2,927,365	14	新潟県	501,824	26	鹿児島県	255,259	38	香川県	166,047
3	大阪府	2,266,630	15	茨城県	494,380	27	奈良県	235,213	39	和歌山県	152,591
4	愛知県	1,857,012	16	岡山県	465,828	28	愛媛県	223,346	40	秋田県	142,906
5	埼玉県	1,626,133	17	熊本県	426,409	29	山口県	216,386	41	佐賀県	132,800
6	福岡県	1,449,440	18	長野県	338,467	30	長崎県	211,766	42	福井県	130,495
7	千葉県	1,309,838	19	岐阜県	337,384	31	青森県	200,216	43	山梨県	128,374
8	兵庫県	1,289,336	20	栃木県	336,558	32	石川県	197,733	44	徳島県	118,444
9	北海道	1,288,744	21	群馬県	333,660	33	岩手県	192,351	45	高知県	106,128
10	静岡県	875,761	22	三重県	307,198	34	大分県	187,119	46	島根県	104,050
11	京都府	743,356	23	福島県	291,311	35	宮崎県	173,473	47	鳥取県	88,718

9　母子世帯数（SDGs5）

(1) 定義または算定方法

国勢調査（2015年）における母子世帯数をそのまま用いた。

（2）集計結果

　全国の母子世帯数は75万世帯であり、全
世帯数 5333 万世帯の 1.4% を占めている。
自治体区分別に見ると、区部が 21.1 万世帯、
中核市が 14.2 万世帯、一般市部が 33.7 万世帯、
町村部が 5.8 万世帯と都市部に集中している
ことが分かる。

　都道府県別に見ると、大阪府が 8.5 万世帯
で最も多く、次いで神奈川県 7.0 万世帯、北
海道 6.1 万世帯、東京都 6.0 万世帯、福岡県 5.8
万世帯と大都市圏で多くなっている。

**図9　自治体区分別
母子世帯数**

表9　都道府県別母子世帯数

順位	都道府県名	母子世帯数	順位	都道府県名	母子世帯数	順位	都道府県名	母子世帯数	順位	都道府県名	母子世帯数
	全国	748,579	12	京都府	26,032	24	山口県	10,158	36	香川県	6,396
1	大阪府	85,207	13	熊本県	18,896	25	岐阜県	10,137	37	高知県	5,742
2	神奈川県	70,978	14	宮城県	18,461	26	三重県	10,106	38	石川県	5,661
3	北海道	61,165	15	岡山県	16,290	27	愛媛県	9,984	39	佐賀県	5,303
4	東京都	60,848	16	茨城県	16,215	28	宮崎県	9,808	40	山形県	5,265
5	福岡県	58,350	17	新潟県	14,691	29	長崎県	9,720	41	山梨県	4,850
6	愛知県	54,618	18	沖縄県	14,439	30	青森県	9,415	42	秋田県	4,781
7	兵庫県	44,285	19	鹿児島県	13,232	31	奈良県	8,265	43	富山県	4,560
8	埼玉県	41,262	20	群馬県	11,786	32	大分県	7,778	44	徳島県	4,478
9	千葉県	34,576	21	長野県	10,986	33	和歌山県	7,417	45	島根県	3,695
10	静岡県	27,208	22	栃木県	10,708	34	滋賀県	7,225	46	鳥取県	3,641
11	広島県	26,973	23	福島県	10,536	35	岩手県	7,126	47	福井県	3,567

10　河川延長（SDGs6）

（1）定義または算定方法

　国土地理院が 2012 年に作成した国土数値情報の 2006 〜 2009 年の河川の地
理情報（シェープファイル）から ArcGisPro を用いて市区町村別の延長を集

計した。

　一級河川（国土交通大臣が指定した河川）の指定区間、二級河川（一級水系以外の河川で，都道府県知事が区間を明らかにして指定したもの）、準用河川（一級河川及び二級河川以外の河川で,市町村長が指定した河川）のデータが格納されている。水系数は一級河川109水系、二級河川2,723水系（2005年4月30日現在）となっている。

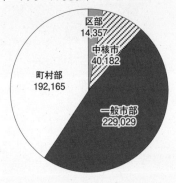

図10　自治体区分別河川延長

(2)　集計結果

　河川の総延長は475,733kmとなった。自治体区分別に見ると、区部が14,357 km、中核市が40,182km、一般市部が229,029 km、町村部が192,165 kmとなっている。

　都道府県別に見ると、北海道が135,214kmで最も長く、次いで新潟県14,265km、島根県14,082 km、静岡県13,749 km、三重県12,851 kmとなっている。

表10　都道府県別河川延長

順位	都道府県名	河川延長(km)	順位	都道府県名	河川延長(km)	順位	都道府県名	河川延長(km)	順位	都道府県名	河川延長(km)
	全国	475,733	12	山口県	11,271	24	福井県	7,606	36	滋賀県	4,306
1	北海道	135,214	13	和歌山県	11,094	25	大分県	7,522	37	茨城県	3,920
2	新潟県	14,265	14	岐阜県	10,958	26	熊本県	7,255	38	奈良県	3,696
3	島根県	14,082	15	山形県	8,625	27	富山県	7,209	39	石川県	3,623
4	静岡県	13,749	16	千葉県	8,390	28	宮城県	6,937	40	香川県	3,142
5	三重県	12,851	17	青森県	8,378	29	鹿児島県	6,329	41	山梨県	2,975
6	兵庫県	12,720	18	愛知県	8,305	30	鳥取県	5,924	42	佐賀県	2,771
7	高知県	12,322	19	京都府	8,262	31	群馬県	5,821	43	長崎県	2,335
8	秋田県	12,188	20	岡山県	8,202	32	徳島県	5,140	44	神奈川県	1,974
9	長野県	11,975	21	宮崎県	7,741	33	栃木県	4,717	45	大阪府	1,849
10	岩手県	11,922	22	愛媛県	7,684	34	福岡県	4,629	46	東京都	1,169
11	福島県	11,510	23	広島県	7,621	35	埼玉県	4,461	47	沖縄県	1,093

11　宿泊・飲食サービス事業所数（SDGs8）

(1)　定義または算定方法

　都道府県・市区町村のすがた（社会・人口統計体系）より取得したデータ（2016年度、元は経済センサス）をそのまま用いた。

(2)　集計結果

　全国の宿泊・飲食サービス事業所数は69万事業所であり、全事業所数558万事業所の12.4%を占めている。自治体区分別に見ると、区部が23万事業所、中核市が11万事業所、一般市部が29万事業所、町村部が5.6万事業所と都市部に集中していることが分かる。

　都道府県別に見ると、東京都が8.9万事業所で最も多く、次いで大阪府8.0万事業所、神奈川県6.1万事業所、愛知県5.8万事業所、福岡県4.3万事業所と大都市圏で多くなっている。

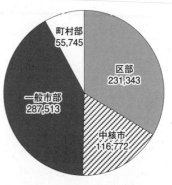

図11　自治体区分別宿泊・飲食サービス事業所数

表11　都道府県別宿泊・飲食サービス事業所数

順位	都道府県名	宿泊・飲食サービス事業所数	順位	都道府県名	宿泊・飲食サービス事業所数	順位	都道府県名	宿泊・飲食サービス事業所数	順位	都道府県名	宿泊・飲食サービス事業所数
	全国	691,373	12	広島県	22,006	24	鹿児島県	9,352	36	秋田県	5,841
1	東京都	88,979	13	新潟県	17,740	25	三重県	9,201	37	和歌山県	5,594
2	大阪府	79,586	14	宮城県	17,653	26	青森県	8,052	38	富山県	5,592
3	神奈川県	61,234	15	長野県	15,484	27	長崎県	7,593	39	山梨県	5,581
4	愛知県	57,875	16	茨城県	13,047	28	愛媛県	7,529	40	香川県	5,462
5	福岡県	43,272	17	岡山県	12,374	29	石川県	7,349	41	福井県	5,274
6	兵庫県	42,999	18	岐阜県	12,117	30	山口県	7,322	42	奈良県	5,258
7	北海道	42,067	19	熊本県	11,719	31	宮崎県	7,263	43	高知県	5,247
8	埼玉県	32,771	20	沖縄県	11,636	32	大分県	7,138	44	佐賀県	4,536
9	静岡県	29,803	21	栃木県	10,708	33	岩手県	7,095	45	徳島県	4,334
10	千葉県	28,135	22	群馬県	10,433	34	山形県	6,793	46	島根県	3,819
11	京都府	25,591	23	福島県	10,336	35	滋賀県	5,894	47	鳥取県	3,209

12　農家数（SDGs8）

(1) 定義または算定方法

　都道府県・市区町村のすがた（社会・人口統計体系）より取得したデータ（2014年）の農家をそのまま用いた。

(2) 集計結果

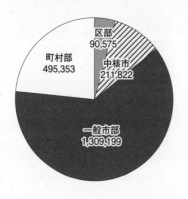

図12　自治体区分別農家数

　全国の農家数は210万戸であった。自治体区分別に見ると、区部が9.1万戸、中核市が21.2万戸、一般市部が131万戸、町村部が49.5万戸と一般市部と町村部に集中していることが分かる。

　都道府県別に見ると、長野県が10.4万戸で最も多く、次いで新潟県9.0万戸、茨城県8.8万戸、兵庫県8.4万戸、静岡県7.9万戸となっている。

表12　都道府県別農家数

順位	都道府県名	農家数	順位	都道府県名	農家数	順位	都道府県名	農家数	順位	都道府県名	農家数
	全国	2,106,949	12	熊本県	62,751	24	三重県	41,707	36	和歌山県	28,125
1	長野県	104,013	13	鹿児島県	61,092	25	愛媛県	41,033	37	山梨県	27,077
2	新潟県	89,706	14	岐阜県	58,694	26	大分県	39,475	38	鳥取県	25,833
3	茨城県	87,678	15	広島県	57,048	27	宮崎県	36,660	39	奈良県	25,555
4	兵庫県	84,174	16	福岡県	56,719	28	山口県	35,542	40	大阪府	24,359
5	静岡県	79,010	17	宮城県	55,549	29	香川県	35,163	41	高知県	23,865
6	愛知県	75,711	18	栃木県	55,446	30	京都府	34,410	42	富山県	23,267
7	岡山県	71,678	19	群馬県	49,529	31	島根県	32,890	43	福井県	22,553
8	福島県	70,435	20	秋田県	49,048	32	長崎県	32,691	44	石川県	21,087
9	埼玉県	66,890	21	山形県	46,224	33	神奈川県	31,631	45	佐賀県	20,796
10	岩手県	66,099	22	北海道	45,106	34	滋賀県	29,020	46	沖縄県	20,056
11	千葉県	63,483	23	青森県	44,701	35	徳島県	28,622	47	東京都	11,000

13　廃業事業所比率（SDGs9）

(1) 定義または算定方法

経済センサス（2016年度）における廃業事業所数を事業所総数で割って算定した。

(2) 集計結果

全国の廃業事業所は81万事業所であり、全事業所数534万事業所の15.1%を占めている。自治体区分別に見ると、区部が16.7%、中核市が14.6%、一般市部が13.0%、町村部が12.0%と都市部で高いことが分かる。

都道府県別に見ると、東京都が19.8％で最も多く、次いで大阪府17.3%、熊本県16.9%、沖縄県16.7%、神奈川県16.5%と大都市圏でやや多くなっている。

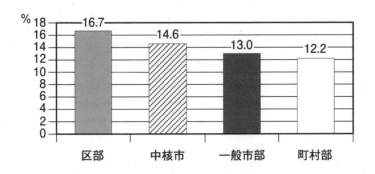

図13　自治体区分別廃業事業所比率

表13　都道府県別廃業事業所比率

順位	都道府県名	廃業事業所比率 (%)	順位	都道府県名	廃業事業所比率 (%)	順位	都道府県名	廃業事業所比率 (%)	順位	都道府県名	廃業事業所比率 (%)
	全国	-	12	京都府	14.9	24	群馬県	13.3	36	岩手県	12.7
1	東京都	19.8	13	北海道	14.8	25	山梨県	13.3	37	岐阜県	12.6
2	大阪府	17.3	14	愛知県	14.6	26	栃木県	13.1	38	新潟県	12.6
3	熊本県	16.9	15	大分県	14.6	27	山口県	13.1	39	佐賀県	12.5
4	沖縄県	16.7	16	静岡県	14.2	28	高知県	13.1	40	岡山県	12.5
5	神奈川県	16.5	17	奈良県	14	29	三重県	13.1	41	青森県	12.5
6	兵庫県	16	18	広島県	13.9	30	石川県	13.1	42	和歌山県	12.4
7	福岡県	15.9	19	滋賀県	13.9	31	鳥取県	13.1	43	長崎県	12.2
8	宮城県	15.2	20	香川県	13.8	32	茨城県	13	44	福井県	12
9	千葉県	15.2	21	鹿児島県	13.7	33	長野県	13	45	秋田県	11.9
10	埼玉県	15.1	22	徳島県	13.7	34	富山県	12.9	46	福島県	11.4
11	宮崎県	14.9	23	島根県	13.4	35	愛媛県	12.8	47	山形県	11.2

14　支出からの生産への還流額（SDGs9）

（1）定義または算定方法

　支出による生産への還流とは、民間消費、民間投資、その他支出のうち、流入と域内分を合計したものである。経済産業省と内閣官房（まち・ひと・しごと創生本部事務局）が提供する地域経済分析システム（RESAS）の市区町村別データから2015年の推計値を取得した。これは国民経済計算、県民経済計算、国勢調査、経済センサス等のデータを用いて、全国の市町村のデータを統一的な方法で作成し公開している。

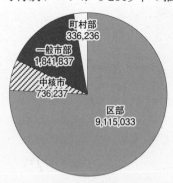

図14　自治体区分別支出からの
　　　生産への還流額

（2）集計結果

　全国の生産への還流額は1202兆円であった。自治体区分別に見ると、区部が912兆円、中核市が74兆円、一般市部が184兆円、町村部が34兆円と都市部で高いことが分かる。
　都道府県別に見ると、東京都が814兆円で

圧倒的に多く、次いで大阪府52兆円、神奈川県46兆円、愛知県46兆円、福岡県27兆円と大都市圏で多くなっている。

表14　都道府県別支出からの生産への還流額

順位	都道府県名	支出からの生産への還流額(億円)	順位	都道府県名	支出からの生産への還流額(億円)	順位	都道府県名	支出からの生産への還流額(億円)	順位	都道府県名	支出からの生産への還流額(億円)
	全国	12,029,343	12	広島県	149,101	24	滋賀県	56,527	36	香川県	34,598
1	東京都	8,141,653	13	宮城県	132,078	25	山口県	55,868	37	宮崎県	34,327
2	大阪府	515,625	14	新潟県	114,200	26	鹿児島県	49,426	38	和歌山県	34,259
3	神奈川県	462,381	15	茨城県	110,918	27	愛媛県	45,549	39	奈良県	33,323
4	愛知県	455,745	16	岡山県	94,851	28	岩手県	43,507	40	秋田県	33,301
5	福岡県	274,163	17	栃木県	78,558	29	青森県	42,346	41	福井県	28,226
6	兵庫県	243,772	18	熊本県	75,396	30	石川県	41,293	42	徳島県	27,181
7	北海道	238,472	19	群馬県	74,312	31	長崎県	41,196	43	山梨県	26,802
8	埼玉県	236,239	20	三重県	72,913	32	大分県	39,267	44	佐賀県	24,684
9	千葉県	217,230	21	長野県	70,813	33	富山県	39,045	45	島根県	22,160
10	静岡県	207,682	22	福島県	66,989	34	沖縄県	37,829	46	高知県	20,697
11	京都府	151,423	23	岐阜県	66,778	35	山形県	36,528	47	鳥取県	16,389

15　外国人人口（SDGs10）

(1)　定義または算定方法

　都道府県・市区町村のすがた（社会・人口統計体系）より取得したデータ（2018年、元は住民基本台帳人口）をそのまま用いた。

(2)　集計結果

　全国の外国人人口は265万人であり、全人口1億2,800万人の2.1%を占めている。自治体区分別に見ると、区部が115万人、中核市が36万人、一般市部が100万人、町村部が14万人と都市部に多いことが分かる。

　都道府県別に見ると、東京都が55.2万人

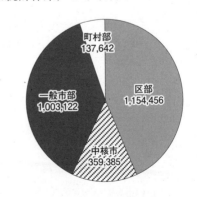

図15　自治体区分別外国人人口

で最も多く、次いで大阪府37.3万人、神奈川県36.7万人、愛知県33.6万人、埼玉県20.2万人と大都市圏で多くなっている。

表15　都道府県別外国人人口

順位	都道府県名	外国人人口(人)	順位	都道府県名	外国人人口(人)	順位	都道府県名	外国人人口(人)	順位	都道府県名	外国人人口(人)
	全国	2,654,605	12	茨城県	65,001	24	富山県	18,144	36	鹿児島県	9,694
1	東京都	551,683	13	群馬県	56,234	25	沖縄県	17,492	37	島根県	8,858
2	大阪府	373,444	14	岐阜県	52,437	26	山口県	16,257	38	山形県	7,258
3	神奈川県	366,596	15	三重県	50,498	27	石川県	15,211	39	岩手県	7,130
4	愛知県	336,450	16	北海道	49,443	28	山梨県	15,088	40	和歌山県	6,460
5	埼玉県	201,679	17	岡山県	40,738	29	福井県	14,643	41	宮崎県	6,416
6	千葉県	176,528	18	栃木県	40,658	30	福島県	13,585	42	佐賀県	6,185
7	兵庫県	156,219	19	長野県	35,371	31	大分県	12,770	43	徳島県	5,786
8	福岡県	125,770	20	宮城県	34,066	32	奈良県	12,511	44	青森県	5,680
9	静岡県	121,944	21	滋賀県	29,274	33	香川県	12,467	45	鳥取県	4,472
10	京都府	106,596	22	新潟県	22,399	34	愛媛県	11,826	46	高知県	4,244
11	広島県	69,610	23	熊本県	21,049	35	長崎県	9,933	47	秋田県	3,931

16　空き家数（SDGs11）

(1) 定義または算定方法

　住宅土地統計（2018年）を用いた。しかしこれは市、区及び人口1万5千人以上の町村しか公開されていない。そこで1万5千人未満の町村の推計値は、国勢調査（2015年）の世帯数を併用して、都道府県単位の世帯数当たり空き家原単位を求め、これに2015年の町村の住居世帯数を乗じて推計した。

　都道府県単位の世帯数当たり空き家原単位は、2018年都道府県建物総数から2015年の都道府県住居世帯数を引いた値に補正係数を乗じた値を求めた。補正係数は2018年の空き家率を2015年の世帯建物比で割って算定した。ただし福島第一原発事故に伴い帰還困難区域に指定された町村はデータが存在しない。

　例えば、北海道の2018年の建物総数は2,807,200戸で、2015年の住居世帯数は2,438,206であるので、この差を求めると368,994戸であり、住居世帯数との比、世帯数当たり空き家原単位は368,994 ÷ 2,438,206 = 15.1%となる。

2018年の北海道の空き家率は13.5%であるので、この比を取ると補正係数は13.5÷15.1＝0.89となる。

北海道ニセコ町の2015年の住居世帯数は2,270戸であり、2015年の世帯数当たり空き家原単位は15.1%、補正係数は0.89であるので、2,270×15.1%×0.89＝317戸と推計される。

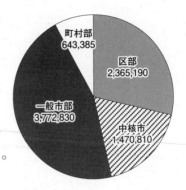

図16　自治体区分別空き家数

(2) 集計結果

全国の空き家数は825万戸であり、全戸数6241万戸の13.6%を占めている。自治体区分別に見ると、区部が237万戸、中核市が147万戸、一般市部が377万戸、町村部が64万戸となっている。

都道府県別に見ると、大阪府が99.6万戸で最も多く、次いで東京都80.6万戸、神奈川県76.6万戸、愛知県54.7万戸、福岡県49.6万戸と大都市圏で多くなっている。

表16　都道府県別空き家数

順位	都道府県名	空き家数	順位	都道府県名	空き家数	順位	都道府県名	空き家数	順位	都道府県名	空き家数
	全国	8,252,215	12	京都府	275,432	24	三重県	124,641	36	石川県	77,190
1	大阪府	996,226	13	茨城県	197,546	25	愛媛県	123,512	37	山梨県	70,044
2	東京都	805,690	14	岡山県	192,546	26	福島県	113,756	38	高知県	65,451
3	神奈川県	766,228	15	宮城県	192,281	27	長崎県	97,951	39	徳島県	63,601
4	愛知県	547,466	16	長野県	184,334	28	大分県	97,636	40	沖縄県	63,555
5	福岡県	495,643	17	新潟県	179,814	29	和歌山県	92,986	41	秋田県	59,719
6	北海道	491,482	18	栃木県	160,743	30	岩手県	89,561	42	富山県	59,000
7	兵庫県	466,961	19	鹿児島県	156,393	31	青森県	86,188	43	山形県	54,231
8	千葉県	427,740	20	熊本県	152,649	32	香川県	84,292	44	佐賀県	49,253
9	埼玉県	398,392	21	群馬県	146,146	33	奈良県	84,018	45	福井県	44,683
10	静岡県	367,092	22	岐阜県	136,637	34	宮崎県	83,461	46	島根県	43,713
11	広島県	278,275	23	山口県	126,126	35	滋賀県	80,909	47	鳥取県	38,320

17 交通事故発生件数（SDGs11）

(1) 定義または算定方法

　都道府県・市区町村のすがた（社会・人口統計体系）より取得したデータ（2008年）をそのまま用いた。

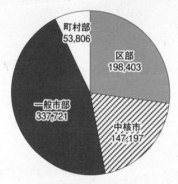

図17　自治体区分別
交通事故発生件数

(2) 集計結果

　全国の交通事故発生件数は74万件である。自治体区分別に見ると、区部が19.8万件、中核市が14.7万件、一般市部が33.7万件、町村部が5.4万件と、大都市ほど多くなっている。

　都道府県別に見ると愛知県が6.9万件で最も多く、次いで大阪府6.8万件、神奈川県6.7万件、福岡県6.5万件、東京都6.2万件と大都市圏で多くなっている。

表17　都道府県別交通事故発生件数

順位	都道府県名	交通事故発生件数	順位	都道府県名	交通事故発生件数	順位	都道府県名	交通事故発生件数	順位	都道府県名	交通事故発生件数
	全国	737,127	12	広島県	24,601	24	熊本県	11,355	36	石川県	6,769
1	愛知県	68,588	13	群馬県	20,272	25	鹿児島県	10,629	37	沖縄県	6,509
2	大阪府	68,340	14	茨城県	18,123	26	宮崎県	9,313	38	青森県	6,396
3	神奈川県	67,152	15	岡山県	17,743	27	愛媛県	9,136	39	山梨県	6,243
4	福岡県	65,413	16	宮城県	16,345	28	滋賀県	8,844	40	富山県	6,203
5	東京都	61,525	17	新潟県	16,211	29	佐賀県	8,492	41	徳島県	5,566
6	静岡県	51,780	18	岐阜県	11,776	30	山口県	8,118	42	岩手県	4,458
7	埼玉県	47,547	19	長野県	11,735	31	山形県	7,832	43	福井県	4,011
8	兵庫県	44,824	19	香川県	11,735	32	長崎県	7,313	44	秋田県	3,905
9	千葉県	31,385	21	栃木県	11,537	33	和歌山県	7,170	45	高知県	3,820
10	北海道	30,408	22	三重県	11,498	34	大分県	6,935	46	島根県	2,196
11	京都府	25,054	23	福島県	11,476	35	奈良県	6,826	47	鳥取県	2,100

18　1人1日当たりごみ排出量（SDGs12）

(1) 定義または算定方法

　環境省の一般廃棄物処理実態調査（2016年）を用いた。政令指定都市の特別区のデータはないため、政令指定都市全体の値を一律に用いた。

(2) 集計結果

　全国の1人1日当たりごみ排出量の平均値（市区町村の平均値）は903g/人日である。自治体区分別に見ると、区部が957 g/人日、中核市が960 g/人日、一般市部が913 g/人日、町村部が880 g/人日と、大都市ほど多くなっている。
　都道府県別に見ると新潟県が1,056g/人日で最も多く、次いで富山県1,034g/人日、山梨県1,017 g/人日、群馬県1,005g/人日、東京都989 g/人日と関東甲信越から北陸にかけて多くなっている。

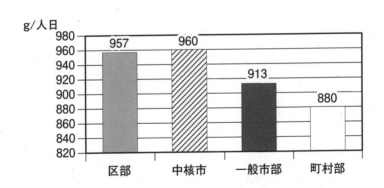

図18　自治体区分別1人1日当たりごみ排出量

表18　都道府県別1人1日当たりごみ排出量

順位	都道府県名	1人1日当たりごみ排出量(g/人日)	順位	都道府県名	1人1日当たりごみ排出量(g/人日)	順位	都道府県名	1人1日当たりごみ排出量(g/人日)	順位	都道府県名	1人1日当たりごみ排出量(g/人日)
	全国	903	12	茨城県	947	24	長崎県	911	36	岡山県	850
1	新潟県	1,056	13	島根県	947	25	秋田県	909	37	京都府	850
2	富山県	1,034	14	山口県	946	26	鹿児島県	903	38	山形県	848
3	山梨県	1,017	15	神奈川県	939	27	高知県	901	39	栃木県	841
4	群馬県	1,005	16	石川県	937	28	三重県	898	40	徳島県	835
5	東京都	989	17	和歌山県	937	29	愛媛県	891	41	福島県	823
6	鳥取県	989	18	香川県	929	30	福岡県	886	42	岐阜県	821
7	静岡県	963	19	千葉県	928	31	大分県	878	43	滋賀県	815
8	北海道	962	20	愛知県	924	32	岩手県	868	44	佐賀県	786
9	福井県	957	21	沖縄県	919	33	奈良県	860	45	宮崎県	786
10	青森県	956	22	兵庫県	916	34	埼玉県	858	46	熊本県	756
11	大阪府	956	23	宮城県	913	35	広島県	854	47	長野県	721

19　生産付加価値額（SDGs12）

（1）定義または算定方法

　生産活動の価値を表すものとしてここでは付加価値額を用いた。付加価値額とは、製品の生産活動やサービスの提供活動を行うことによって新たに加えられた価値で、売上高（総生産額）から原材料費・燃料費・減価償却費などを差し引いた額、つまり利益のことをいう。見る視点は異なるが、結果的に14の「支出からの生産への還流額」と同じ定義になる。

　データは地域経済分析システム（RESAS）の市区町村別データから2015年の推計値を取得した。政令指定都市の特別区に関してはデータがないので、市全体の額を2019年の労働力人口で配分した。

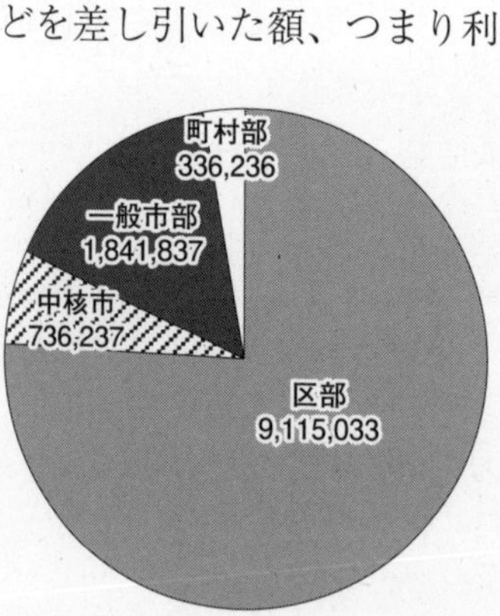

図19　自治体区分別生産付加価値額

（2）集計結果

　全国の付加価値額は1,203兆円であった。

自治体区分別に見ると、区部が912兆円、中核市が74兆円、一般市部が184兆円、町村部が34兆円と、政令指定都市に利益が集中していることが分かる。

都道府県別に見ると東京都が814兆円で圧倒的に大きく、次いで大阪府516兆円、神奈川県46兆円、愛知県46兆円、福岡県27兆円と大都市圏で多くなっている。

表19　都道府県別生産付加価値額

順位	都道府県名	生産付加価値額（億円）	順位	都道府県名	生産付加価値額（億円）	順位	都道府県名	生産付加価値額（億円）	順位	都道府県名	生産付加価値額（億円）
	全国	12,029,343	12	広島県	149,101	24	滋賀県	56,527	36	香川県	34,598
1	東京都	8,141,653	13	宮城県	132,078	25	山口県	55,868	37	宮崎県	34,327
2	大阪府	515,625	14	新潟県	114,200	26	鹿児島県	49,426	38	和歌山県	34,259
3	神奈川県	462,381	15	茨城県	110,918	27	愛媛県	45,549	39	奈良県	33,323
4	愛知県	455,745	16	岡山県	94,851	28	岩手県	43,507	40	秋田県	33,301
5	福岡県	274,163	17	栃木県	78,558	29	青森県	42,346	41	福井県	28,226
6	兵庫県	243,772	18	熊本県	75,396	30	石川県	41,293	42	徳島県	27,181
7	北海道	238,472	19	群馬県	74,312	31	長崎県	41,196	43	山梨県	26,802
8	埼玉県	236,239	20	三重県	72,913	32	大分県	39,267	44	佐賀県	24,684
9	千葉県	217,230	21	長野県	70,813	33	富山県	39,045	45	島根県	22,160
10	静岡県	207,682	22	福島県	66,989	34	沖縄県	37,829	46	高知県	20,697
11	京都府	151,423	23	岐阜県	66,778	35	山形県	36,528	47	鳥取県	16,389

20　再生可能エネルギー可採量（SDGs7,13）

(1) 定義または算定方法

ここでいう再生可能エネルギー可採量とは、現在および将来（想定している期間内）のエネルギー利用技術等の制約要因を考慮した上で、エネルギーとして開発利用の可能性が期待される量のことである。エネルギーの集積状況、変換効率、他の用途との競合等の要因を考慮して算定した[1]。太陽光エネルギー、太陽熱エネルギー、風力エネルギー、廃棄物エネルギー（可燃ごみのRDF化）、林産系バイオマスエネルギー、農産系バイオマスエネルギー、

---

1)　芝浦工業大学の元修士課程学生青木雅樹の2005年度修士論文を、指導教官である筆者が修正した。『環境自治体白書2006年版』に算定方法の詳細及び算定結果が記載されている。

畜産系バイオマスエネルギーの7種の再生可能エネルギーに関して、2006年3月31日に存在した全国1,845の市町村について、2000年時点の期待可採量を算定した。

(2) 集計結果

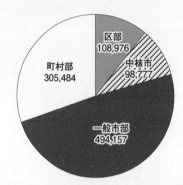

**図20　自治体区分別
再生可能エネルギー可採量**

　全国の再生可能エネルギー可採量は101万TJ（テラジュール＝10^{12}ジュール）であった。自治体区分別に見ると、区部が11万TJ、中核市が10万TJ、一般市部が49万TJ、町村部が31万TJと、地方都市に偏在していることが分かる。

　都道府県別に見ると北海道が18.6万TJと最も多く、次いで青森県4.5万TJ、大阪府4.1万TJ、神奈川県3.9万TJ、東京都2.7万TJと風力エネルギーと廃棄物系エネルギーが多い都道府県で多くなっている。

表20　都道府県別再生可能エネルギー可採量

順位	都道府県名	再エネ可採量(TJ)	順位	都道府県名	再エネ可採量(TJ)	順位	都道府県名	再エネ可採量(TJ)	順位	都道府県名	再エネ可採量(TJ)
	全国	1,007,393	12	兵庫県	32,359	24	京都府	16,937	36	富山県	10,773
1	北海道	186,634	13	宮城県	30,832	25	沖縄県	16,889	37	島根県	10,556
2	青森県	44,991	14	山形県	26,496	26	熊本県	15,275	38	福井県	10,035
3	大阪府	41,043	15	埼玉県	26,429	27	岐阜県	14,228	39	岡山県	8,710
4	神奈川県	38,640	16	鹿児島県	24,007	28	愛媛県	13,544	40	和歌山県	8,155
5	東京都	36,725	17	新潟県	21,803	29	三重県	13,005	41	滋賀県	7,949
6	岩手県	36,031	18	長野県	20,657	30	山口県	12,967	42	佐賀県	7,878
7	秋田県	35,812	19	茨城県	19,895	31	群馬県	12,474	43	徳島県	7,274
8	千葉県	35,167	20	広島県	19,007	32	宮崎県	11,861	44	奈良県	6,754
9	愛知県	33,462	21	大分県	18,923	33	長崎県	11,473	45	鳥取県	6,366
10	福島県	32,960	22	静岡県	17,672	34	高知県	11,403	46	香川県	5,266
11	福岡県	32,834	23	栃木県	17,078	35	石川県	11,117	47	山梨県	5,246

21　光熱費（SDGs7,13）

(1) 定義または算定方法

　総務省の家計調査（2020年）の値を用いたが、これは県庁所在都市、政令指定都市のデータしかない。そこでデータがない場合は、都道府県の値から推計した。具体的には電気代、ガス代、その他光熱費の世帯当たりの平均値を都道府県別に求め、これを市区町村の世帯当たりの電気代、ガス代、その他光熱費の原単位とした。2019年住民基本台帳の世帯数に、この原単位を乗じて当該市区町村全体の値を求めた。

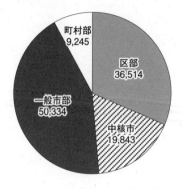

図21　自治体区分別光熱費

(2) 集計結果

　全国の光熱費は11.6兆円であった。自治体区分別に見ると、区部が3.7兆円、中核市が2.0兆円、一般市部が5.0兆円、町村部が0.9兆円となっている。

　都道府県別に見ると、東京都が1.4兆円で、次いで神奈川県1.4兆円、大阪府1.1兆円、北海道1.0兆円、愛知県0.9兆円と大都市圏と寒冷地で多くなっている。

表21　都道府県別光熱費

順位	都道府県名	光熱費(億円)	順位	都道府県名	光熱費(億円)	順位	都道府県名	光熱費(億円)	順位	都道府県名	光熱費(億円)
	全国	115,936	12	京都府	3,424	24	群馬県	1,517	36	富山県	993
1	東京都	14,093	13	宮城県	3,244	25	鹿児島県	1,381	37	大分県	914
2	神奈川県	13,650	14	新潟県	2,928	26	岩手県	1,357	38	香川県	855
3	大阪府	11,486	15	茨城県	2,608	27	山口県	1,317	39	宮崎県	797
4	北海道	10,225	16	岡山県	2,182	28	愛媛県	1,287	40	和歌山県	795
5	愛知県	8,545	17	熊本県	2,002	29	石川県	1,191	41	福井県	703
6	埼玉県	8,042	18	長野県	1,805	30	長崎県	1,147	42	高知県	686
7	福岡県	6,461	19	福島県	1,789	31	山形県	1,145	43	山梨県	668
8	千葉県	6,066	20	栃木県	1,743	32	奈良県	1,143	44	徳島県	654
9	兵庫県	5,094	21	岐阜県	1,632	33	滋賀県	1,125	45	島根県	612
10	静岡県	4,561	22	青森県	1,595	34	沖縄県	1,080	46	佐賀県	601
11	広島県	3,456	23	三重県	1,520	35	秋田県	1,062	47	鳥取県	459

22　プラスチック排出量（SDGs14）

（1）定義または算定方法

『環境自治体白書2018』で推計した値をそのまま用いた[2]。すなわち、ごみ組成分析結果を公表している69自治体について、プラスチックごみの推計値を算出し、プラスチックごみ排出量を被説明変数、種類別ごみ排出量や地域特性を説明変数とする重回帰分析を行って推計式を作成した。この推計式に全国の市区町村の2016年の種類別ごみ排出量や地域特性の値を代入して推計した。なお、政令指定都市の特別区の値は、2015年の市全体に対する人口割合で配分した。

（2）集計結果

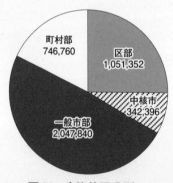

**図22　自治体区分別
プラスチック排出量**

全国のプラスチック排出量は419万tであった。自治体区分別に見ると、区部が105万t、中核市が34万t、一般市部が205万t、町村部が75万tと、都市部で多いことが分かる。

都道府県別に見ると、東京都が49万tで最も多く、次いで神奈川県43万t、埼玉県29万t、愛知県27万t、北海道25万tと大都市圏で多くなっている。

---

2)　中口毅博（2019）解説　プラスチックごみの市区町村別推計．環境自治体白書2018-2019所収

表22　都道府県別プラスチック排出量

順位	都道府県名	プラスチック排出量(t)	順位	都道府県名	プラスチック排出量(t)	順位	都道府県名	プラスチック排出量(t)	順位	都道府県名	プラスチック排出量(t)
	全国	4,188,349	12	茨城県	122,150	24	三重県	60,752	36	秋田県	42,500
1	東京都	485,299	13	岡山県	113,008	25	青森県	53,247	37	大分県	40,338
2	神奈川県	429,952	14	広島県	111,027	26	奈良県	52,356	38	石川県	37,510
3	埼玉県	292,655	15	京都府	102,852	27	岩手県	51,386	39	宮崎県	35,931
4	愛知県	270,572	16	新潟県	87,268	28	沖縄県	50,719	40	富山県	35,553
5	北海道	250,920	17	群馬県	77,322	29	愛媛県	48,845	41	徳島県	35,398
6	静岡県	239,628	18	福島県	74,390	30	山形県	47,266	42	香川県	34,249
7	福岡県	231,909	19	長野県	72,397	31	山口県	45,546	43	福井県	32,446
8	千葉県	224,637	20	岐阜県	72,041	32	滋賀県	43,965	44	高知県	31,670
9	兵庫県	181,425	21	栃木県	66,928	33	山梨県	43,948	45	佐賀県	30,380
10	宮城県	143,286	22	熊本県	61,976	34	長崎県	43,013	46	島根県	26,248
11	大阪府	124,421	23	鹿児島県	61,836	35	和歌山県	42,939	47	鳥取県	17,951

23　海浜面積（SDGs14）

(1) 定義または算定方法

国土地理院の国土数値情報（2009年）の土地利用現況4次メッシュデータ（500m区画のデータ）をArcGisを用いて市区町村別に集計した。

(2) 集計結果

全国の海浜面積は57,000km²で、全国土面積の約15％を占める。自治体区分別に見ると、区部が1,500km²、中核市が2,500km²、一般市部が2万6,000 km²、町村部が2万7,000 km²となっている。

都道府県別に見ると、北海道が9,000km²で最も大きく、次いで青森県5,700km²、鹿児島県5,600km²、沖縄県3,500km²、静岡県3,300km²となっている。

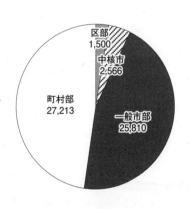

図23　自治体区分別海浜面積

表23　都道府県別海浜面積

順位	都道府県名	海浜面積 (km²)	順位	都道府県名	海浜面積 (km²)	順位	都道府県名	海浜面積 (km²)	順位	都道府県名	海浜面積 (km²)
	全国	57,090	12	石川県	1,464	24	徳島県	762	36	富山県	108
1	北海道	9,028	13	宮城県	1,440	25	福岡県	685	37	香川県	88
2	青森県	5,666	14	茨城県	1,271	26	神奈川県	616	38	佐賀県	83
3	鹿児島県	5,555	15	秋田県	974	27	兵庫県	496	39	岡山県	30
4	沖縄県	3,501	16	福井県	971	28	愛媛県	460	40	滋賀県	24
5	静岡県	3,255	17	岩手県	948	29	山口県	457	41	山梨県	19
6	高知県	3,202	18	島根県	920	30	京都府	412	42	栃木県	0
7	新潟県	2,528	19	和歌山県	878	31	山形県	299	42	群馬県	0
8	宮崎県	2,474	20	愛知県	823	32	大分県	267	42	埼玉県	0
9	東京都	2,107	21	鳥取県	816	33	熊本県	218	42	長野県	0
10	千葉県	2,091	22	長崎県	805	34	広島県	155	42	岐阜県	0
11	三重県	1,774	23	福島県	790	35	大阪府	121	42	奈良県	0

24　植生自然度7以上面積（SDGs15）

（1）定義または算定方法

　環境省生物多様性センターが行っている自然環境保全基礎調査の第5回基礎調査の植生3次メッシュデータ（1km区画のデータ）を用いた。調査年次は1992-1996年と古いが、開発が進行する以前の状態に自然を復元する活動のポテンシャルを想定すれば、この年次のデータが妥当と思われる。

　自然度7以上とは、以下に示すとおり二次林以上であり、一定期間自然の

自然度	区分内容	区分基準
1	市街地・造成地等	市街地、造成地等の植生のほとんど存在しない地区
2	農耕地（水田・畑）／緑の多い住宅地	畑地、水田等の耕作地、緑の多い住宅地
3	農耕地（樹園地）	果樹園、桑園、茶畑、苗圃等の樹園地
4	二次草原（背の低い草原）	シバ群落等の背丈の低い草原
5	二次草原（背の高い草原）	ササ群落、ススキ群落等の背丈の高い草原
6	植林地	常緑針葉樹、落葉針葉樹、常緑広葉樹等の植林地
7	二次林	クリーミズナラ群落、クヌギーコナラ群落等、一般には二次林と呼ばれる代償植生地区
8	二次林（自然林に近いもの）	ブナ・ミズナラ再生林、シイ・カシ萌芽林等代償植生であっても特に自然植生に近い地区
9	自然林	エゾマツートドマツ群集等、ブナ群集等、自然植生のうち多層の植物社会を形成する地区
10	自然草原	高山ハイデ、風衝草原、自然草原等、自然植生のうち単層の植物社会を形成する地区（自然度9、10は自然性の高さにおいては同じランク）

状態が保持されている植生である。

（2）集計結果

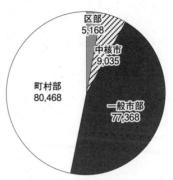

図24　自治体区分別
植生自然度7以上面積

　全国の植生自然度7以上面積は17万2千
km²で、全国土面積の46%を占める。自治
体区分別に見ると、区部が0.5万km²、中
核市が0.9万km²、一般市部が7.7万km²、
町村部が8.0万km²と地方都市ほど大きく
なっている。

　都道府県別に見ると、北海道が47,400万
km²で最も大きく、次いで岩手県8,600km²、長野県8,400km²、福島県6,900km²、
岐阜県6,100km²となっている。

表24　都道府県別植生自然度7以上面積

順位	都道府県名	植生自然度7以上面積（km²）	順位	都道府県名	植生自然度7以上面積（km²）	順位	都道府県名	植生自然度7以上面積（km²）	順位	都道府県名	植生自然度7以上面積（km²）
	全国	172,039	12	群馬県	4,576	24	岡山県	2,212	36	埼玉県	914
1	北海道	47,384	13	秋田県	4,382	25	山梨県	2,001	37	神奈川県	908
2	岩手県	8,617	14	兵庫県	4,194	26	三重県	1,995	38	大分県	893
3	長野県	8,447	15	栃木県	4,188	27	徳島県	1,914	39	愛知県	749
4	福島県	6,875	16	広島県	3,746	28	福井県	1,848	40	茨城県	562
5	岐阜県	6,069	17	島根県	3,255	29	石川県	1,511	41	千葉県	508
6	山形県	6,048	18	滋賀県	2,894	30	長崎県	1,381	42	東京都	376
7	静岡県	5,026	19	宮崎県	2,830	31	奈良県	1,309	43	富山県	365
8	山口県	4,997	20	鹿児島県	2,481	32	和歌山県	1,123	44	大阪府	317
9	青森県	4,973	21	高知県	2,443	33	香川県	1,112	45	福岡県	281
10	新潟県	4,752	22	京都府	2,372	34	熊本県	955	46	佐賀県	225
11	宮城県	4,597	23	愛媛県	2,295	35	沖縄県	934	47	鳥取県	202

25　自然公園面積（SDGs15）

（1）定義または算定方法

　国土地理院の国土数値情報から2015年の自然保全地域と国立公園のポリゴンデータを抽出し、ArcGisを用いて市区町村別に集計した。

　しかし国立公園面積の方を集計すると、環境省が公表している21,889k㎡をはるかに超えてしまう。これは通常の国立・国定公園においては、海域に面している陸域が公園に指定されている場合、その沖合1kmが指定されているからである（例外：知床国立公園は、沖合3km、瀬戸内海、石西礁湖は陸からの距離を基準とせず、独自の区域線により指定）。一方陸上であっても、国立公園の近隣に位置する市区町村は一定の影響があると考えられる。そこで各市町村の境界線から1km以内にある国立公園の面積をArcGisPro2.4のバッファー解析を用いて集計し、それも合わせてその市区町村の自然公園面積としてカウントした。

（2）集計結果

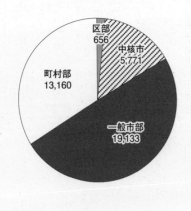

図25　自治体区分別自然公園面積

　全国の自然公園面積は38,720k㎡で、全国土面積の約10％を占める。自治体区分別に見ると、区部が656k㎡、中核市が5,771k㎡、一般市部が19,133万k㎡、町村部が13,160万k㎡となっており、小規模市町村に偏在していることが分かる。

　都道府県別に見ると、北海道が5,500k㎡で最も大きく、次いで広島県3,900k㎡、岡山県3,200k㎡、沖縄県2,400k㎡、兵庫県2,300k㎡と、海岸線が長い道県で多くなっている。

表25　都道府県別自然公園面積

順位	都道府県名	国立公園区域 (km²)	順位	都道府県名	国立公園区域 (km²)	順位	都道府県名	国立公園区域 (km²)	順位	都道府県名	国立公園区域 (km²)
	全国	38,720	12	福島県	1,163	24	京都府	440	36	秋田県	97
1	北海道	5,532	13	新潟県	1,162	25	静岡県	436	37	香川県	88
2	広島県	3,861	14	熊本県	1,092	26	愛媛県	382	38	山口県	63
3	岡山県	3,231	15	山梨県	1,047	27	和歌山県	300	39	大阪府	63
4	沖縄県	2,375	16	長崎県	926	28	高知県	232	40	福井県	12
5	兵庫県	2,308	17	栃木県	797	29	石川県	214	41	徳島県	10
6	東京都	1,991	18	富山県	791	30	鳥取県	210	42	茨城県	0
7	鹿児島県	1,667	19	長野県	745	31	宮崎県	191	42	千葉県	0
8	群馬県	1,558	20	青森県	535	32	大分県	155	42	愛知県	0
9	山形県	1,381	21	埼玉県	519	33	神奈川県	153	42	滋賀県	0
10	三重県	1,264	22	島根県	467	34	奈良県	133	42	福岡県	0
11	岩手県	1,224	23	宮城県	464	35	岐阜県	99	42	佐賀県	0

26　刑法犯認知件数（SDGs16）

(1) 定義または算定方法

　都道府県・市区町村のすがた（社会・人口統計体系、もとは警察庁のデータ）より取得したデータ（2008年）をそのまま用いた。

(2) 集計結果

　全国の刑法犯認知件数は177万件であった。自治体区分別に見ると、区部が61万件、中核市が32万件、一般市部が75万件、町村部が10万件となっている。

　都道府県別に見ると、大阪府が28万件で最も多く、次いで東京都21万件、愛知県20万件、神奈川県18万件、埼玉県14万件となっている。

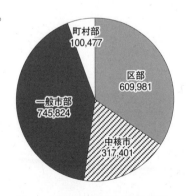

図26　自治体区分別刑法犯認知件数

表26　都道府県別刑法犯認知件数

順位	都道府県名	刑法犯認知件数	順位	都道府県名	刑法犯認知件数	順位	都道府県名	刑法犯認知件数	順位	都道府県名	刑法犯認知件数
	全国	1,773,683	12	茨城県	43,599	24	愛媛県	17,685	36	富山県	9,978
1	大阪府	284,280	13	広島県	43,341	25	熊本県	17,254	37	大分県	9,819
2	東京都	211,838	14	宮城県	43,205	26	滋賀県	15,454	38	石川県	9,681
3	愛知県	202,094	15	新潟県	34,224	27	沖縄県	15,318	39	岩手県	9,101
4	神奈川県	175,936	16	岐阜県	29,230	28	和歌山県	14,113	40	佐賀県	8,424
5	埼玉県	143,240	17	栃木県	28,462	29	山口県	13,969	41	徳島県	8,248
6	福岡県	138,866	18	岡山県	27,149	30	鹿児島県	13,321	42	山形県	7,877
7	兵庫県	125,654	19	群馬県	26,584	31	香川県	11,422	43	山梨県	7,599
8	千葉県	117,240	20	三重県	25,163	32	青森県	10,960	44	福井県	6,726
9	北海道	87,041	21	長野県	21,046	32	宮崎県	10,960	45	秋田県	6,128
10	京都府	83,043	22	福島県	19,110	34	長崎県	10,065	46	鳥取県	5,937
11	静岡県	60,165	23	奈良県	18,773	35	高知県	10,057	47	島根県	5,764

27　協働拠点数

(1) 定義または算定方法

　国土地理院国土数値情報の2013年の文化施設データの地点データ（シェープファイル）を市区町村別に集計して求めた。小中学校については、調査時点でグランド貸し出しをしているところが含まれているが、貸し出しを行っていなくても拠点としてのポテンシャルはあるため、市区町村別に集計した結果ゼロになってしまった市区町村のみ、その地域内に含まれる公立小中学校の全てを追加した。

(2) 集計結果

　全国の協働拠点数は約55,000ヵ所であった。自治体区分別に見ると、区部が7,300ヵ所、中核市が6,200ヵ所、一般市部が29,400ヵ所、町村部が11,700ヵ所となっている。

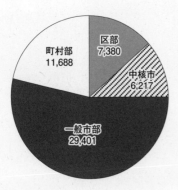

図27　自治体区分別協働拠点数

　都道府県別に見ると、北海道が4,450ヵ所で最も大きく、次いで愛知県2,900ヵ所、福岡県2,600ヵ所、東京都2,600ヵ所、神奈川県2,000ヵ所となっている。

表27　都道府県別協働拠点数

順位	都道府県名	協働拠点数	順位	都道府県名	協働拠点数	順位	都道府県名	協働拠点数	順位	都道府県名	協働拠点数
	全国	54,686	12	福島県	1,424	24	鹿児島県	985	36	和歌山県	663
1	北海道	4,449	13	群馬県	1,355	25	栃木県	965	37	青森県	662
2	愛知県	2,913	14	千葉県	1,335	26	宮城県	928	38	香川県	654
3	福岡県	2,620	15	岩手県	1,283	27	富山県	907	39	佐賀県	645
4	東京都	2,589	16	茨城県	1,277	28	島根県	807	40	滋賀県	609
5	神奈川県	2,020	17	広島県	1,264	29	三重県	795	41	大分県	608
6	大阪府	1,857	18	熊本県	1,204	30	長崎県	762	42	山形県	570
7	長野県	1,772	19	京都府	1,150	31	岡山県	757	43	山梨県	558
8	静岡県	1,543	20	兵庫県	1,048	32	沖縄県	745	44	徳島県	548
9	埼玉県	1,512	21	石川県	1,043	33	山口県	740	45	福井県	466
10	新潟県	1,481	22	愛媛県	1,039	34	奈良県	724	46	鳥取県	465
11	岐阜県	1,443	23	秋田県	1,029	35	宮崎県	682	47	高知県	331

次世代支援の供給量と需要量の算定結果

　ここでは、前節までの結果を踏まえ、次世代による支援の供給量と、各市区町村の需要量（ニーズ）を数値化したものを示す。

1　供給ポテンシャル指標値

(1) 算定方法

　第5章2節（p212）で求めた市区町村別SDGs目標別の「次世代活動可能活動人日」を年間日数365で割って「供給ポテンシャル指標値」を算定した。SDGs目標別の全国値や都道府県値は、この平均値とした。また、全17目標を統合した値として、17の目標の平均値も算定した。

　例えば茨城県東海村の「11.住み続けられるまちづくりを」の活動人日は153人日であり、供給ポテンシャル指標値は、これを365で割った値41.8（%）となる。同様に「1.　貧困をなくそう」5.7、「2.飢餓をゼロに」21.4、「3.すべての人に健康と福祉を」24.8、「4.質の高い教育をみんなに」34.0と算定していき、全17目標を統合した供給ポテンシャル指標値はこれらの平均値である19.0となる。

(2) 全国値の算定結果

　SDGsの全17目標を統合した全国の供給ポテンシャル指標値は、131.1となった。

　SDGs目標別に見ると、「8.働きがいも経済成長も」が250.3ポイントで最も値が大きく、次いで「11.住み続けられるまちづくりを」が220.3、「7.エネルギーをみんなに」113.気候変動に具体的な対策を」の189.2の順となって

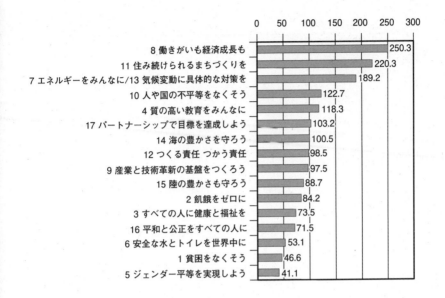

図1　SDGs目標別供給ポテンシャル指標値全国値の算定結果

いる。一方、最も値が小さいのは「5. ジェンダー平等を実現しよう」の41.1で、次いで「1. 貧困をなくそう」の46.6、「6. 安全な水とトイレを世界中に」の53.1となっており、これらは次世代の力を借りることはあまり期待できない分野と言える。

(3) 自治体区分別の算定結果

自治体区分別に供給ポテンシャル指標値を見ると、区部が230.5、中核市が139.6、一般市部が114.4、町村部が39.9と都市規模が大きいほど供給能力が高く、しかもその差は非常に大きい。

SDGs目標別に見ても、総じて区部の指標値が大きく、全国値の2倍程度になっていることが分かる。一方、町村部は総じて指標値が小さく、全国値の半分程度になっている。区部に比べ町村部は4分の1程度の人材供給能力しかないことから、大都市圏からの次世代の応援が不可欠であると言える。

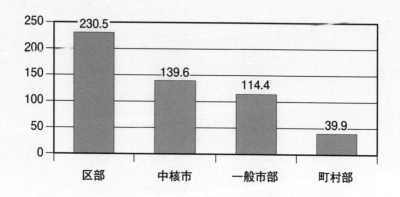

図2　自治体区分別供給ポテンシャル指標値の算定結果

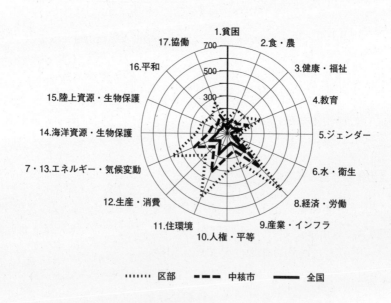

・・・・・・ 区部　　━ ━ ━ 中核市　　━━━ 全国

図3　SDGs目標別自治体区分別供給ポテンシャル指標値の算定結果（その1）

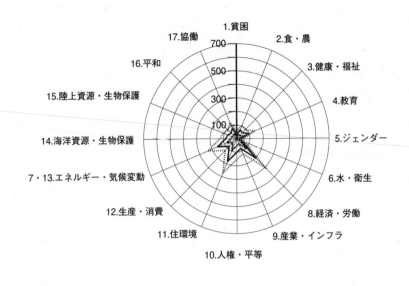

図4　SDGs目標別自治体区分別供給ポテンシャル指標値の算定結果（その2）

表1　都道府県別供給ポテンシャル指標値の算定結果

順位	都道府県名	供給指標値	順位	都道府県名	供給指標値	順位	都道府県名	供給指標値	順位	都道府県名	供給指標値
	全国	131.1	12	栃木県	57.8	24	岐阜県	28.9	36	滋賀県	11.9
1	東京都	649.7	13	和歌山県	56.7	25	群馬県	25.8	37	長野県	11.6
2	神奈川県	410.9	14	大分県	53.1	26	宮城県	25.4	38	福井県	11.3
3	埼玉県	318.2	15	山口県	49.9	27	熊本県	23.7	39	山形県	11.1
4	大阪府	242.2	16	長崎県	45.8	28	福島県	21.5	40	愛媛県	10.9
5	千葉県	191.2	17	新潟県	41.2	29	広島県	19.0	41	高知県	10.5
6	兵庫県	140.4	18	福岡県	38.9	30	石川県	18.4	42	青森県	8.1
7	京都府	126.5	19	茨城県	38.2	31	山梨県	15.3	43	岩手県	8.0
8	愛知県	121.7	20	静岡県	37.7	32	北海道	13.9	44	島根県	8.0
9	佐賀県	76.8	21	宮崎県	36.5	33	鹿児島県	13.1	45	沖縄県	7.7
10	奈良県	72.4	22	徳島県	34.8	34	香川県	12.5	46	秋田県	7.7
11	三重県	58.8	23	鳥取県	34.8	35	富山県	12.1	47	岡山県	5.7

(4) 都道府県の算定結果

　都道府県別に供給ポテンシャル指標値を見ると、東京都が649.7で最も

大きく、神奈川県が410.9でこれに次いでおり、埼玉県318.2、大阪府242.2、千葉県191.2の順となっている。このように次世代人材の供給面でも大都市圏に集中していることが窺える。

　一方、指標値が最も小さいのは岡山県の5.7であり、次いで秋田県と沖縄県の7.7、島根県と岩手県の8.0となっている。

(5) 市区町村別の算定結果

　市区町村別の算定結果について、SDGs17目標を統合したものと、値の最

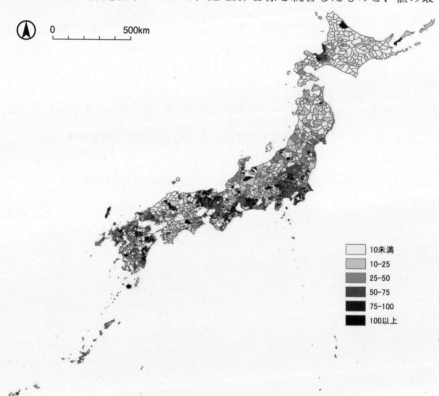

0　　　　　　　500km

10未満
10-25
25-50
50-75
75-100
100以上

図5　市区町村別供給ポテンシャル指標値（統合値）

も大きい「11. 住み続けられるまちづくりを」及び値の最も小さい「5. ジェンダー平等を実現しよう」の3つを地図に示した。大都市圏に位置する市区町村の方が総じて指標値は大きいが、都心部よりも近郊で大きい傾向があり、また、農村部の市町村であっても値の大きいところがある。

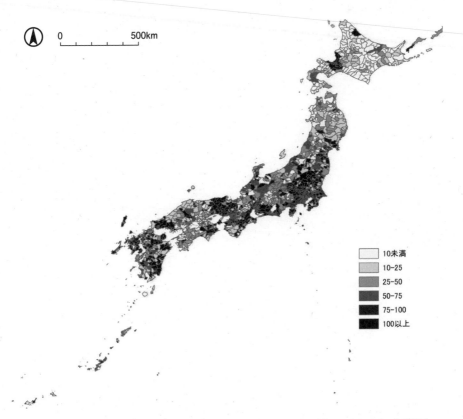

図6　市区町村別供給ポテンシャル指標値（SDGs11 住み続けられるまちづくりを）

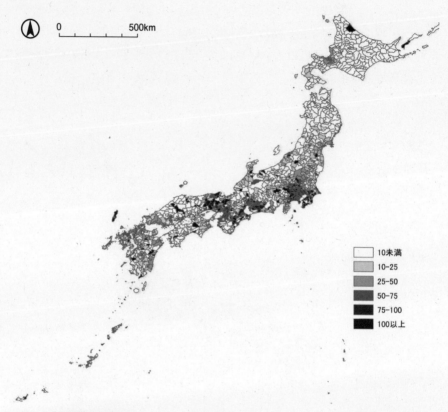

	10未満
	10-25
	25-50
	50-75
	75-100
	100以上

図7　市区町村別供給ポテンシャル指標値（SDGs5 ジェンダー平等を実現しよう）

2. 需要ランク指標値

（1）算定方法

　まず、5章第3節（p231 ～）で求めたSDGs目標ごとの次世代支援ニーズ（需要量）の単位当たり労働力人口を算定した。例えば茨城県東海村においてSDGs17番目の協働拠点数は14であるが、これを2019年の労働力人口推計値22,379人で割ると 1,598.5 人となる。

　次に有効データのある1,875市区町村の中での各市区町村の順位を算定した。さらに総順位を5で割って各ランクの閾値とし、順位の小さい方からA、B、C、D、Eの5ランクに分けた。例えば東海村の場合、協働拠点1ヵ所当たりの労働力人口は1,598.5人であり、これは1,875市区町村中520位である。Bランクの閾値が375〜750でこの範囲に含まれるため、需要ランクはBということになる。

　これを全ての市区町村でSDGsの目標ごとに算定した。また、DランクとEランクを足した自治体数を有効データのある自治体数1,875で割った値を「需要高ランク比率」と定義し、これをニーズの高さを表す指標とした。

(2) 全国値の算定結果

　SDGsの全17目標を統合した、全国の需要高ランク比率は、29.9（％）となった。

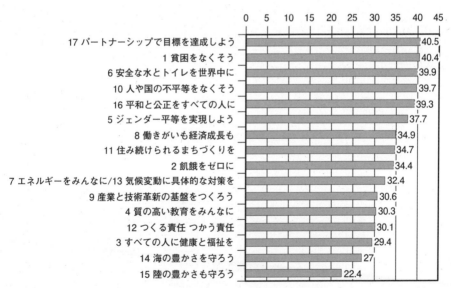

図8　SDGs目標別需要高ランク比率全国値の算定結果

目標別に見ると、「17. パートナーシップで目標を達成しよう」が40.5で最も値が大きく、次いで「1. 貧困をなくそう」が40.4、「6. 安全な水とトイレを世界中に」が39.9、「10. 人や国の不平等をなくそう」が39.7、「16. 平和と公正をすべての人に」の39.3の順となっている。このように地域との関わりが低い目標のニーズが高い傾向にある。一方、最も値が小さいのは「15. 陸の豊かさも守ろう」の22.4であるが、これは支援対象が自然度の高い場所に限定されているためで、身近な自然も含めると値はより大きくなると予想される。次いで「14. 海の豊かさを守ろう」が27.0、「3. すべての人に健康と福祉を」が29.4となっている。

(3) 自治体区分別の算定結果

自治体区分別に全17目標を統合した需要高ランク比率を見ると、区部及び中核市が28.7、一般市部が25.3、町村部が40.2と都市規模が小さいほどニーズが高いが、都市規模が大きいところも一定程度ニーズがある。

目標別に見ると、「1. 貧困をなくそう」「10. 人や国の不平等をなくそう」「16. 平和と公正をすべての人に」は大都市部ほどニーズが高いが、それ以外は小さい自治体の方がニーズが高い傾向にある。グローバルな課題とローカルな課題でニーズの差が現れていると言える。

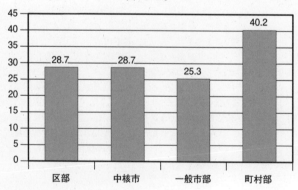

図9　自治体区分別需要高ランク比率の算定結果

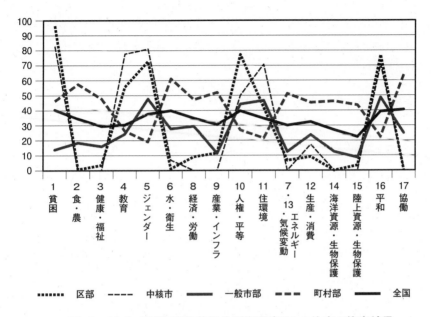

図10　SDGs目標別自治体区分別需要高ランク比率の算定結果

表2　都道府県別需要高ランク比率の算定結果

順位	都道府県名	ランクDEの比率	順位	都道府県名	ランクDEの比率	順位	都道府県名	ランクDEの比率	順位	都道府県名	ランクDEの比率
	全国	33.0	12	愛媛県	37.8	24	長野県	31.5	36	茨城県	24.0
1	高知県	56.3	13	山口県	36.5	25	福島県	31.0	37	愛知県	24.0
2	北海道	50.3	14	群馬県	36.2	26	東京都	29.8	38	新潟県	23.7
3	鹿児島県	48.9	15	岩手県	35.6	27	三重県	29.6	39	佐賀県	23.0
4	徳島県	48.6	16	京都府	34.3	28	兵庫県	27.6	40	神奈川県	22.5
5	和歌山県	45.6	17	福岡県	34.2	29	熊本県	27.5	41	山形県	22.1
6	奈良県	41.1	18	岡山県	34.2	30	静岡県	27.2	42	埼玉県	21.8
7	青森県	40.5	19	大阪府	33.8	31	石川県	27.0	43	鳥取県	21.1
8	島根県	40.3	20	山梨県	33.5	32	千葉県	26.7	44	栃木県	21.0
8	大分県	40.3	21	広島県	32.5	33	岐阜県	25.2	45	福井県	20.7
10	秋田県	39.5	22	沖縄県	32.5	34	長崎県	24.7	46	滋賀県	17.4
11	宮崎県	38.0	23	香川県	32.0	35	宮城県	24.1	47	富山県	13.4

（4）都道府県の算定結果

都道府県別に全17目標を統合した需要高ランク比率を見ると、高知県が

56.3で最も大きく、次いで北海道が50.3、鹿児島県48.9、徳島県48.6、和歌山県45.6の順となっている。一方、最も小さいのは富山県の13.4であり、次いで滋賀県17.4、福井県20.7となっている。

(5) 市区町村別の算定結果

　市区町村別の算定結果について、SDGs17目標を統合したものを地図に示した。地方の農村部に位置する市区町村の方が総じて比率は高いが、内陸部や四国や紀伊半島の先端部など交通の便が悪いところで高い傾向にあることが分かる。

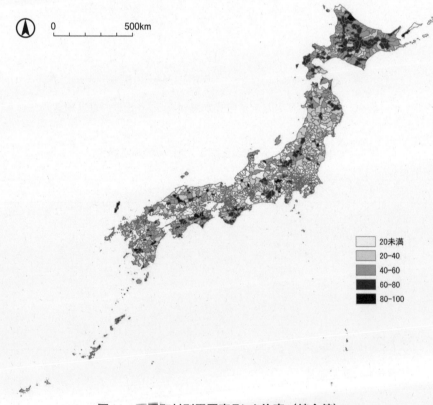

	20未満
	20-40
	40-60
	60-80
	80-100

図11　市区町村別需要高ランク比率（統合値）

次世代活動ポテンシャル指標の算定結果

　これまで供給と需要について個別に数値化してきたが、ここでは両方を統合した「次世代活動ポテンシャル指標」の算定結果について述べる。

1　概要

(1)　算定方法
　ある市区町村のSDGsの目標ごとの指標値は、以下の数式によって算定した。

SDGs○番目のゴールの「次世代活動ポテンシャル指標値」
＝SDGs○番目のゴールの「需要係数」平均値
× SDGs○番目のゴールの「供給ポテンシャル指標値」

　需要係数とは、需要ランク（第5章4節（p266）で算定したSDGs目標ごとの次世代支援ニーズ（需要量）の単位当たり労働力人口に基づくランク）を0〜1の間に数値化したものである。具体的には、A:0.00、B:0.25、C:0.50、D:0.75、E:1.00とした。
　また、ある市区町村の次世代活動ポテンシャル指標総合値は、以下の数式によって算定した。

次世代活動ポテンシャル指標総合値＝SDGs1〜17の指標値の平均値

　例えば、岡山県西粟倉村の「1. 貧困」の次世代活動ポテンシャル指標値を求めるには、まず需要ランクBを需要係数0.25に置き換え、これを供給指

図1　SDGs目標別次世代活動ポテンシャル指標算定結果

標値1.4にかけることで0.3と算定される。「2.　食・農」はDランク = 0.75 ×
供給指標値2.3 = 1.8となる。同様に「3.　健康・福祉」が1.5、「4.　教育」が0.8と、
17の目標について計算していき、これらの平均を取ると1.6となる。つまり1.6
が次世代活動ポテンシャル指標の総合指標値である。

(2) SDGs目標別算定結果

　指標値の最も大きいものは「11.住み続けられるまちづくりを」の103.4で
あり、次いで「10.人や国の不平等をなくそう」の87.0、「8.働きがいも経済
成長も」の77.2の順となっている。一方、最も小さいのは「6.安全な水とト
イレを世界中に」の11.2であり、次いで「15.陸の豊かさも守ろう」12.3、「2.飢
餓をゼロに」18.9の順となっている。

(3) 自治体区分別の算定結果

　自治体区分別に見ると、都市規模の大きい方が指標値が大きくなる目標と、

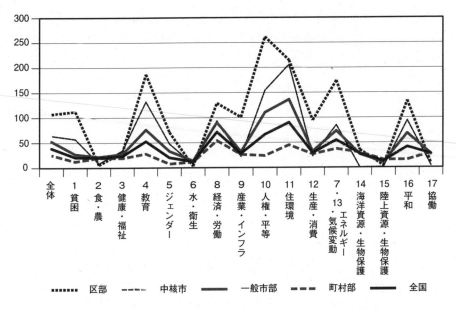

図2　自治体区分別の次世代活動ポテンシャル指標算定結果

都市規模に関わらず低い目標に分けられる。前者は「1.貧困」「4.教育」「8.経済・労働」「10.人権・平等」「11.住環境」「12.生産・消費」「7.エネルギー・13.気候変動」「16.平和」などであり、後者は「2.食・農」「6.水・衛生」「14.海洋資源・生物保護」「15.陸上資源・生物保護」などである。

（4）都道府県の算定結果

SDGsの全17目標を統合した指標値を都道府県別に見ると、東京都が317.5で最も大きく、神奈川県が164.9でこれに次いでおり、さらに大阪府133.3、埼玉県129.3、千葉県92.7の順となっている。このようにポテンシャルの高い都府県は大都市圏に集中していることが窺える。

　一方、指標値が最も小さいのは岡山県の3.5であり、次いで沖縄県の4.3、秋田県の4.6、岩手県と青森県の5.0の順となっている。

表1　都道府県別次世代活動ポテンシャル指標算定結果

順位	都道府県名	全体	順位	都道府県名	全体	順位	都道府県名	全体	順位	都道府県名	全体
	全国	46.0	12	大分県	37.6	24	岐阜県	16.0	36	愛媛県	7.7
1	東京都	317.5	13	三重県	34.5	25	群馬県	15.9	37	長野県	7.0
2	神奈川県	164.9	14	栃木県	32.3	26	熊本県	13.4	38	山形県	6.1
3	大阪府	133.3	15	山口県	32.3	27	宮城県	12.7	39	福井県	5.8
4	埼玉県	129.3	16	徳島県	25.5	28	福島県	12.6	40	島根県	5.5
5	千葉県	92.7	17	長崎県	25.2	29	石川県	10.5	41	富山県	5.4
6	兵庫県	79.9	18	福岡県	24.0	30	山梨県	10.2	42	滋賀県	5.3
7	京都府	73.9	19	宮崎県	22.5	31	広島県	10.0	43	青森県	5.0
8	愛知県	58.3	20	茨城県	22.4	32	鹿児島県	9.5	44	岩手県	5.0
9	奈良県	51.7	21	静岡県	22.0	33	高知県	8.4	45	秋田県	4.6
10	佐賀県	41.7	22	新潟県	18.8	34	香川県	8.0	46	沖縄県	4.3
11	和歌山県	38.3	23	鳥取県	17.2	35	北海道	7.8	47	岡山県	3.5

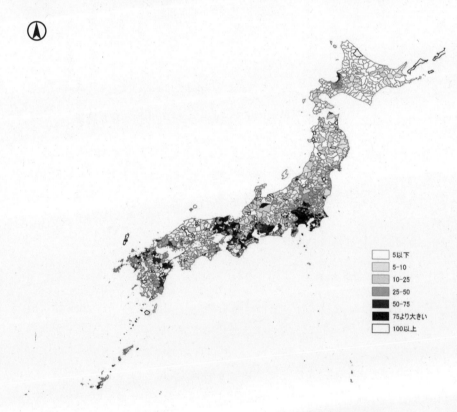

図3a　市区町村別の次世代活動ポテンシャル指標算定結果

凡例：
5以下
5-10
10-25
25-50
50-75
75より大きい
100以上

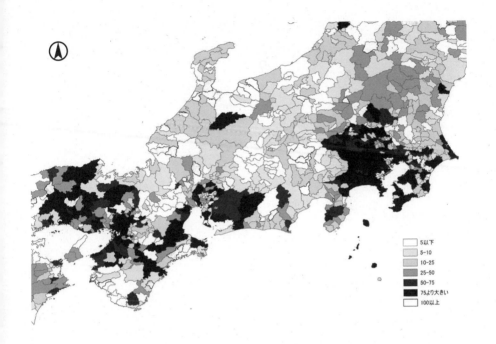

図3b　市区町村別の次世代活動ポテンシャル指標算定結果（関東〜近畿）

　地図により市区町村別に見ると、大都市圏でポテンシャルの高い市区町村が多く見られるが、都市規模に関わらず西日本で高い市区町村が多いことが分かる。また、指標値の高いベスト30の市区町村を示すと表2のようになった。以下、指標値の最も大きい目標と最も小さい目標についての傾向を述べる。

表2　次世代活動ポテンシャル指標総合指標値の上位30市区町村一覧

順位	都道府県名	市区町村名	総合指標値	順位	都道府県名	市区町村名	総合指標値
1	東京都	新島村	758.7	16	東京都	昭島市	501.3
2	東京都	奥多摩町	733.7	17	東京都	渋谷区	489.1
3	東京都	羽村市	712.1	18	東京都	葛飾区	481.1
4	東京都	豊島区	691.9	19	東京都	青梅市	475.7
5	東京都	国立市	631.5	20	東京都	檜原村	455.5
6	千葉県	南房総市	628.8	21	東京都	杉並区	453.4
7	千葉県	茂原市	569.3	22	東京都	目黒区	453.3
8	東京都	武蔵野市	564.6	23	埼玉県	幸手市	447.6
9	東京都	北区	548.4	24	東京都	足立区	433.3
10	東京都	板橋区	542.5	25	東京都	品川区	429.0
11	神奈川県	横須賀市	538.2	26	東京都	八王子市	424.9
12	東京都	中野区	531.6	27	千葉県	成田市	420.9
13	東京都	瑞穂町	531.3	28	埼玉県	熊谷市	417.5
14	東京都	荒川区	511.9	29	東京都	大田区	416.3
15	東京都	小平市	505.8	30	東京都	練馬区	410.3

2　住み続けられるまちづくりを（SDGs11）

　全国平均は103.4である。自治体区分別に見ると、区部が215.0、中核市が205.8、一般市部が136.1、町村部が45.0となっており、都市規模が大きいほどポテンシャルが高くなっている。

　都道府県別に見ると東京都が524.2で最も大きく、次いで大阪府400.2、神奈川県375.7、埼玉県278.8、兵庫県247.4の順であり、大都市圏の都府県でポテンシャルが高くなっている。

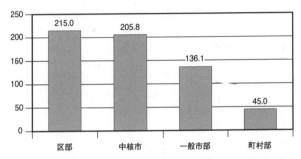

図4　自治体区分別の次世代活動ポテンシャル指標算定結果（SDGs11）

表3　都道府県別次世代活動ポテンシャル指標算定結果（SDGs11）

順位	都道府県名	11.住環境	順位	都道府県名	11.住環境	順位	都道府県名	11.住環境	順位	都道府県名	11.住環境
	全国	103.4	12	大分県	96.0	24	岐阜県	33.4	36	長野県	16.0
1	東京都	524.2	13	山口県	95.2	25	広島県	29.6	37	滋賀県	14.7
2	大阪府	400.2	14	奈良県	91.0	26	鹿児島県	28.4	38	北海道	13.3
3	神奈川県	375.7	15	栃木県	80.7	27	香川県	28.4	39	岡山県	10.8
4	埼玉県	278.8	16	静岡県	71.7	28	山梨県	28.3	40	山形県	10.1
5	兵庫県	247.4	17	徳島県	66.9	29	熊本県	25.4	41	福井県	9.7
6	千葉県	214.9	18	福岡県	61.0	30	石川県	23.1	42	富山県	7.9
7	京都府	165.1	19	宮崎県	60.3	31	鳥取県	21.7	43	青森県	7.8
8	愛知県	133.0	20	長崎県	59.7	32	宮城県	19.8	44	岩手県	7.1
9	佐賀県	111.4	21	茨城県	50.7	33	愛媛県	19.1	45	島根県	6.3
10	和歌山県	105.4	22	群馬県	50.4	34	福島県	18.9	46	秋田県	5.8
11	三重県	103.4	23	新潟県	35.4	35	高知県	18.3	47	沖縄県	3.9

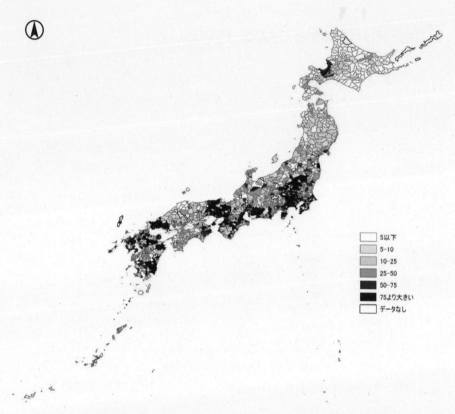

	5以下
	5-10
	10-25
	25-50
	50-75
	75より大きい
	データなし

図5a　市区町村別の次世代活動ポテンシャル指標算定結果（SDGs11）

　市区町村別に見ると、総合指標値と同様に、大都市圏でポテンシャルの高い市区町村が多く見られるとともに、都市規模に関わらず西日本で高い市区町村が多いことが分かる。また、指標値の高いベスト30の市区町村を示すと表4のようになった。

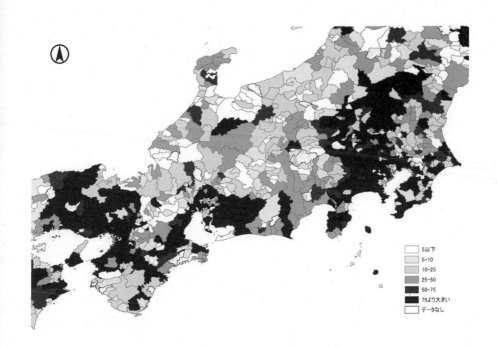

図5b　市区町村別の次世代活動ポテンシャル指標算定結果（SDGs11、関東～近畿）

表4　「11.住み続けられるまちづくりを」指標値の上位30市区町村一覧

順位	都道府県名	市区町村名	住環境	順位	都道府県名	市区町村名	住環境
1	千葉県	茂原市	2,119	16	東京都	八王子市	1,098
2	東京都	国立市	2,048	17	埼玉県	加須市	1,095
3	神奈川県	横須賀市	2,006	18	東京都	豊島区	1,091
4	千葉県	南房総市	1,477	19	東京都	中野区	1,086
5	東京都	奥多摩町	1,476	20	東京都	瑞穂町	981
6	東京都	渋谷区	1,447	21	東京都	立川市	980
7	東京都	板橋区	1,396	22	東京都	檜原村	976
8	東京都	小平市	1,359	23	兵庫県	神戸市長田区	961
9	埼玉県	熊谷市	1,219	24	大阪府	東大阪市	955
10	東京都	青梅市	1,214	25	埼玉県	幸手市	942
11	東京都	武蔵野市	1,194	26	神奈川県	相模原市	916
12	神奈川県	平塚市	1,182	27	千葉県	成田市	895
13	埼玉県	行田市	1,158	28	埼玉県	川越市	891
14	埼玉県	久喜市	1,145	29	神奈川県	横浜市金沢区	890
15	東京都	昭島市	1,143	30	東京都	福生市	818

3 安全な水とトイレを世界中に（SDGs6）

　全国平均は11.2である。自治体区分別に見ると、区部が3.1、中核市が6.8、一般市部が13.6、町村部が11.2となっており、都市規模が大きいほどポテンシャルが低い傾向にある。

　都道府県別に見ると千葉県が31.2で最も大きく、次いで兵庫県29.6、京都府29.4、東京都29.3、埼玉県28.0の順となっており大都市圏の都府県で高くなっている。

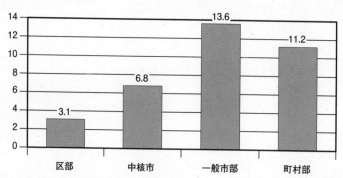

図6　自治体区分別の次世代活動ポテンシャル指標算定結果（SDGs6）

表5　都道府県別次世代活動ポテンシャル指標算定結果（SDGs6）

順位	都道府県名	6.水・衛生	順位	都道府県名	6.水・衛生	順位	都道府県名	6.水・衛生	順位	都道府県名	6.水・衛生	順位	都道府県名	6.水・衛生
	全国	11.2	12	山口県	16.1	24	福岡県	7.5	36	島根県	4.1
1	千葉県	31.2	13	宮崎県	14.3	25	新潟県	7.5	37	愛媛県	4.1
2	兵庫県	29.6	14	鳥取県	14.1	26	群馬県	6.7	38	北海道	3.9
3	京都府	29.4	15	神奈川県	13.9	27	宮城県	6.5	39	富山県	3.8
4	東京都	29.3	16	徳島県	13.3	28	茨城県	5.8	40	秋田県	3.7
5	埼玉県	28.0	17	栃木県	12.1	29	石川県	5.3	41	岩手県	3.4
6	奈良県	25.6	18	大阪府	11.4	30	山梨県	5.2	42	青森県	2.8
7	大分県	21.5	19	静岡県	11.2	31	高知県	5.1	43	滋賀県	2.7
8	和歌山県	19.0	20	長崎県	9.0	32	鹿児島県	4.4	44	広島県	2.7
9	三重県	18.1	21	福島県	9.0	33	福井県	4.3	45	香川県	2.5
10	佐賀県	17.7	22	岐阜県	9.0	34	長野県	4.3	46	沖縄県	1.9
11	愛知県	17.1	23	熊本県	8.5	35	山形県	4.2	47	岡山県	1.9

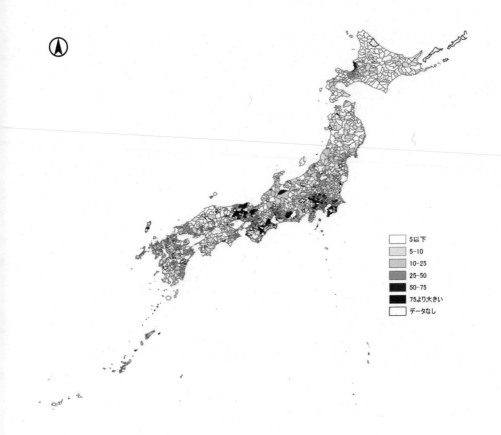

図7a　市区町村別の次世代活動ポテンシャル指標算定結果（SDGs6）

　市区町村別に見ると、総合指標値と同様に、大都市圏でポテンシャルの高い市区町村が多く見られるとともに、都市規模に関わらず西日本で高い市区町村が多いことが分かる。また、指標値の高いベスト30の市区町村を示すと表6のようになった。

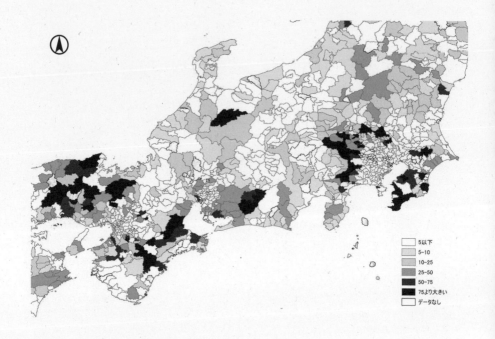

図7b　市区町村別の次世代活動ポテンシャル指標算定結果（SDGs6、関東〜近畿）

表6　「6.安全な水とトイレを世界中に」指標値の上位30市区町村一覧

順位	都道府県名	市区町村名	水・衛生	順位	都道府県名	市区町村名	水・衛生
1	千葉県	南房総市	486	16	千葉県	茂原市	130
2	東京都	奥多摩町	481	17	埼玉県	小川町	130
3	東京都	檜原村	316	18	奈良県	上北山村	125
4	千葉県	鴨川市	171	19	京都府	笠置町	119
5	埼玉県	秩父市	153	20	神奈川県	相模原市緑区	118
6	奈良県	下北山村	148	21	京都府	京丹波町	117
7	東京都	青梅市	147	22	埼玉県	幸手市	116
8	埼玉県	久喜市	141	23	埼玉県	日高市	115
9	兵庫県	丹波市	137	24	兵庫県	朝来市	114
10	奈良県	下市町	136	25	神奈川県	相模原市	113
11	京都府	京丹後市	135	26	兵庫県	市川町	111
12	大阪府	能勢町	135	27	千葉県	富津市	110
13	神奈川県	松田町	134	28	千葉県	成田市	109
14	埼玉県	加須市	133	29	兵庫県	佐用町	109
15	京都府	南丹市	131	30	愛知県	東栄町	108

4　その他の目標の指標値算定結果

その他の目標について値の大きい市区町村ベスト30を表7に示した。

表7-1　その他の目標

順位	都道府県名	市区町村名	貧困	都道府県名	市区町村名	食・農	都道府県名	市区町村名	健康・福祉	都道府県名	市区町村名	教育	都道府県名	市区町村名	ジェンダー
1	東京都	国立市	594	東京都	新島村	914	東京都	新島村	789	東京都	国立市	1,438	東京都	板橋区	392
2	東京都	板橋区	594	千葉県	南房総市	538	東京都	奥多摩町	624	東京都	小平市	1,429	東京都	国立市	389
3	東京都	小平市	593	千葉県	茂原市	394	千葉県	南房総市	464	東京都	羽村市	1,348	東京都	小平市	388
4	東京都	三鷹市	586	東京都	檜原村	364	神奈川県	横須賀市	424	神奈川県	横浜市泉区	1,281	東京都	三鷹市	386
5	東京都	小金井市	576	埼玉県	日高市	341	東京都	檜原村	421	神奈川県	横須賀市	1,054	神奈川県	横須賀市	382
6	東京都	羽村市	563	東京都	神津島村	322	神奈川県	平塚市	377	千葉県	千葉市美浜区	1,044	東京都	葛飾区	372
7	東京都	葛飾区	563	神奈川県	中井町	310	千葉県	茂原市	341	東京都	小金井市	1,039	東京都	羽村市	368
8	東京都	足立区	531	奈良県	下市町	286	千葉県	千葉市美浜区	319	東京都	青梅市	971	東京都	足立区	352
9	神奈川県	横浜市泉区	528	神奈川県	逗子市	259	東京都	瑞穂町	310	東京都	武蔵野市	955	埼玉県	富士見市	351
10	神奈川県	相模原市南区	525	京都府	笠置町	252	埼玉県	幸手市	296	東京都	昭島市	908	神奈川県	横浜市泉区	345
11	東京都	江戸川区	521	神奈川県	横須賀市	245	埼玉県	日高市	294	東京都	府中市	886	神奈川県	相模原市南区	345
12	東京都	青梅市	519	埼玉県	越生町	242	神奈川県	横浜市金沢区	285	東京都	八王子市	876	東京都	江戸川区	345
13	東京都	大田区	517	東京都	青梅市	229	神奈川県	松田町	266	神奈川県	川崎市麻生区	848	東京都	青梅市	342
14	東京都	杉並区	516	神奈川県	相模原市南区	224	神奈川県	鎌倉市	263	東京都	東村山市	847	神奈川県	平塚市	337
15	東京都	武蔵野市	511	神奈川県	平塚市	218	神奈川県	二宮町	261	東京都	立川市	780	東京都	昭島市	321
16	東京都	狛江市	510	埼玉県	久喜市	209	東京都	日の出町	258	神奈川県	相模原市緑区	761	東京都	府中市	316
17	東京都	北区	501	東京都	府中市	208	埼玉県	小川町	253	東京都	板橋区	747	東京都	八王子市	312
18	東京都	練馬区	501	埼玉県	加須市	207	奈良県	下市町	249	東京都	東大和市	736	神奈川県	相模原市中央区	307
19	東京都	昭島市	494	神奈川県	葉山町	203	埼玉県	行田市	246	東京都	三鷹市	732	東京都	東村山市	304
20	東京都	府中市	483	千葉県	鴨川市	202	埼玉県	毛呂山町	231	東京都	武蔵村山市	713	千葉県	茂原市	299
21	東京都	世田谷区	480	神奈川県	相模原市中央区	200	神奈川県	逗子市	225	神奈川県	横浜市金沢区	704	東京都	瑞穂町	280
22	東京都	荒川区	479	東京都	日の出町	199	京都府	笠置町	220	東京都	葛飾区	699	千葉県	千葉市美浜区	278
23	東京都	目黒区	479	埼玉県	小川町	195	東京都	国立市	217	東京都	足立区	657	埼玉県	幸手市	270
24	東京都	中野区	470	千葉県	いすみ市	192	東京都	武蔵村山市	216	東京都	新島村	656	埼玉県	日高市	266
25	東京都	豊島区	469	京都府	京丹波町	185	大阪府	守口市	216	東京都	江戸川区	642	東京都	東大和市	265
26	神奈川県	相模原市中央区	469	東京都	奥多摩町	181	東京都	小平市	215	東京都	大田区	641	神奈川県	相模原市南区	261
27	東京都	江東区	468	埼玉県	毛呂山町	178	埼玉県	越生町	210	神奈川県	相模原市南区	639	東京都	小金井市	251
28	神奈川県	川崎市麻生区	467	神奈川県	相模原市緑区	177	東京都	羽村市	202	東京都	杉並区	635	千葉県	成田市	250
29	東京都	東村山市	465	千葉県	富津市	173	東京都	足立区	200	東京都	練馬区	621	埼玉県	熊谷市	232
30	神奈川県	横須賀市	438	兵庫県	佐用町	173	神奈川県	横浜市磯子区	200	東京都	北区	618	神奈川県	川崎市川崎区	231

表7-2　その他の目標

順位	都道府県名	市区町村名	経済・労働	都道府県名	市区町村名	産業・インフラ	都道府県名	市区町村名	人権・平等	都道府県名	市区町村名	生産・消費	都道府県名	市区町村名	エネルギー・気候変動
1	東京都	豊島区	2,529	東京都	新島村	1,171	東京都	板橋区	1,553	東京都	新島村	1,133	東京都	新島村	1,664
2	千葉県	南房総市	2,339	東京都	奥多摩町	915	東京都	国立市	1,509	東京都	奥多摩町	890	神奈川県	相模原市南区	1,599
3	東京都	新島村	2,219	東京都	羽村市	904	東京都	小平市	1,501	東京都	羽村市	874	千葉県	南房総市	1,314
4	東京都	品川区	1,750	東京都	瑞穂町	688	東京都	葛飾区	1,463	東京都	瑞穂町	667	東京都	奥多摩町	1,305
5	東京都	奥多摩町	1,738	東京都	板橋区	623	東京都	小金井市	1,455	東京都	板橋区	625	東京都	板橋区	1,205
6	東京都	羽村市	1,522	東京都	葛飾区	594	東京都	羽村市	1,418	東京都	葛飾区	590	神奈川県	横須賀市	1,184
7	東京都	檜原村	1,510	東京都	檜原村	592	東京都	足立区	1,383	東京都	檜原村	586	東京都	杉並区	1,047
8	東京都	武蔵野市	1,375	東京都	足立区	561	東京都	江戸川区	1,351	東京都	足立区	557	東京都	練馬区	1,019
9	東京都	北区	1,351	東京都	江戸川区	551	東京都	大田区	1,349	東京都	江戸川区	545	東京都	北区	1,018
10	東京都	荒川区	1,290	東京都	杉並区	546	東京都	杉並区	1,326	東京都	大田区	542	東京都	世田谷区	976
11	千葉県	茂原市	1,238	東京都	大田区	546	東京都	練馬区	1,308	東京都	杉並区	539	東京都	目黒区	974
12	東京都	渋谷区	1,123	東京都	武蔵野市	538	東京都	北区	1,301	東京都	武蔵野市	536	東京都	中野区	955
13	埼玉県	幸手市	1,117	東京都	北区	530	埼玉県	八潮市	1,275	東京都	練馬区	525	東京都	豊島区	952
14	兵庫県	神戸市長田区	1,045	東京都	練馬区	529	東京都	昭島市	1,252	東京都	北区	524	神奈川県	相模原市中央区	951
15	千葉県	成田市	1,032	東京都	昭島市	523	東京都	目黒区	1,251	東京都	昭島市	514	千葉県	茂原市	930
16	埼玉県	熊谷市	957	神奈川県	中井町	515	東京都	世田谷区	1,247	神奈川県	中井町	504	神奈川県	相模原市緑区	855
17	神奈川県	鎌倉市	952	神奈川県	川崎市宮前区	510	東京都	荒川区	1,230	東京都	世田谷区	503	東京都	渋谷区	846
18	大阪府	大阪市西区	816	東京都	世田谷区	508	東京都	八王子市	1,225	東京都	目黒区	502	埼玉県	幸手市	838
19	東京都	国立市	802	東京都	荒川区	507	東京都	江東区	1,216	東京都	荒川区	501	神奈川県	相模原市	811
20	東京都	利島村	790	東京都	目黒区	505	東京都	豊島区	1,213	東京都	豊島区	491	埼玉県	熊谷市	718
21	神奈川県	横須賀市	789	東京都	日の出町	500	東京都	中野区	1,204	東京都	中野区	490	神奈川県	鎌倉市	716
22	東京都	神津島村	774	東京都	中野区	500	千葉県	習志野市	1,154	東京都	江東区	490	埼玉県	行田市	681
23	東京都	葛飾区	758	神奈川県	川崎市麻生区	497	東京都	三鷹市	1,143	東京都	日の出町	488	埼玉県	春日部市	651
24	埼玉県	秩父市	730	東京都	豊島区	496	東京都	品川区	1,118	神奈川県	川崎市麻生区	485	神奈川県	逗子市	609
25	東京都	青梅市	699	東京都	江東区	495	神奈川県	横須賀市	1,107	東京都	品川区	452	東京都	国立市	603
26	東京都	大田区	697	東京都	品川区	458	東京都	立川市	1,093	東京都	立川市	441	東京都	小平市	601
27	東京都	杉並区	695	東京都	立川市	447	千葉県	千葉市美浜区	1,093	神奈川県	川崎市多摩区	435	東京都	三鷹市	595
28	神奈川県	平塚市	694	神奈川県	川崎市多摩区	443	東京都	瑞穂町	1,081	東京都	渋谷区	435	新潟県	新潟市秋葉区	592
29	大阪府	大阪市福島区	679	東京都	渋谷区	441	東京都	渋谷区	1,076	埼玉県	日高市	422	東京都	小金井市	584
30	埼玉県	久喜市	678	埼玉県	日高市	437	埼玉県	和光市	1,040	千葉県	成田市	402	東京都	葛飾区	572

表7-3　その他の目標

順位	都道府県名	市区町村名	海洋資源・生物保護	都道府県名	市区町村名	海洋資源・生物保護	都道府県名	市区町村名	平和	都道府県名	市区町村名	協働
1	東京都	奥多摩町	915	東京都	奥多摩町	605	東京都	国立市	906	東京都	奥多摩町	955
2	東京都	新島村	874	東京都	新島村	516	東京都	足立区	814	東京都	新島村	915
3	東京都	瑞穂町	686	東京都	檜原村	264	神奈川県	平塚市	783	千葉県	南房総市	723
4	東京都	檜原村	600	東京都	青梅市	246	東京都	武蔵野市	782	神奈川県	中井町	539
5	東京都	羽村市	599	奈良県	下北山村	184	埼玉県	八潮市	767	東京都	檜原村	467
6	神奈川県	相模原市南区	561	東京都	神津島村	179	東京都	昭島市	750	東京都	神津島村	426
7	神奈川県	中井町	518	埼玉県	秩父市	170	東京都	八王子市	722	千葉県	成田市	425
8	東京都	日の出町	501	奈良県	上北山村	156	東京都	豊島区	718	東京都	福生市	386
9	神奈川県	相模原市中央区	501	愛知県	豊根村	147	千葉県	茂原市	699	奈良県	下市町	354
10	千葉県	南房総市	460	東京都	利島村	138	千葉県	習志野市	693	東京都	国立市	331
11	埼玉県	毛呂山町	452	兵庫県	宍粟市	129	東京都	板橋区	682	東京都	利島村	326
12	神奈川県	相模原市緑区	449	東京都	大島町	125	東京都	小平市	677	東京都	羽村市	314
13	埼玉県	幸手市	440	岐阜県	飛騨市	119	東京都	小金井市	658	京都府	笠置町	310
14	埼玉県	日高市	435	埼玉県	皆野町	115	東京都	瑞穂町	653	京都府	京丹波町	304
15	神奈川県	相模原市	427	京都府	京丹後市	113	東京都	葛飾区	647	埼玉県	秩父市	301
16	神奈川県	松田町	383	神奈川県	松田町	112	東京都	立川市	646	奈良県	下北山村	292
17	東京都	福生市	375	京都府	宇治田原町	111	千葉県	美浜区	646	東京都	青梅市	288
18	埼玉県	小川町	370	埼玉県	小川町	109	東京都	羽村市	643	東京都	清瀬市	270
19	京都府	井手町	335	愛知県	設楽町	108	東京都	渋谷区	637	東京都	府中市	269
20	東京都	板橋区	320	和歌山県	北山村	95	埼玉県	幸手市	628	神奈川県	松田町	266
21	東京都	国立市	317	三重県	伊勢市	92	東京都	東大和市	617	大阪府	能勢町	261
22	東京都	小平市	316	奈良県	黒滝村	78	埼玉県	富士見市	613	京都府	宇治田原町	260
23	東京都	小金井市	307	神奈川県	山北町	75	東京都	江戸川区	598	大阪府	河南町	260
24	東京都	神津島村	306	大阪府	岬町	74	東京都	大田区	595	埼玉県	加須市	260
25	東京都	葛飾区	302	奈良県	天川村	74	埼玉県	川越市	593	神奈川県	葉山町	259
26	京都府	笠置町	302	兵庫県	神戸市垂水区	73	千葉県	成田市	585	大阪府	千早赤阪村	256
27	神奈川県	寒川町	296	千葉県	いすみ市	70	埼玉県	川口市	580	京都府	井手町	256
28	東京都	足立区	285	静岡県	川根本町	70	東京都	練馬区	576	奈良県	上北山村	247
29	奈良県	下北山村	281	兵庫県	加東市	68	東京都	北区	576	東京都	瑞穂町	239
30	東京都	青梅市	279	東京都	三宅村	67	埼玉県	久喜市	572	神奈川県	箱根町	238

次世代活動ポテンシャル指標のまとめと活用方法

1　算定方法のまとめ

　本章では、次世代の潜在能力を数値化した「次世代活動ポテンシャル指標」を算定し、地域創生活動の実施可能性を数値で表した。持続可能な地域社会形成に向けた次世代中心の協働活動を促すため、"活動実績"でなくポテンシャル、すなわち"活動の可能性"を評価した。

　改めて本章で算定した「次世代活動ポテンシャル指標」の構造を整理する。まず、次世代の活動可能量を「活動可能人日」として算定した。次世代が行える地域創生活動（第5章1節の表1（p197参照）をSDGsの17の目標ごとに整理し、小中高校生及び大学生の地域創生活動ごとの「活動可能日数」を芝浦工業大学生の小中高時代の経験と希望調査結果から算定した。また、市町村ごとの次世代「活動可能人口」を学校校種ごとの生徒数から算定したが、高校生に関しては10km圏内、大学生に関しては20km圏内もしくは同一都道府県内で活動可能と仮定した。その上で、「活動可能人口」に「活動可能日数」を乗じることで、市区町村別SDGs目標別に「活動可能人日」を算定した。さらに、これを365日で割ったものを「供給ポテンシャル指標値」とした。

　しかし、次世代の担い手がいたとしても、ニーズがなければ次世代による地域創生活動は成立しない。そこで、需要の量を推計し、需要の大きさを考慮してポテンシャルを算定するものとした。需要量は市区町村別にデータ取得可能かつ次世代による地域創生活動支援が可能な項目を選定した（第5章3節の表0a・表0b（p231 ～ 233）参照）。これらの項目について、働ける大人が少ない地域ほど次世代のニーズが高いと仮定し、労働力人口に対する需要量の比を「需要量当たり労働力人口」として算定した。これを項目ごとに

全国市区町村の順位付けを行い、その順位から市区町村をA〜Eのランクに分け、各ランクを0〜1の値に読みかえ、「需要係数」とした。需要量当たり労働力人口が少ない（D・Eランク）ほど次世代の力が必要であると仮定し、「需要係数」をA:0.00、B:0.25、C:0.50、D:0.75、E:1.00とした。

　最後に「需要係数」を「供給ポテンシャル指標値」に乗じたものを「次世代活動ポテンシャル指標」と定義し、SDGsの17の目標ごとにこれを算定し、さらに17目標の平均値を「総合指標」として算定した。

2　算定結果のまとめ

　指標を算定した結果、どのようなテーマでどれくらいの次世代が活動を実践できるかを数値的に表現することができた。本書の口絵では、供給ポテンシャル指標値、需要高ランク比率（17目標のうちD・Eランクの目標数）、「次世代活動ポテンシャル指標」を市区町村別に塗り分けた地図を示した。

　供給側を見ると、活動可能量は基本的には児童・生徒・学生数に比例するので、大都市圏に位置する自治体ほど供給ポテンシャルは大きいことが確認された。しかし活動テーマ別に見ると、「住環境」はどの年代も安定して活動できるが、「食・農」「健康・福祉」「陸上資源・生物保護」などは低年齢ほどポテンシャルが大きく、「経済・労働」「エネルギー・気候変動」「協働」などは高年齢になるほどポテンシャルが大きくなることが確認された（第5章2節の図3（p215））。

　需要側を見ると、「協働」のニーズが自治体規模に関わらず高く、「貧困」「ジェンダー」「人権・平等」「平和」は大都市圏、それ以外の項目は地方の中小都市でニーズが大きいことが確認された（第5章4節の図10（p275））。ニーズと供給量のバランスを見ると、町村部のニーズが大きいのに供給量は少ないといった、アンマッチが起こっていることが明らかになった。目標別に見ても、「貧困」「ジェンダー」はニーズが高いのに供給量が少なく、「健康福祉」は供給量は多いがニーズはそれほど高くないことが明らかになった。

3　指標の活用方法

自治体における指標の活用方法として以下のことが考えられる。

(1) 現状分析

指標値を他の自治体や全国平均・都道府県平均と比較することで、強みや弱みを把握することができる。また、統廃合の対象となっている特定の学校の地域創生活動のポテンシャルを算定し、統廃合を行うべきかどうかの参考資料とすることも可能である。

(2) 目標設定

総合計画やSDGs未来都市推進計画、地方創生推進戦略などのマスタープランにおけるKPIとして、指標値を活用する。「活動可能人口」全体としても良いし、「次世代活動可能人口」というように次世代に絞っても良い。また、例えば「高齢者支援活動を行う次世代の人数」のように個別分野の目標として設定することも可能である。

(3) 対策選定

ニーズが高いが人手が不足している分野について、次世代の地域創生活動を対策として検討・選定することができる。例えば、「8.働きがいも経済成長も」の次世代活動ポテンシャル指標値が高い場合は、ニーズが大きくしかも次世代の力を活用できる可能性が高いので、小中学生の「企業や商店・公共施設での就労活動」や、高校生による「歴史的遺産・建築物の保護」や「地場産品や伝統工芸品などの開発・販売」を進めたり、外部の建築専攻大学生による「空き家や空き教室の活用や維持管理・修復」を進めるといったことが考えられる。

4　次世代地域創生活動の推進手段

　以上のことから、次世代地域創生活動を“自治体の政策”として推進することが必要と考える。

　その際の優先順位として、まず自治体内や周辺地域の次世代に対し、地域創生活動を行っていただけるように働きかけ、次に首都圏などの大学生、高校生に活動の場や機会、活動資金などを提供することが必要と考える。

　その推進手段として、都道府県による従来の活動補助金支援制度[1]の活用や、第1章で述べた「SDGsアクター資格」制度の活用（第1章総論の図8（p21）参照）、大学や高校とSDGsに関する連携協定の締結[2]、第4章で紹介された地域分散小規模低学費大学プロジェクトの活用などが考えられる。

5　むすび

　本書では、全体を通して次世代の力が“SDGs自治体”づくりに不可欠であることを述べてきたが、本章において、次世代の力が必要な地域が多く存在すること、そのポテンシャルが十分にあることが数値的にも確認された。

　学校は学びの場や機会を提供することで学び手の生きる力を醸成する場であり、社会貢献活動をすることが主目的ではないため、自治体サイドからの一方的な“お願い”だけでは物事は動かない。本書の第2章の事例や、『SDGs自治体白書2020』の第3章「地域連携による持続可能な地域づくり教育の実践」の事例を参考にしつつ、学校と自治体のwin-winになるような実践事例が生まれることを期待し、私自身も学生と共に活動を実践していきたい。

---

1)　大学生への補助制度として、例えば岡山県の「地域に飛び出せ大学生！おかやま元気！集落研究・交流事業」や、福島県の「大学生の力を活用した集落復興支援事業」などがある。https://www.pref.okayama.jp/page/727512.html、https://www.pref.fukushima.lg.jp/sec/11025b/tiikishinkou-college1.html　2021年7月18日閲覧
2)　2021年2月の仁愛大学と福井県武生市、丹南広域組合の締結事例がある。仁愛大学ホームページ https://www.jindai.ac.jp/local/center/2021/003911.html　越前市ホームページ http://www.city.echizen.lg.jp/office/030/010/toppikusu.html　2021年7月18日閲覧

記事のSDGs対応表

	第1章							第2章		
	0	1	2	3	4	5	6	1	2	3
	【総論】ユース主体のSDGs達成活動の方向性	岡山大学SDGsアンバサダーの取り組み	学生主体のSDGs達成活動「Sustainable Week」	福井SDGs AWARDS 2020の運営──コロナ禍をチャンスに！	Fridays For Future運動による学生主導の社会変革──今、行動することの意味	SDGs達成に貢献する国際ボランティア学生協会の取り組み──学生だからこそ、できること	#おかやまiKnoteの取り組み──高校生による地域課題の解決	森林の多様性から経済を創造する「SDGs未来都市」岡山県西粟倉村	小田原市におけるSDGsの取り組み──「いのちを守り育てる地域自給圏」の創造	多世代ごちゃまぜの交流が生まれる「複合型コミュニティ」
1 貧困をなくそう										
2 飢餓をゼロに									○	
3 すべての人に健康と福祉を								○		○
4 質の高い教育をみんなに	○	○	○	○		○	○	○	○	
5 ジェンダー平等を実現しよう										○
6 安全な水とトイレを世界中に						○			○	
7 エネルギーをみんなにそしてクリーンに								○	○	
8 働きがいも経済成長も		○						○	○	
9 産業と技術革新の基盤をつくろう								○		
10 人や国の不平等をなくそう						○				
11 住み続けられるまちづくりを						○	○	○		○
12 つくる責任 つかう責任						○				○
13 気候変動に具体的な対策を					○	○		○	○	
14 海の豊かさを守ろう						○			○	
15 陸の豊かさも守ろう						○				
16 平和と公正をすべての人に						○				
17 パートナーシップで目標を達成しよう	○	○	○	○		○	○	○	○	○

第2章		第3章			第4章						第5章
4	5	1	2	3	0	1	2	3	4	5	1～6
コロナ禍に立ち向かう郡山市のSDGsの取り組み	100年後も人々がイキイキと暮らす島に―壱岐（粋）なSociety5.0	かっとばし！―プロジェクトから広がる企業のSDGs活動	対馬里山繋営塾 対馬グリーン・ブルーツーリズム協会におけるSDGsの取り組み	共に生き、共に働き、持続可能な地域づくり―協同労働×SDGs	環境自治体会議から持続可能な地域創造ネットワークへ―自治体ネットワークの発展と期待	地域分散小規模低学費大学プロジェクト―その基本構想と2020年度の活動による進展	マイSDGs宣言キャンペーンとユース主体のSDGs実践プロジェクト	SDGs商店街プロジェクト	ゼロカーボン地域づくりプロジェクト	気候変動適応プロジェクト	市区町村別次世代活動ポテンシャル指標の算定
○		○		○							
○			○								
○		○		○							
	○	○	○	○		○	○				○
		○		○							
	○			○					○		
○	○		○	○		○	○	○			
	○					○		○			
				○		○					
○	○						○	○			
○	○	○		○			○	○			
				○					○	○	
	○						○				
		○	○								
		○									
○		○	○		○		○		○	○	○

SDGs自治体白書2021

2021年8月10日　第1版　発行

編著　中口毅博・小澤はる奈
編集協力　環境自治体会議環境政策研究所
発行　（株）生活社
　　　東京都千代田区一番町9-7一番町村上ビル6F　〒102-0082
　　　TEL 03-3234-3844　FAX 03-3263-9463
　　　http://www.seikatsusha.com/

デザイン・装丁　橋本治樹

ISBN 978-4-902651-45-4